나만의 여행을 찾다보면 빛나는 순간을 발견한다.

잠깐 시간을 좀 멈춰봐.
잠깐 일상을 떠나 인생의 추억을 남겨보자.
후회없는 여행이 되도록
순간이 영원하도록
Dreams come true.

Right here.
세상 저 끝까지 가보게

New normal

뉴 노멀^{New normal} 이란?

흑사병이 창궐하면서 교회의 힘이 약화되면서 중세는 끝이 나고, 르네상스를 주도했던 두 도시, 시에나(왼쪽)와 피렌체(오른쪽)의 경쟁은 피렌체의 승리로 끝이 났다. 뉴 노멀 시대가 도래하면 새로운 시대에 누가 빨리 적응하느냐에 따라 운명을 가르게 된다.

전 세계는 코로나19 전과 후로 나뉜다고 해도 누구나 인정할 만큼 사람들의 생각은 많이 변했다. 이제 코로나 바이러스가 전 세계로 퍼진 상황과 코로나 바이러스를 극복하는 인간의 과정을 새로운 일상으로 받아들여야 하는 뉴 노멀New normal 시대가 왔다.

'뉴 노멀New normal'이란 시대 변화에 따라 과거의 표준이 더 통하지 않고 새로운 가치 표준이 세상의 변화를 주도하는 상태를 뜻하는 단어이다. 2008년 글로벌 금융위기를 겪으면서 세계 최대 채권 운용회사 핌코PIMCO의 최고 경영자 모하마드 엘 에리언Mohamed A. El-Erian이 그의 저서 '새로운 부의 탄생When Markets Collide'에서 저성장, 규제 강화, 소비 위축, 미국 시장의 영향력 감소 등을 위기 이후의 '뉴 노멀New normal' 현상으로 지목하면서 사람들에게 알려졌다.

코로나19는 소비와 생산을 비롯한 모든 경제방식과 사람들의 인식을 재구성하고 있다. 사람 간 접촉을 최소화하는 비대면을 뜻하는 단어인 언택트Untact 문화가 확산하면서 기업, 교육, 의료 업계는 비대면 온라인 서비스를 도입하면서 IT 산업이 급부상하고 있다. 바이러스가 사람간의 접촉을 통해 이루어지므로 사람간의 이동이 제한되면서 항공과 여행은 급제동이 걸리면서 해외로의 이동은 거의 제한되지만 국내 여행을 하면서 스트레스를 풀기도 한다.

소비의 개인화 추세에 따른 제품과 서비스 개발, 협업의 툴, 화상 회의, 넷플릭스 같은 홈 콘텐츠가 우리에게 다가오고 있으며, 문화산업에서도 온라인 콘텐츠 서비스가 성장하고 있다. 기업뿐만 아니라 삶을 살아가는 우리도 언택트Untact에 맞춘 서비스를 활성화하고 뉴 노멀New normal 시대에 대비할 필요가 있다.

뉴 노멀(New Normal) 여행

뉴 노멀New Normal 시대를 맞이하여 코로나 19이후 여행이 없어지는 일은 없지만 새로운 여행 트랜드가 나타나 우리의 여행을 바꿀 것이다. 그렇다면 어떤 여행의 형태가 우리에게 다가올 것인가? 생각해 보자.

▦ 장기간의 여행이 가능해진다.

바이러스가 퍼지는 것을 막기 위해 재택근무를 할 수 밖에 없는 상황에 기업들은 재택근무를 대규모로 실시했다. 그리고 필요한 분야에서 가능하다는 사실을 알게 되었다. 재택근무가 가능해진다면 근무방식이 유연해질 수 있다. 미국의 실리콘밸리에서는 필요한 분야에서 오랜 시간 떨어져서 일하면서 근무 장소를 태평양 건너 동남아시아의 발리나 치앙마이에서 일하는 사람들도 있다.

이들은 '한 달 살기'라는 장기간의 여행을 하면서 자신이 원하는 대로 일하고 여행도 한다. 또한 동남아시아는 저렴한 물가와 임대가 가능하여 의식주가 저렴하게 해결할 수 있다. 실리콘밸리의 높은 주거 렌트 비용으로 고통을 받지 않지 않는 새로운 방법이 되기도 했다.

■ 자동차 여행으로 떨어져 이동한다.

유럽 여행을 한다면 대한민국에서 유럽까지 비행기를 통해 이동하게 된다. 유럽 내에서는 기차와 버스를 이용해 여행 도시로 이동하는 경우가 대부분이었지만 공항에서 차량을 렌트하여 도시와 도시를 이동하면서 여행하는 것이 더 안전하게 된다.

자동차여행은 쉽게 어디로든 이동할 수 있고 렌터카 비용도 기차보다 저렴하다. 기간이 길면 길수록, 3인 이상일수록 렌터카 비용은 저렴해져 기차나 버스보다 교통비용이 저렴해진다. 가족여행이나 친구간의 여행은 자동차로 여행하는 것이 더 저렴하고 안전하다.

▨ 소도시 여행

여행이 귀한 시절에는 유럽 여행을 떠나면 언제 다시 유럽으로 올지 모르기 때문에 한 번에 유럽 전체를 한 달 이상의 기간으로 떠나 여행루트도 촘촘하게 만들고 비용도 저렴하도록 숙소도 호스텔에서 지내는 것이 일반적이었다. 하지만 여행을 떠나는 빈도가 늘어나면서 유럽을 한 번만 여행하고 모든 것을 다 보고 오겠다는 생각은 달라졌다.

최근에 유럽뿐만 아니라 동남아시아에서도 다양한 음식과 문화를 느껴보기 위해 소도시 여행이 활성화되고 있었는데 뉴 노멀New Normal 시대가 시작한다면 사람들은 대도시보다는 소도시 여행을 선호할 것이다. 특히 동남아시아의 치앙마이, 나트랑, 호이안 등은 소도시로 떠나는 여행자가 증가하고 있었다. 그 현상은 앞으로 증가세가 높을 가능성이 있다.

▨ 호캉스를 즐긴다.

싱가포르나 동남아시아로 여행을 떠나는 방식도 좋은 호텔이나 리조트로 떠나고 맛있는 음식을 먹고 나이트 라이프를 즐기는 방식으로 달라지고 있었다. 이런 여행을 '호캉스'라고 부르면서 젊은 여행자들이 짧은 기간 동안 여행지에서 즐기는 방식으로 시작했지만 이제는 세대에 구분 없이 호캉스를 즐기고 있다.

코로나 바이러스로 인해 많은 관광지를 다 보고 돌아오는 여행이 아닌 가고 싶은 관광지와 맛좋은 음식도 중요하다. 이와 더불어 숙소에서 잠만 자고 나오는 것이 아닌 많은 것을 즐길 수 있는 호텔이나 리조트에 머무는 시간이 길어졌다. 심지어는 리조트에서만 3~4일을 머물다가 돌아오기도 한다.

Contents

■ About 하노이 | 116

하노이의 끝판 왕이 되고 싶다면 찾가자. 감성 스팟 Best 3

베트남 북부

■ 하노이 | 130

하노이 구시가

하노이 고성 & 문묘지역

볼거리
하노이 고성 / 시타델 / 하노이 고성 문 / 문묘 / 5개의 정원 / 응옥선 사당
현지인의 문묘 사랑
베트남 캔 커피
대통령이 찾은 맛 집
하노이 방송 탄 맛 집들
하노이 유명 카페 BEST 4

하노이 서호호수 주변

볼거리
호떠이 / 콴탄 사원 / 쩐□사
서호 주변 EATING
아름다운 서호 호수 풍경
베트남 라면, 쌀국수
하노이 박물관
하노이에서 문화를 즐긴다!
베트남 맥주의 변화
하노이의 밤 즐기기
하노이 호텔의 특징
SLEEPING
하노이 근교 여행 개념잡기
한국 이름으로 한류를 이용하는 짝퉁 중국 기업

베트남 중부

■ 호이안 | 446

■ 후에 | 494

Intro

베트남은 동남아시아 국가 중에서도 뒤처진 개발도상국 정도로 판단했다. 그것은 같은 동남아시아 국가인 태국이나 말레이시아에서 국민들이 생각하는 일반적인 평가였다. 그런데 7%를 넘나드는 경제개발로 베트남이 달라진다는 뉴스를 접한 사람들은 "아직은 아니지!" 라고 생각했다. 그런데 박항서감독과 함께 동남아시아 축구를 평정하고 자신감이 한껏 고취된 베트남을 보고 점점 달라진 베트남이라고 이야기하고 있다.

호치민이나 하노이의 고대 사원과 현대적인 고층 빌딩, 숲으로 뒤덮인 산과 아름다운 해변으로 전 세계 관광객의 발길을 이끄는 매력적인 동남아시아 국가가 베트남이다. 베트남은 경제가 성장 중이고 지속적으로 달라지고 있는 교통 인프라를 갖추어나가면서 여행 인프라가 해마다 발전하여 새로운 동남아시아의 매력에 흠뻑 빠진 여행자가 늘어가는 국가이다. 역동적인 베트남에서 현대적인 도시와 유서 깊은 유적지, 아름다운 풍경을 직접 보려는 여행자는 끊임없이 늘어나고 있다.

베트남의 수도이자 볼거리가 많기로 유명한 하노이는 프랑스의 식민지였기 때문에 프랑스식 건축물이 많아 호치민은 이 건물이 베트남의 정체성을 저해한다고 보았다. 그런데 역

설적으로 베트남에 관광객을 끌어들이는 효과를 보고 있다. 관광객들은 무조건 휴양이 아닌 베트남의 역사를 가장 잘 나타내고 있는 도시를 여행하고 싶어 한다는 것이 놀라운 사실이다.

베트남 일주를 하려는 여행자는 천 년이 넘는 시간 동안 베트남의 주요 문화적 중심지 역할을 해 온 북부 수도 하노이에서 여행을 시작한다. 베트남 민속 박물관에서 많은 베트남 민족들의 문화와 역사를 살펴보고 B52 승리 박물관에서 베트남 전쟁을 바라보는 베트남인의 시각을 알 수 있다. 중국의 위대한 사상가, 공자를 위해 지어진 10세기 문묘 주위를 거닐고, 호안끼엠 호수 근처에서 현지 시민들과 함께 이른 아침에 태극권을 연습해도 좋다.

푸른 잔디와 잔잔한 호수가 마음을 평화롭게 해주는 하노이는 호안끼엠 호수를 중점에 두고 여행을 하게 된다. 저렴한 숙박 시설과 길거리 음식, 음식점이 많고, 놀 거리가 많은 호안끼엠 호수는 전 세계 배낭 여행객들이 모이는 곳이다. 작은 골목이 많고, 골목마다 상점과 현지인들이 사는 집이 있어서 진정한 베트남의 모습을 몸소 느낄 수 있다. 낮에는 거주하고 있는 현지인들과 상점들을 구경하는 관광객들로 거리가 북적인다. 밤에는 맥주 거리, 야시장, 먹거리 포차 등이 생겨, 낮과 밤이 다른 모습의 베트남을 체험할 수 있다.

베트남 중부에 있는 아름다운 항구 도시, 다낭Danang은 1960년대 이후로 섬유, 음료, 기계 공장들이 세워지면서 현대적이고 규모가 큰 도시로 발전해 왔지만 최근에는 해변 관광 도시로 성장하고 있다. 다낭은 인도네시아계 소수 민족인 참족의 유물이 있는 참족 박물관과 도시 주변의 석회 동굴에 있는 불교 사원 등이 유명하다.

40~50분 정도만 이동하면 밤이 아름다운 호이안Hoian이 있다. 과거부터 중국, 일본, 유럽 상인들이 드나들던 국제 항구 도시로 성장했지만 최근에는 그 위치를 다낭에 넘겨주었다. 호이안의 올드 타운에는 1953년, 일본 상인이 세운 내원교가 있고 내원교 양쪽에는 일본인 마을과 중국인 마을이 있는데, 특히 밤이 아름다워 새로운 분위기의 베트남을 느낄 수 있는 곳이다.

베트남 마지막 왕조인 응우옌 왕조의 수도인 후에Hue는 해자로 둘러싸인 성안에는 중국 자금성을 본떠 지은 활궁과 황제의 위패를 모신 사원이 세워져 있다. 후에 남쪽에 자리한 카이딘 황릉은 유럽 건축 양식의 영향을 받아 유리와 자기로 화려하게 꾸며 놓았다.

최근에는 단기 여행뿐만 아니라 7~10일 이내로 베트남의 북부, 하노이부터 중부의 다낭까지 이어서 여행하는 관광객이 늘어나고 있다. 베트남 국내 항공권의 가격이 매우 저렴해 2~3시간이면 하노이에서 다낭으로 이동이 가능해 북부와 중부를 같이 여행하는 사람들은 늘어날 것이다.

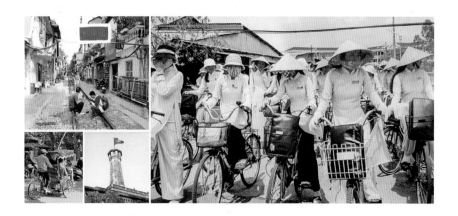

베트남에 3,000m가 넘는 산이 있어?

베트남의 중부와 남부를 여행하면 의외로 높은 산이 없어 베트남을 평지가 많고 남북으로 길게 이어진 해변만 생각하는 경우가 많다. 하지만 베트남의 북부는 상당히 험하고 이국적인 풍경으로 관광객을 끌어당긴다. 하지만 접근성이 낮아서 소수의 사람들만 찾는 관광지였다. 이곳에도 최근에 변화의 바람이 불고 있다.

베트남의 라오까이 성과 라이쩌우 성에 걸쳐 있는 판시팡산Phan Xi Păng은 해발 3,147m로 베트남에서 가장 높고 인도차이나 반도에서도 최고봉으로 알려져 있다. '인도차이나의 지붕'이라고 불리는 판시팡산Phan Xi Păng은 프랑스 식민지 시기의 표기인 판시판산Fansipan으로도 불리는데, 사파에서 약 9㎞ 떨어져 있다.

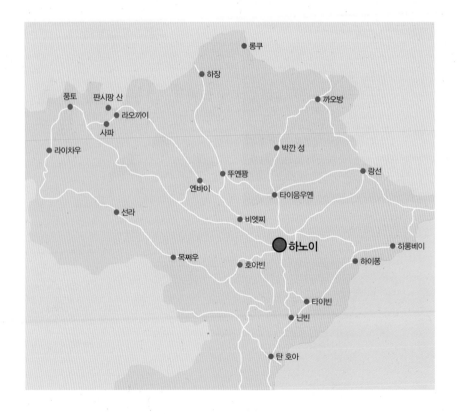

등반? 아니 케이블카

하이킹 루트를 따라 등반하면 사파에서 정상까지 대략 2일 정도가 소요된다고 한다. 높은 곳까지 등반을 하려면 쉽지 않아서 베트남 정부는 이곳을 관광지로 개발하기 위해 노력해왔는데, 2016년 케이블카가 정상 바로 옆까지 놓여 약 20분 정도면 도착할 수 있게 되면서 고민을 해결했다.

35명이 탑승할 수 있는 케이블카는 매일 아침 7시 30분부터 오후 5시 30분까지 운행된다. 안개를 뚫고 올라가는 케이블카는 덥고 습한 날씨의 베트남과는 달라서 춥고 스릴 만점이다. 산 정상에는 케이블카를 타고 온 관광객들도 많아서 늘 붐빈다.

이름의 유래

산의 생김새를 따서 '기울어진 큰 바위'라는 뜻의 후아시판Hùa Xi Pan이라 불리다가 변화되었다는 것이 가장 유력한 설이다. 북부에 사는 베트남의 소수 민족인 흐몽 족이 몽어로 '진달래가 피는 산'이라고 부르는 것이 유래가 되었다는 설도 있다. 응우옌 왕조 시기인 1905년 프랑스의 지도 제작을 도운 베트남 관리였던 판반선Phan Văn Son의 이름이 와전 된 것이라는 이야기도 있다.

베트남의 아마존

인도차이나반도의 조산운동으로 호앙리엔선 산맥이 생기면서 판시팡 산이 형성되고, 곳곳의 습곡과 이어진 계곡으로 홍 강이 발원하여 동쪽으로 흐른다고 한다. 베트남의 라오까이 성과 라이쩌우 성에 걸쳐 있어 예부터 사람이 살기 힘들어 자연이 그대로 보존되어 있어 '베트남 최고의 산림보존자원'으로 평가받는다.
해발고도는 3,143m의 산과 인근의 산맥에는 식물 2,024종(나무는 1,680종), 동물 327종이 보고 되고 있다.

판시팡산 정상 표지석

1905년 프랑스 식민지시기에 의해 해발 3,143m로 측량되었지만, 정상 주변에 삼림이 울창하여 등반이 쉽지 않았다고 전해진다. 약 90년 정도가 지나 1991년 베트남 육군 장교인 응우옌티엔훙 Nguyen Thien Hung이 공식적인 첫 정상 등반을 기록하였다.

하이킹을 하려면?

판시팡산의 하이킹은 가까운 마을인 사파 Sapa에서 시작한다. 다양한 경로가 있지만 완만한 경사를 따라 2일 정도 걸려 올라가는 코스가 유럽인들에게 인기가 높다. 산길을 따라 흐몽족의 마을을 지나며 사람들이 살아가는 모습도 볼 수 있다. 안전을 위해 하이킹을 하려면 반드시 베테랑 현지인이 함께 걷는다. 걷가보면 중간에 쉴 수 있는 대피소가 있어 체력을 비축하면서 올라갈 수 있다.

ABOUT
베트남

한눈에 보는 베트남

북쪽으로는 중국, 서쪽으로는 라오스, 캄보디아와 국경을 맞대고 있다. 베트남 남쪽에는 메콩 강이 흘러내려와 태평양으로 빠져나간다.

▶ **국명** | 베트남 사회주의 공화국
▶ **인구** | 약 8,700만 명
▶ **면적** | 약 33만km(한반도의 약1.5배)
▶ **수도** | 하노이
▶ **종교** | 불교, 천주교, 까오다이교
▶ **화폐** | 동(D)
▶ **언어** | 베트남어

빨간 바탕에 금색 별이 그려져 있다고 해서 금성홍기라고 한다. 빨강은 혁명의 피와 조국의 정신을 나타낸다. 별의 다섯 개 모서리는 각각 노동자, 농민, 지식인, 군인, 젊은이를 상징한다.

베트남인

대부분 우리나라 사람들과 비슷하게 생겼다. 하지만 베트남은 55개 민족이 모여 사는 다민족 사회이기 때문에 사람들마다 피부색이나 체격이 조금씩 차이가 난다.

베트남은 영어 알파벳 'S'를 닮았다. 폭은 좁고 남북으로 길게 쭉 뻗어 있다. 베트남인들은 대부분 북부와 남부, 두 지역에 모여 살고 있다. 북쪽에는 홍 강, 남쪽에는 메콩 강이 있고, 두 강이 만든 넓은 평야가 펼쳐져 있다. 중간에는 안남 산맥이 남북으로 길게 뻗어 있다.

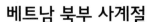

베트남 북부 사계절

베트남은 무조건 덥다고 생각하는 사람들이 많다. 하지만 베트남은 남북으로 길게 늘어져 있는 긴 국토를 가지고 있어서 하노이는 다른 베트남의 날씨와 다르다. 겨울에도 반팔만 입고 오는 관광객이 있을 정도이므로 하노이는 계절에 대해 알고 나서 여행을 준비하는 것이 좋을 것이다.

하노이는 다른 베트남의 대도시와 기후가 조금 다르다. 해안을 끼고 있는 대부분의 베트남 도시와 다르게 우기와 건기를 가진 대륙성 기후를 보인다. 우기는 굉장히 덥고 흐린 날씨를 보이지만 건기는 습기가 조금 있어 쾌적하고 맑은 날씨를 보인다. 1년 동안 14~34℃로 변하며, 드물지만 9℃이하나 37℃이상인 날씨가 있을 때도 있다.

하노이의 계절 2가지

하노이 사람들은 대한민국처럼 4계절로 나누지만 실제로는 2계절로 나누는 것이 낫다고 이야기하는 사람들도 많다. 하노이에는 크고 작은 많은 호수들이 있어서 습도가 높은 편이다. 습도가 높아서 추울 때는 더 춥게, 더울 때는 더 덥게 느껴지므로 계절에 맞는 옷을 준비해야 한다. 폭우를 동반한 장마 같은 더운 여름과 건조하고 추운 겨울로 나누는 것이 맞을 것이다. 5월 초~9월 말까지 더위가 지속되며, 선선한 계절은 12월 초~2월 말까지 지속된다. 하지만 3월이면 더위가 시작되어 3월~9월 말까지 덥고 11월 중~2월 말까지 추운 2계절이라고 말하기도 한다.

봄
Spring

습도가 높은 베트남 북부에서 봄은 2월 말~4월까지로 습도가 올라가는 계절이다. 온도는 평균 15~20℃ 사이를 나타내어 베트남 북부를 여행하기에 가장 좋은 시기라고 이야기한다. 겨울이 지나고 새롭게 태어나는 꽃과 나무의 잎이 베트남 북부를 아름답게 만들어준다.

여름
Summer

더운 여름은 5월 말~9월 중순까지 지속되어 여행하기에는 좋지 않다. 가장 더운 시기는 7월이다. 베트남 북부의 여름은 평균 기온은 32℃이지만 대한민국의 여름보다 더 무덥게 느껴진다. 왜냐하면 베트남의 우기와 겹쳐, 폭우가 빈번히 내리기 때문에 외출을 하려면 우비나 우산을 준비해야 한다.

비가 많이 오면 우산은 거의 무용지물이 될 정도로 많이 오기 때문에 밖으로 나가지 않고 카페나 숙소에서 쉬는 것이 더 현명할 것이다.

가을
Autumn

베트남 북부의 가을은 아름답고, 낭만적인 분위기를 자아낸다. 하지만 '가을'이라고 부르는 시기는 짧다. 9월 말~11월 말까지 약 2달 정도를 가을이라고 부르는 데 평균 기온은 약 25℃로 따뜻한 햇볕과 시원하고 건조한 바람이 불어오므로 봄과 가을이 가장 여행하기에 좋은 시기라고 할 수 있다.

겨울
Winter

베트남 북부의 겨울은 12월~2월 말까지이다. 평균 기온은 약 17℃라고 하지만 10℃ 이하로 떨어지는 날씨도 많다. 그래서 겨울에 베트남 북부 사람들은 대부분 경량 패딩을 입고 다니고 더 춥다면 속에 두꺼운 옷을 끼어서 입는다.
하노이 북쪽의 사파 같은 고산지대는 상당히 추워서 두꺼운 패딩이 필요할 정도이다.

■ 외적의 침략을 꿋꿋이 이겨 낸 나라 베트남

20세기에 프랑스와 미국 같은 강대
국들과 맞서 끝내 승리를 거둔 베트
남은 그 이전에도 중국 등 여러 나
라의 침략과 간섭에 시달렸고, 때로
는 수백 년 동안 지배를 받기도 했
다. 그렇지만 그들은 똘똘 뭉쳐 중국
의 지배에서 벗어났고, 19세기까지
독립을 지켜냈다. 그래서 베트남 인
들은 자기 나라 역사를 매우 자랑스
러워한다.

■ 외세에 굴복하지 않은 저항의 역사

베트남의 역사는 기원전 200년경 지금의 베트남 북동부 지역에 남월이라는 나라가 세워지면서 시작되었다. 그러나 기원전 100~1,100년 동안 중국의 지배를 받았다.

10세기 경 독립 전쟁을 일으켜 중국의 지배에서 벗어난 뒤, 900여 년 동안 중국의 거듭된 침략을 물리치고 발전했다. 19세기 말에 프랑스의 식민지가 된 뒤, 베트남 인들은 호치민을 중심으로 단합하여 미국마저 몰아내고 1974년에 마침내 하나의 베트남을 만들었다.

전쟁으로 모든 것이 파괴되어 버린 베트남은 한동안 차근차근 경제를 발전시켰다. 지금은 동남아시아에서 가장 빠르게 성장하고 있는 나라로 손꼽히고 있다.

설을 쇠는 베트남

음력 정월 초하루에 쇠는 설을 베트남의 가장 큰 명절이다. 이날 베트남의 가정에서는 크리스마스 트리와 같이 나무에 흙이나 종이로 만든 잉어나 말, 여러 가지 물건을 달아 장식한다. 그리고 일가친척이나 선생님, 이웃들을 방문해 서로 덕담을 나누고 복을 기원하며 어린이들에게는 세뱃돈을 준다. 설날의 첫 방문자는 그해의 행운을 가져다준다고 믿어서 높은 관리나 돈 많은 사람을 초대하기도 하는데, 첫 방문자는 조상신을 모신 제례 상에 향불을 피우고 덕담을 한다.

▨ 무한한 가능성을 지닌 젊은 나라

베트남 개방이후 '새롭게 바꾼다'라는 뜻의 '도이머이 정책'을 펼치면서 외국 기업을 받아들이고 투자도 받았다. 앞선 기술을 배우려고 애쓰면서 끈기와 부지런함으로 경제 발전을 이루고 있다.

베트남은 사회주의 국가이기는 하지만 오늘날 해외의 자본과 기술을 받아들이고 경제 발전을 위해 노력하고 있다. 1986년부터 베트남식 경제 개혁 정책인 '도이머이'정책을 펴서 이웃 나라들과 활발히 교류하고 있고 2006년에 세계 무역 기구(WTO)에도 가입했다.

■ 사회활동이 활발한 베트남 여성들

베트남 여성들은 생활력이 강하고, 사회 활동이 활발한 편이다. 그 이유는 베트남이 오랜 전쟁을 겪는 동안 전쟁터에 나간 남성들 대신에 여성들이 가정을 꾸리고 자녀들을 교육시키는 등 집안의 모든 일을 맡아서 했기 때문이다. 베트남에서는 정부나 단체 등의 높은 자리에 여성들이 많이 진출해 있다. 대표적으로는 1992년에 국가 부주석을 지내고 1997년에 재당선된 구엔 티 빈 여사가 있다. 또한 베트남은 국회에서 여성 의원이 차지하는 비율이 20%가 넘는다.

베트남에는 '베트남 여성 동맹'이라는 여성 단체가 있는데, 이 단체는 여성의 권리와 이익을 보호하는 데 앞장서는 단체이다. 또한 여성을 돕기 위한 기금을 조성해, 사업을 하려는 여성들에게 돈을 빌려 주고 있다. 이렇게 베트남 여성들은 여러 분야에서 활발히 활동하고 있고 점점 더 활동 폭을 넓혀가고 있다.

■ 베트남 여인의 상징, 아오자이

'긴 옷'이라는 뜻을 갖고 있는 아오자이는 베트남 여성들이 각종 행사 때나 교복, 제복으로 많이 입는 의상이다. 긴 윗도리와 품이 넉넉한 바지로 이루어진 아오자이는 중국의 전통 의상을 베트남 식으로 바꾼 것이다. 아오자이를 단정하게 차려입은 베트남 여성의 모습은 무척 아름답다.

베트남 북부에 끌리는 8가지 이유

베트남 북부의 순수한 자연경관

베트남 북부의 관광지는 하노이를 제외하면 아직 개발이 덜 된 상태이다. 벌써 관광객이 많은 하노이와 다르게 하롱베이Halong Bay, 사파Sapa, 닌빈Nin Binh에는 아직까지는 순수하게 보존되어 있는 자연경관을 보게 된다. 그래서 다양한 경치를 감상할 수 있다. 요즈음 가장 핫Hot하게 따라오는 곳이 사파Sapa와 닌빈Nin Binh이다.

▨ 안전한 베트남 북부

순수한 사람들이 사는 곳 베트남은 당연히 안전하다. 베트남은 동남아시아에서 가장 안전한 국가에 속한다. 하노이 & 하롱베이Halong Bay, 사파Sapa가 관광지라 여행하면서 안전하지 않을까 걱정이 된다면 안심해도 된다.

여행을 하다보면 안전에 민감해지는 나라도 있지만 베트남은 어느 도시나 마을을 가도 항상 안전하다. 베트남은 밤길에서도 두렵지 않다.

친절한 사람들

베트남에서 영어를 못할까봐 길을 물어본다거나 어려움이 생겨 물어볼 때도 두려워할 필요가 없다. 친절하게 알려주고 영어를 모르면 영어를 아는 사람을 찾아 알려주는 사람들이니 두려움 없이 친근하게 다가가서 물어보자. 순수한 사람들과의 만남에 웃음이 떠나지 않는다.

친절한 사람들

베트남 북부에는 다이내믹한 즐거움이 곳곳에 있다. 다른 베트남의 해안 도시에는 해안에서 즐기는 해양스포츠가 많다면 하노이와 북부의 사파에는 산에서 트레킹하는 순순한 즐거움이 있고 하롱베이Halong Bay와 닌빈Nin Binh에는 빼어난 카르스트 지형에 당신은 빠져들게 할 것이다.

40

저렴하고 다양한 먹거리

베트남 여행에서 먹거리는 대단히 중
요하다. 저렴하지만 맛있기까지 한 다
양한 베트남 음식들은 여행자의 발길
을 머물게 만들게 한다.

아무리 베트남의 물가가 비싸졌다고
이야기를 해도 베트남의 물가가 저렴
한 것은 사실이다. 조금 더 맛있고 고
급스러운 레스토랑을 찾아도 너무 저
렴하다고 이야기를 들은 탓에 생각보
다 비쌀 뿐이다. 북부의 하노이는 남부
의 다낭이나 호치민과는 다른 먹거리
가 존재하여 더 흥미가 생기게 만든다.

순수한 사람들

베트남 사람들은 깨끗하다. 다른 나라
사람들이 더러워서 베트남 사람들이
깨끗한 것이 아니라 너무 순수해 사람
들의 영혼이 깨끗한 모습으로 보인다.

관광객들이 늘어나고 발전이 진행되
고 있는 베트남 사람들의 순수함이 사
라질까 두려울 때가 있다. 그들의 순수
함은 그대로 남아있었으면 좋겠다.

■ 다양한 커피 맛과 여유

커피는 베트남 사람들의 생활에서 중요한 부분을 차지하고 있다. 대한민국에서 커피숍이 많지만 베트남은 대한민국보다 더 많은 커피숍이 있다. 게다가 세계에서 2번째로 커피 원두를 많이 재배하는 국가가 베트남이라는 사실은 이제 많이 알려져 있다.

19세기에 프랑스가 자국의 커피를 공급하기 위해 베트남에 커피를 처음 재배하기 시작했는데 전쟁 이후 베트남 정부가 대량으로 커피 생산을 시작했다. 그리고 1990년대부터 커피 재배가 확산하면서 이제는 연간 180만 톤 이상의 원두를 수확하고 있다.

베트남에 가면 사람들이 카페에서 플라스틱 의자에 앉아 아침이고 낮이고 커피를 마시는 모습을 볼 수 있다. 커피는 베트남 생활의 일부분이고 카페는 뜨거운 날씨로 힘들게 일한 사람들이 모여 잠시 쉬고 다시 일하는 직장인은 물론 엄마들의 수다장소뿐만 아니라 모든 연령대의 사람들이 모이는 장소이다.
베트남 사람들은 카페에서 앉아 힘든 생활에서 여유를 찾고 다시 일하는 장소이다. 그러므로 다양한 맛의 커피를 즐길 수 있다.

▦ 불편하지만 편리한 여행서비스

베트남은 아직 발전이 이루어진 나라가 아니
지만 개발이 급속도로 이루어지고 있다. 대한
민국처럼 편리하지는 않지만 환전도 불편하고
신용카드를 사용할 곳도 많지 않다.
여행을 하기가 편하도록 한곳에 몰려있는 여
행사부터 여행자거리가 조성되어 조금만 걸어
다니면 원하는 여행을 할 수 있다.

V · I · E · T · N · A · M

베 트 남
여 행 에
꼭필요한
INFO

간단한 베트남 역사

기원전 2000년경~275년 경 최초 국가인 반랑국이 건국되다
베트남 민족의 아버지로 불리는 훙 브엉이 홍 강 삼각주 지역에 반랑국을 세웠다. 반랑국은 농업을 기반으로 세운 베트남 최초의 국가였다. 기원전 275년 안 즈엉 브엉이 반랑국을 멸망시키고 어우락 왕국을 세웠다.

기원전 275년 경~기원후 930년 경 중국의 지배
중국 진나라 장수였던 찌에우 다가 중국 남부에 남비엣을 세웠는데 중국이 한나라가 쳐들어와 멸망했다. 그 후 베트남은 약 천 년간 중국의 지배를 받아야 했다. 베트남인들은 중국에 맞서 저항을 했지만 천 년동안 지배를 받을 수 밖에 없었다.

1800년 경~1954년 프랑스의 지배
1802년 응웬 아잉이 레 왕조를 무너뜨리고 응웬 왕조를 세웠다. 이 무렵 베트남의 산물과 무역로를 노린 프랑스의 공격이 시작되고 1884년에 베트남 전 국토가 프랑스에 넘어간다. 핍박을 견뎌 내며 독립을 향한 열의를 다졌다. 이때 나타난 호 찌민은 군대를 조직해 프랑스 군대를 공격하고 1954년 디엔비엔푸 전투를 승리를 이끈 베트남은 프랑스를 몰아내고 독립을 되찾았다.

1954년~1976년 미국의 야심에 저항하다
베트남은 독립 후 북위 17도선을 경계로 남과 북으로 갈렸다. 남쪽에는 미국이, 북쪽에는 지금의 러시아인 소련과 중국의 지원이 이어졌다. 1965년 미국이 베트남 북쪽 지역을 공격하면서 전쟁이 시작되었다. 끈질긴 저항 끝에 베트남의 승리로 미국은 베트남에서 물러났다.

1976년~1985년 경제의 몰락
전쟁으로 온 나라가 폐허가 된 베트남은 경제를 살리는 게 최우선 과제였지만 미국의 경제 봉쇄로 경제는 낙후된 상태가 이어졌다.

1985~현재
1985년 새롭게 바꾼다라는 뜻의 '도이머이 정책'을 실시하면서 부지런함과 끈기를 내세워 선진국의 투자를 이끌어내면서 2000년대에 급속한 발전을 이어온 베트남은 동남아시아를 대표하는 경제 성장 국가가 되어 가고 있다.

베트남의 현주소

'포스트 차이나'로 불리는 베트남의 2018년 GDP 성장률은 10년 만에 최고치인 7.08%를 기록했고, 올해도 6.9~7.1%의 고성장을 이어갈 것으로 전망한다. 1980년대 100$ 안팎에 그쳤던 1인당 국내총생산(GDP)이 2008년 1,143$로 증가해 중간소득 국가군에 진입했다. 덕분에 연평균 6.7%의 고성장을 계속해

베트남은 지속적으로 경제성장률이 유지되면서 2018년에는 1인당 GDP가 2,587$로 뛰었다.

'도이머이'는 바꾼다는 뜻을 지닌 베트남어 '도이'와 새롭다는 뜻인 '머이'의 합성어로 쇄신을 뜻하는 단어이다. 1986년 베트남 공산당 제6차 대회에서 채택한 슬로건으로 토지의 국가 소유와 공산당 일당 지배체제를 유지하면서 시장경제를 도입하여 경제발전을 도모하기로 한 역사적인 사건으로 응우옌 반 린 당시 공산당 서기장이 주도했다. 1975년 끝난 베트남전에 이어, 1979년 발발한 중국과의 국경전쟁, 사회주의 계획경제의 한계에 따른 식량부족과 700%가 넘는 살인적인 인플레이션 상황이 초래되자 베트남은 새로운 돌파구가 필요했다

당시 상황은 '개혁이냐, 죽음이냐'라는 슬로건이 나올 정도로 절박한 상황으로 개혁은 선택이 아닌 필수였다. 1980년대 초 일부 지방의 농업 분야에서 중앙정부 몰래 시행한 할당량만 채우면 나머지는 농민이 갖는 제도인 '도급제'가 상당한 성과를 거둔 전례가 있었기 때문에 '도이머이' 도입을 가능하게 한 요인이었다.

쇄신의 길을 택한 베트남은 1987년 외국인 투자법을 제정해 적극적인 외자 유치에 나섰다. 1989년 캄보디아에서 군대를 완전히 철수하고, 중국에 이어 미국과의 관계를 정상화하고 국제사회의 제재에서 벗어난 것도 실질적인 '도이머이'를 위한 베트남의 결단이었다. 베트남은 1993년 토지법을 개정해 담보권, 사용권, 상속권을 인정했고, 1999년과 2000년에는 상법과 기업법을 잇달아 도입해 민간 기업이 성장하는 길을 닦았다.

베트남과 대한민국의 비슷한 점

끈질긴 저항의 역사

중국에 맞서 싸우다

베트남은 풍요로운 나라이지만 풍요 때문에 중국의 지배를 받아야 했었다. 약 2천 년 전, 중국을 다스리던 한 무제가 동남아시아로 통하는 교역항을 차지하기 위해 베트남에 군대를 보내 정복하고 약 천년 동안 중국의 지배를 받았다. 중국 군대를 몰아내는 데 앞장선 쯩 자매는 코끼리를 타고 몰아냈다. 기원 후 40년 경, 베트남은 중국 한나라의 지배를 받았는데 쯩 자매중 언니의 남편이 한나라 관리에게 잡혀 억울하게 죽자 쯩 자매는 사람들을 이끌고 한나라 군대와 맞서 싸웠다. 한나라를 완전히 몰아내지는 못했지만 쯩 자매는 지금도 베트남 사람들의 영웅으로 전해 내려오고 있다.

중국의 지배를 받으면서 한자와 유교가 베트남에 널리 퍼지게 되면서 중국 문물을 배우는 데에 부지런했다. 유교에서는 부모를 정성스레 모시고, 이웃과 돈독히 지내고, 농사지은 것을 거두어들이면 조상에게 감사 제사를 지내라고 가르쳤다. 농사를 지으며 대가족이 모여 사는 베트남 사람들의 생활과 잘 맞았다. 농사를 지으려면 일손이 필요하고, 이웃과 서로 도우며 지내야 한다. 지금도 베트남 곳곳에는 유교 문화의 흔적들이 많이 남아 있다.

중국의 지배를 받을 때 중국 관리들과 상인들이 와서 행정문서와 교역문서를 한자로 기록하면서 문자가 없었던 베트남 사람들은 한자를 쓰기 시작했다. 나중에 프랑스의 지배를 받으면서부터 한자 대신 알파벳 문자를 쓰기 시작했다.

프랑스에 맞서 싸운 역사

1858년~1884년	프랑스가 베트남 공격
1927년~1930년	호치민을 비롯한 베트남 지도자들은 저항 조직을 만들어 프랑스에 맞서 싸우기 시작
1945년	호치민은 프랑스가 잠시 물러간 틈을 타 하노이에서 베트남 민주 공화국

> **디엔비엔푸 전투**
> 1953년 베트남 북부 디엔비엔푸에서 베트남군과 프랑스군이 전투를 벌여 다음해인 5월까지 이어진 전투에서 베트남군은 승리를 거두고 프랑스군을 몰아냈다.

수립을 선포했다. 하지만 프랑스는 이를 인정하지 않아 다시 전쟁이 시작
되었다.

1954년   프랑스 군대가 있던 디엔비엔푸를 공격하여 크게 승리한 베트남은
               마침내 독립을 이뤄냈다.

남북으로 갈라진 베트남

베트남은 남과 북으로 나뉘었다가 사회주의 국가로 통일을 이루었다. 베트남이 사회주의
국가가 되기까지 복잡한 역사적 배경이 있다. 과거 프랑스의 지배를 받았던 베트남은 독립
을 위해 프랑스와 전쟁을 벌였다. 오랜 전쟁 끝에 1954년 제네바 협정이 열렸고, 프랑스는
베트남에서 물러났다. 1954년 제네바 협정결과 북위 17도선을 경계로 남과 북으로 분단이
되었다. 남쪽에는 민주주의 정권이, 북쪽에는 공산주의 정권이 세워졌다.

베트남은 이후 1976년 북베트남이 남베트남을 장악한 미국과 벌인 전쟁에서 승리하면서
통일을 이루었다. 미국은 약 50만 명이 넘는 군인을 북베트남에 보내고 엄청난 폭탄을 쏟
아 부었지만 강한 정신력으로 미국에 맞서면서 10년을 싸워 1976년에 미국은 물러났다.

베트남 음식 Best 10

베트남은 남북으로 길게 이어진 국토를 가지고 있어 북부와 중, 남부는 다른 특성을 가지고 있지만 음식은 하노이의 음식이 퍼져나간 경우가 많다. 베트남 여행에서 쌀국수를 비롯해 다양한 음식을 맛보는 것은 여행의 또 다른 즐거움이다. 6개월 가까이 그들의 음식을 매일같이 먹으면서 맛의 차이를 느껴보는 경험은 남들과 다른 베트남 여행의 묘미였다. 그래서 길거리에 목욕의자를 놓고 아침에 먹는 쌀국수는 특히 잊을 수 없다. 베트남에서 한번쯤은 길거리에 앉아 그들과 함께 먹는 음식으로 베트남을 조금 더 이해할 수 있을 것이다.

포(Phở)

누가 뭐라고 해도 베트남 음식 중 1위는 쌀국수를 뜻하는 포Phở이다. 베트남하면 쌀국수가 떠오를 정도로 쌀국수는 베트남 서민들이 가장 좋아하면서도 가장 많이 먹는 음식이다. 포Phở는 끓인 육수에 쌀로 된 면인 반 포Bánh phở를 넣고 소고기나 닭고기, 해산물을 넣는다. 베트남 전통 쌀국수에서는 라임과 고수가 빠지지 않고 오뎅, 닭고기, 돼지고기, 소고기 등. 쌀국수에 들어가는 식재료에 따라 종류도 무척 다양해졌다. 북부 베트남에서 시작되어 현재 포Phở는 수도인 하노이뿐만 아니라 베트남, 아니 전 세계에서 가장 유명한 음식이 되었다. 길거리 어디서나 포Phở를 판매하는 곳을 볼 수 있다. 맛도 한국에서 판매하는 쌀국수와는 다르다. 베트남 음식의 홍보대사라고 할 수 있다.

미꽝(MI Quáng)

베트남 중부의 대표적인 쌀국수로 넓은 면발에 칠리, 후추, 피시소스에 땅콩가루를 얹어서 나온다. 국물이 상대적으로 적어서 국물을 먹는 것이 아니고 면발에 국수가 스며들어가서 나오는 맛이 중요하다. 국물이 적은 이유도 면발에 흡수되려면 진한 국물이 필요하기 때문이다.

분짜(Bún ch)

전 미국대통령인 오바마가 하노이를 방문해서 먹은 음식으로 더 유명해진 분짜^{Bún chả}는 대한민국에서도 최근 분짜^{Bún chả}를 판매하는 식당이 인기를 끌고 있을 정도로 우리에게도 친숙해졌다. 하노이 음식들이 베트남에서 생겨난 경우가 많은 데 분짜^{Bún chả}도 그 중 하나이다. 숯불에 구운 돼지고기를 면, 채소와 함께 달콤새콤한 소스에 찍어먹으면 맛이 그만이다. 분짜^{Bún chả}는 누구든 좋아할 수밖에 없는 요리인데 베트남인들이 쌀국수와 함께 가장 즐겨먹는 음식이기도 하다.

반 쩨오(Bánh xèo)

쌀 반죽을 구운 베트남식 부침개인 반 세오^{Bánh xèo}는 tvN 〈신서유기〉를 통해 방영되면서 주목을 끌기도 했는데 베트남 음식에서 빠질 수 없는 음식이다. 베트남 쌀가루 반죽옷 안에 각종 야채와 고기, 해산물이 들어가 있는 일종의 부침개, 영어로는 '크레페'라고 할 수 있다.쌀가루, 밀가루, 숙주나물, 새우, 돼지고기를 이용하여 팬에 튀긴 베트남 스타일로 바뀐 작거나 큰 크레페이다. 얼마 전 tvN 〈짠내투어〉에서 북부의 반 세오^{Bánh xèo}는 대한민국의 부침개처럼 크고 중, 남부의 반 세오^{Bánh xèo}는 한입에 넣을 수 있도록 작게 만든 것으로 차이점이 소개되기도 했다.

다른 수많은 베트남 음식들처럼 반 세오^{Bánh xèo}는 새콤달콤한 느억맘 소스에 찍어 먹는다. 반 세오^{Bánh xèo}를 노랗게 만드는 것은 계란이라고 생각하는데 원래는 강황이다. 단순한 음식이지만, 쌀국수와 더불어 중, 남부 베트남 사람들이 가장 즐겨먹는 음식이다.

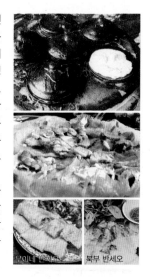

무이네 반세오   북부 반세오

반 베오(Bánh Bèo)

소스 그릇처럼 작은 곳에 찐 쌀떡이 있고 그 위에 새우가루나 땅콩가루, 돼지고기 등을 얹어 먹는 음식으로 중, 남부에서 주로 먹는다. 처음 베트남에 여행을 가면 반 세오^{Bánh xèo}와 이름이 비슷해 혼동하지만 음식은 전혀 다르다.

■ 반미(Bánh mì)

베트남어로 빵을 뜻하는 반미[Bánh mì]는 한국에도 성업
인 음식점이 있을 정도로 잘 알려져 있다. 반미[Bánh mì]
에는 프랑스의 지배를 받은 영향이 그대로 녹아있는
데, 겉은 바삭하고 속은 상큼하면서도 아삭한 맛을
즐길 수 있는 바게뜨가 베트남 스타일로 바뀐 음식이
다. 수십 년 만에 반미[Bánh mì]는 다른 나라의 음식을 넘
어 세계 최고의 거리 음식 명단에 오르면서 바게뜨의
명성을 위협하고 있다.

프랑스의 바케뜨 빵에 각종 야채와 고기를 넣고, 고
수도 함께 넣어 먹는 베트남 반미[Bánh mì]를 맛본 관광
객들은 반미[Bánh mì] 맛에 대해 칭찬을 아끼지 않는다.
서양의 전통 햄버거나 샌드위치보다 더 맛있다고 할
정도이다. 반미[Bánh mì] 맛의 핵심은 바삭한 겉 빵의 식
감과 고기, 빠떼[Pate], 향채 등 다양한 속 재료들이 어우러져 씹었을 때 속에서 전해오는 부
드러움이 먹는 식욕을 자극하기 때문이다.

■ 꼼 땀 수언 누엉(Bơm tấm sườn nướng)

아침이나 점심 때 무엇인가를 싸들고 가는 비닐봉지
에 싸인 음식이 궁금해서 따라 먹어본 음식이 있다.
쌀밥[Cơm tấm]에 구운 돼지갈비, 짜[chả](고기를 다져서 찌
거나 튀긴 파이), 돼지 껍데기, 계란 후라이가 한 접시
에 나오는 단순한 음식인데 이 맛이 식당마다 다 다
르다.

구운 돼지갈비 밥인 꼼 땀 수언 누엉[Cơm tấm sườn nướng]
은 베트남 남부의 대표요리로 과거에는 아침에 먹었
다고 하나 지금은 아침보다 점심에 도시락처럼 싸들
고 사가는 음식에 더 가깝다. 저자가 베트남에서 매
일 먹는 음식이기도 하여 친숙하다. 그리고 지역마다
현지인들의 맛집이 있기 때문에 꼭 맛집을 찾아서 먹
으러간다. 맛의 차이는 쌀밥과 돼지고기를 어떻게 구워 채소와 같이 먹느냐의 차이이다.
남부에서만 먹는 음식이 아니고 베트남 전국적으로 바쁜 현대인들에게 잘 어울리는 음식
중 하나다.

넴(Nem rán)

베트남 넴Nem rán은 라이스페이퍼Bánh tráng에 여러 재료를 안에 넣어 돌돌 말아 튀긴 튀김 롤이다. 튀긴 후에 속 재료의 맛을 그대로 간직하고 있어서 갓 만든 뜨거운 넴 1개를 소스에 찍어 한 입 베어 물면 바삭한 껍질과 함께 속의 풍미가 재료와 함께 어우러져 목으로 넘어온다. 명절이나 생일잔치에도 빠지지 않고 나오는 베트남 음식의 핵심이라고 할 수 있다. 우리가 먹는 튀긴 롤과 다르지 않아서 대한민국 사람들도 쉽게 손이 가는 음식이다.

고이 꾸온(Gỏi cuốn)

손으로 먹는 베트남 음식의 특성이 가장 잘 나타나는 음식이 쌈이다. 북부, 중부, 남부 할 것 없이 다양한 종류의 스프링 롤인 고이 꾸온Gỏi cuốn은 넴Nem rán과 더불어 손으로 먹는 음식을 가장 위생적으로 먹기 위해 만들어진 것이다. 가장 선호하는 베트남 음식 리스트에 올라와 나트랑이나 무이네, 달랏에 여행을 간다면 한 번은 꼭 맛봐야 한다.

부드러운 라이스페이퍼에 채소와 고기, 새우 등을 넣어 말아내 입에 들어가면 깔끔한 맛으로 여성들에게 인기가 높다. 새우, 돼지고기, 고수를 라이스페이퍼Bánh tráng에 싸서 새콤한 느억맘 소스에 찍어 먹을 때 처음 전해오는 새콤함과 달콤함이 어우러진 맛이 침이 넘어오게 만든다.

포 꾸온(Phở cuốn)

월남쌈이라고 생각하면 쉬운 음식으로 하노이가 자랑하는 요리이다. 간단하고 쉽게 만들 수 있는데 보기에도 좋아 먹기에 수월하다. 라이스페이퍼에 새우, 돼지고기나 소고기 등을 넣고 돌돌 말아 약간 물에 적신 후에 소스를 찍어먹으면 더욱 맛있다. 고기의 신선한 육즙은 야채와 느억맘 소스의 새콤달콤 맛과 어울려져 기가 막힌 맛을 만들어 낸다. 포 꾸온Phở cuốn은 베트남을 넘어 외국 관광객에게도 유명한 요리가 되었다. 화려하지는 않지만 정갈한 음식이기에 베트남 음식의 정수가 다 담겨진 음식이라 할 수 있다.

꼼 티엔 하이 싼(Com chiên hải sản)

한국과 베트남 모두 유교에 영향을 받은 유사한 문화를 가져서 그런 것인지는 모르겠지만 베트남의 해산물 볶음밥은 우리가 주위에서 먹는 해산물 볶음밥과 다를 것이 없다. 그도 그럴 것이 쌀밥, 해산물, 계란 등의 비슷한 재료에 소스도 비슷하여 만들어진 볶음밥은 우리가 먹는 볶음밥과 다를 것이 없다.

까오러우(Cao Lấu)

까오러우Cao Lấu는 베트남 중부에 위치한 작은 도시인 호이안의 대표 국수이다. 일본의 영향을 받아 일반 쌀국수보다 면발이 우동에 가깝고, 쫀득하고 두꺼운 면발의 면에 간장 소스 등으로 간을 한 돼지고기, 각종 채소와 튀긴 쌀 과자를 올려 먹는다. 노란 면발과 진한 육수는 중부 지방 음식의 특색인 듯하다. 그릇마다 소중하게 담겨져 까오러우Cao Lấu를 한 번 맛본 사람이라면 다시 먹고 싶은 맛이다.

분보남보(Bún bò Nam Bộ)

분보남보는 한국의 비빔면과 비슷한 하노이의 비빔국수이다. 신선한 소고기에서 배어난 육즙과 소스, 함께 씹히는 고소한 땅콩과 야채들이 어우러져 구수한 맛을 한꺼번에 즐길 수 있다. 대부분의 면을 뜨거운 육수와 같이 먹는 것과 다르게 분보남보에는 쌀국수에 볶은 소고기, 바삭하고 시원한 숙주나물, 볶은 땅콩, 다양하고 신선한 야채들을 넣고 마지막에 새콤달콤한 '느억 맘(베트남 전통 생선발효액 젓)'을 자신의 입맛에 맞도록 부어 먹는 베트남 스타일의 비빔면이다. 중부의 미꽝과 더불어 가장 대중적인 음식으로 알려져 있다.

한국인이 특히 좋아하는 베트남 음식

봇찌엔(Bot chien)

봇찌엔은 베트남 길거리에서 흔히 만날 수 있는 음식으로 쌀떡을 기름에 튀기고 부친 계란과 채를 썬 파파야를 함께 올려 먹는다. 고소한 계란과 상큼한 파파야 맛이 같이 우러나온다. 역시 마지막에는 느억맘소스(생선을 발효시켜 만든 소스)를 뿌려서 버무리고 먹는 맛이 최고이다.

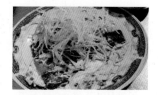

에그커피

에그커피는 하노이의 카페에서 개발하여 현재는 관광객에게 꽤 유명해졌다. 달걀이 커피 안에 들어가 있어 크림처럼 부드러운 에그커피가 각종 TV프로그램에 소개되면서 특히 대한민국 여행자에게 유명하다. 마시기보다 푸딩처럼 떠먹는 것이 어울린다.

우리가 모르는 베트남 사람들이 즐겨 먹는 음식

숩 꾸어(Súp cua)

보양음식으로 알려져 아플 때면 더욱 찾는 음식이다. 게살스프로 서양에서 들어온 음식이 베트남스타일로 변형된 것이다. 이후 게살스프가 보편화되면서 사람들의 입맛에 맞게 되었다.

라우 무옹 싸오 또이(Rau muống xào tỏi)

마늘로 볶는 '모닝글로리'라고 부르는 공심채는 베트남인들에게 익숙한 야채이다. 마늘로 볶은 간단한 요리지만 식성을 돋구는 음식이다. 기름에 마늘을 볶아 마늘향이 퍼지면 모닝글로리를 넣고 같이 볶아준다. 우리의 입맛에도 제법 어울리는 요리이다.

베트남 쌀국수

베트남에 가면 쌀국수를 먹어야 한다고 이야기할 정도로 베트남 요리에서 많은 종류의 국수를 빼놓고 이야기할 수가 없다. 베트남의 국토는 남북으로 길게 이어진 나라로 북부의 하노이와 남부의 호치민은 기후가 다르다. 그러므로 국수를 먹는 것은 같지만 지방마다 특색 있는 국수가 있게 되었다. 베트남 국수는 신선한^{tươi}형태나 건조한^{khô}형태로 제공된다.

동남아시아가 쌀국수로 유명한 이유는 무엇일까?
밀이 풍부해 밀로 국수를 만들 수 있었던 동북아시아와는 달리 열대지방의 특성상 밀이나 메밀 같은 작물을 기르기는 어려웠지만 동남아시아의 유명한 쌀인 인디카 종(안남미)의 쌀을 이용했기 때문이다. 덥고 습한 기후 때문에 향이 강한 음식을 먹다보니 단순한 동북아시아의 국수와 다르게 발달하게 되었다.

대한민국에는 쌀국수가 발달하지 않은 이유
쌀농사를 짓는 대한민국에도 비슷한 쌀국수가 있었을 것 같지만, 한반도에서 많이 나는 자포니카 종의 쌀은 국수로 만들면 쫄깃한 맛이 밀이나 메밀가루로 만든 국수에 비해 떨어져서 쌀국수는 발달하지 않았다.

베트남 쌀국수가 전 세계로 퍼진 이유
베트남 쌀국수는 베트남 전쟁을 거치고 결국 베트남이 공산화 되면서 전 세계로 퍼지기 시작하였다. 남부의 베트남 국민들이 살기 위해 나라를 등지고 떠나 유럽이나 미주의 여러 나라로 정착하면서 저렴하면서 한끼 식사를 할 수 있는 쌀국수는 차츰 알려지기 시작했다. 서양인들의 기호에도 맞아 국제적으로 알려지는 계기가 되었다.

동유럽에서는 주로 북부의 베트남 사람들에 의해서 알려지기 시작했다. 1970~80년대에 북베트남에서 외화를 벌기 위해 동유럽 국가로 온 베트남 노동자들이 많았다. 동유럽이 민주화 바람 이후에도 경제적 사정으로 고국으로 돌아가기 힘들었던 베트남 사람들은 베트남 식당을 차리기 시작했고 더욱 퍼져나가기 시작했다.

쌀국수는
1. 미리 삶아온 면을
2. 뜨거운 물에 데친 후
3. 준비해둔 끓인 육수를 붓고
4. 땅콩, 향신료 말린 새우 설탕 등을 넣어 판매한다.

포phở는 베트남 북부의 하노이 음식이었다. 1954년 제네바 협정으로 베트남이 남북으로 분단된 뒤, 북부 베트남의 공산 정권을 피해 남부 베트남으로 내려간 사람들이 포phở를 팔기 시작해, 남부 베트남에서도 흔하게 먹는 일상 음식이 되었다. 그 후, 1964~1975년까지 이어진 베트남 전쟁과 그 이후, 보트피플로 떠돌아다니며 세계의 여러 나라로 피난하면서 포phở가 세계화되는데 일조를 하게 되었다. 미국, 캐나다 등에 이민을 온 베트남인들이 국수 가게를 많이 열면서 특히 미주지역에서 유명하다.

쌀국수 종류

국물이 들어간 국수는 베트남 쌀국수가 가장 유명하다. 뜨거운 육수에 쇠고기, 소의 내장 약간, 얇게 저민 고기를 얹은 다음 국물에 말아서 먹는다. 새콤달콤한 맛과 향은 라임 즙이나 고수, 숙주나물 등에서 나오게 된다.

육수의 차이
일반적으로 쇠고기나 닭고기 육수를 쓴 쌀국수가 대부분이다.
▶포 가(phở gà) : 닭고기 육수 퍼
▶포 돔(phở tôm) : 새우 육수 퍼
▶포 보(phở bò) : 쇠고기 육수 퍼
▶포 엑(phở éch) : 개구리 육수 퍼
▶포 해오(phở heo) : 돼지고기 육수 퍼

지역의 차이
베트남 남부에서는 달고 기름진 육수를 쓰고, 북부에서는 담백한 육수를 주로 사용한다. 포 하노이(phở Hà Nội), 하노이 포(phở)에는 파와 후추, 고추 식초, 라임 등만 곁들인다. 포 사이공(phở Sài Gòn), 호치민 포(phở)는 해선장과 핫 소스로 함께 만들며, 라임과 고추 외에도 타이바질, 숙주나물, 양파초절임을 곁들인다.

넓은 면 VS 얇은 면

넓은 면은 먼저 쌀가루에 물을 풀어서 쌀로 된 물처럼 만든 것을 대나무 쟁반위에 고르게 펴서 며칠 동안 햇볕에 잘 말린다. 얇게 뜨면 반짱Bahn Trang이라고 부르며, 두텁게 떠서 칼

로 자르면 쌀국수가 되는 차이점이 있다. 반대로 얇고 가는 면의 경우는 쌀가루를 한 데 뭉쳐서 끓는 물을 부어 익반죽을 한 뒤, 냉면사리를 만들듯 체에 걸러서 만들게 된다.

베트남 VS 태국

같은 동남아시아 국가이지만 조리법이 조금씩 다르다. 국수는 볶는 국수와 국물을 넣어 만든 국수로 분류할 수 있다. 태국의 길거리 음식으로 주문을 하면 앞에서 바로 볶아 내놓는 팟타이Phatai는 서양인들이 더 선호하는 국수이다.

길거리나 호숫가에서 배를 타고 생활하는 수상생활이 일상화 된 태국에서는 자그마한 배에서 상인 한 명이 타고 다니며 판매한다.

내용물에 따라 이름이 달라지지만, 보통 우리는 '포pho'라고 부른다.

국물을 가진 국수 가운데에서 중국, 태국, 라오스, 미얀마 스타일의 조금은 다른 쌀국수가 있는데, 맛의 차이는 국물을 내는 방법이나 양념에 따라 차이가 난다.

베트남

포(phở)
대한민국에서 쌀국수라고 하면 보통 생각하는 요리로 이제는 베트남을 상징하는 요리로 인식된다. 포(phở)는 쌀국수 국수인 포를 쇠고기나 닭고기 등으로 낸 국물에 말아 낸 대표 베트남 국수 요리이다.

분짜(Bùn Chà)
소면처럼 가는 쌀국수 면을 숯불에 구운 돼지고기, 야채와 함께 액젓인 느억맘 소스에 찍어 먹는 요리이다.

태국

팟타이
태국을 대표하는 쌀국수 요리이다. 닭고기, 새우, 계란 등의 재료를 액젓, 타마린드 주스 등으로 만든 소스와 볶아낸 쌀국수이다.

꾸어이띠어우
고기 국물에 말아먹는 쌀국수 요리로 포(phở)의 태국 버전이라고 보면 된다. 향신료를 베트남보다 많이 쓰는 태국 요리는 향신료의 향이 강하다는 차이가 있다.

포(phở) 이름의 기원

프랑스어 기원
농사를 지어왔던 베트남에서 소는 꼭 필요한 동물이었다. 그래서 쇠고기를 잘 먹지 않았다. 포phở는 프랑스 식민지 시기에 프랑스인들이 만들어 먹은 쇠고기 요리인 포토 푀가 변형된 것이라는 것이다. 베트남어인 '포phở'는 프랑스어로 '포토푀pot-au-feu'의 '푀feu'를 베트남어식으로 발음한 것이라는 설이다. 산업혁명 이후 19세기 말에 공장 노동자들이 끼니를 때우기 위해 고기 국물에 국수를 말아 먹기 시작하던 것이 유래되었다고 한다.

중국의 광둥어 기원
하노이에 살던 중국의 광둥지역 이민자들은 응아우육판(牛肉粉)이 포phở의 기원이라는 설이다. '응아우'는 '쇠고기'를 뜻하고 '판'은 '국수'라는 뜻이다. 베트남어로 '응으우뉵펀nguu nhục phẩn'이라고 불렸다. 베트남어 '펀phẩn'은 '똥'을 뜻할 수도 있기 때문에, 음절 끝의 'n'이 사라지면서 '포phở'가 되었다고 한다. 포phở를 만들 때 쓰는 넓은 쌀국수는 '분 포bún phở'로 '포 국수'라는 뜻이다.

베트남 음료

베트남은 우리 입맛에 맞는 음식들이 많다. 태국 음식이 다양하다고 하지만 베트남도 이에 못지않은 다양한 음식들이 있다. 또한 음료도 태국만큼 다양한 열대과일로 만든 주스와 스무디가 많다.

프랑스 식민지였기 때문에 베트남에서는 바게뜨와 같은 서양음식들도 의외로 많아서 베트남 음식과 맥주와 음료를 마시면서 음식을 먹는 유럽인들도 많고 특히 바게뜨 같은 반미와 함께 커피를 마시는 여행자들이 많을 정도로 커피가 일반적인 음료이다. 풍부한 과일로 생과일주스를 마실 수 있고, 물이나 맥주, 커피도 저렴하게 즐길 수 있다. 베트남에서 먹고 마시는 것으로 고생하는 경우는 없다고 봐도 무방할 것이다.

비어 사이공(Beer Saigon)

베트남에서 가장 유명한 맥주로 관광객들이 누구나 한번은 마셔보는 베트남 맥주로 맛이 좋다. 프랑스에서 맥주 기술을 받아들여서 프랑스와 비슷한 풍부한 맥주 맛을 내고 있다. 맥주 맛의 기술은 우리나라보다도 좋은 것 같다.

333비어(333Expert Beer)

베트남 남, 중부에서 유통되는 맥주이다. 베트남어로 '3'이라는 숫자의 발음은 '바'로 일명 '바바바 비어'라고 부른다. 청량감이 심해서 호불호가 갈리는 맥주로 대한민국의 카스 맥주와 맛이 비슷하다.

라루비어(Larue Beer)

중부를 대표하는 맥주 브랜드로 프랑스 스타일의 맥주이다. 블루 컬러는 저렴하고 레드 컬러는 진한 흑맥주 맛을 낸다. 캔 맥주나 병맥주의 뚜껑을 따면 뚜껑 안에 한 캔이나 한 병을 무료로 먹을 수 있도록 마케팅을 하여 맥주 소비량이 늘어났고 뚜껑을 따서 하나 더 마실 수 있는지 확인하는 풍경이 벌어지기도 한다.

후다 비어(Fuda)

중부 지방에서 판매가 되고 있는 맥주로 후에를 중심으로 다낭까지 판매를 늘리고 있다. 93년 미국의 칼스버그가 합작투자를 통해 판매가 시작되었다. 다른 333비어나 라루 비어가 나트랑에서 보기에 어렵지 않은 맥주이지만 후다는 아직 나트랑에서 가끔 볼 수 있는 정도의 맥주이다.

맨스 보드카(Men's Vodka)

보드카는 베트남에서 가장 선호되는 주류 중 하나이다. 중간 품질의 보드카 부문은 맨스 보스카Men's Vodka 브랜드가 지배하고 있다. 100년 이상의 역사를 자랑하는 브랜드인 보드카 하노이Vodka Ha Noi가 막대한 투자를 통해 시장에서 성장해 왔다. 맨스 보스카Men's Vodka 보드카는 시장의 선두 주자로 인기가 높아짐에 따라 남성용 보드카 브랜드의 이미지가 대명사가 되었다. 다만 보드카 하노이Vodka Ha Noi는 구식 이미지가 강해 젊은 층에는 인기가 시들고 있다.

커피(Coffee)

베트남에서 커피한번 마셔보지 않은 관광객은 없다. 베트남식의 쓰고 진하지만 연유를 넣어 달콤한 커피 맛은 더운 베트남에서 당분을 보충할 수 있는 좋은 방법이기도 하다.

'카페'로 발음하기도 하지만 '커피'라고 불러도 알아 듣는다. 프랑스식민지로 오랜 세월을 있어서 커피문화가 매우 발달했다. 특히 연유가 듬뿍 담긴 커피는 베트남 커피만의 특징이다.

> 주문할 때 필요한 베트남어
>
> 카페 쓰어다 | Cà Phê Sữa Dà | 아이스 연유 커피   카페 덴다 | Cà Phê Den Dà | 아이스 블랙 커피
> 카페 쓰어농 | Cà Phê Sữa Nóng | 블랙 연유 커피   카페 덴농 | Cà Phê Den Nóng | 블랙 커피

생과일 주스(Fruit Juice)

과일이 풍부한 동남아와 같이 베트남도 과일이 풍부하다. 그 중에서 망고, 코코넛, 파인애플 같은 생과일로 직접 갈아서 넣은 생과일 주스는 여행에 지친 여행자에게 피로를 풀고 목마름을 해결해주는 묘약이다.

느억 미어(Nước Mia)

사탕수수 주스를 말하는데 길거리에서 사탕수수를 직접 기계에 넣으면 사탕수수가 으스러지면서 즙이 나오는데 그 즙을 받아서 마시는 주스가 느억 미어Nước Mia이다. 동남아시아의 다른 나라에서도 마실 수 있지만 저렴하기는 베트남이 가장 저렴하다.

레드 블루(Red Blue)

우리나라의 박카스나 비타500과 비슷한 에너지 드링크로 레드 블루Red Blue 가 있는데 맛은 비슷하다. 카페인 양이 우리나라 에너지 드링크보다 높다고 하지만 마실 때는 잘 모른다.

열대 과일

망고(Mango)
나트랑에서 가장 맛있는 과일은 역시 망고이다. 생과일주스로 가장 많이 마시게 되는 망고주스는 베트남여행이 끝난 후에도 계속 생각나게 된다.

망고 (Mango)

파파야(Papaya)
수박처럼 안에 씨가 있는 파파야는 음식의 재료로도 사용이 된다. 겉부분을 먹게 되며, 부드럽고 달달하다.

람부탄(Rambutan)
빨갛고 털이 달려 있는 람부탄은 징그럽게 생겼다고 생각되기도 하지만 단맛이 강한 과즙을 가지고 있다.

파파야 (Papaya)

두리안(Durian)
열대과일의 제왕이라고 불리는 두리안은 껍질을 까고 먹는 과일이고, 단맛이 좋다. 하지만 껍질을 까기전에 냄새는 좋지 않아 외부에서 먹고 들어가야 한다.

망끈(Dragon Fruit)
뾰족하게 나와 있는 가시같은 부분이 있는 과일이다. 선인장과의 과일로, 진한 빨강색으로 식감을 자극하지만, 의외로 맛은 없다.

두리안 (Durian)

코코넛(Coconut)
야자수 열매로 알고 있는 코코넛은 얼음에 담아 마시면 무더위가 가실 정도로 시원하다. 또한 코코넛을 넣어 만든 풀빵도 나트랑 간식으로 인기가 많다.

코코넛 (Coconut)

쇼핑

베트남 여행에서 베트남만의 다양한 상품을 구입하는 데 가장 인기가 높은 것은 역시 커피, 피시소스(느억맘), 비나밋 과자이다. 3개의 제품은 베트남이 생산하는 제품이기도 하지만 선물로 사오거나 쇼핑을 해서 구입해도 잘 사용하는 품목들이다. 선물이나 쇼핑에서 가장 중요한 것은 생활에서 잘 사용할 수 있다. 그것이 바로 저렴하다고 구입해서 버리지 않는 방법이다.

G7 커피(2~5만 동)
베트남 여행에서 돌아오는 공항에서 가장 많이 구입하는 커피가 G7 커피가 아닐까 생각된다. 베트남을 대표하는 인스턴트 커피 브랜드 G7 커피는 블랙, 헤이즐넛, 카푸치노, 아이스커피 전용 등 다양한 종류와 저렴한 가격이 매력적이다.

부드러운 향을 좋아한다면 헤이즐넛, 쌉싸래한 커피 본연의 맛을 원하면 블랙을 추천한다. 달달하고 진한 맛의 믹스와 카푸치노가 우리가 즐겨먹는 커피와 비슷하다. '3 in 1'이라는 표시는 설탕과 프림이 들어간 커피라는 뜻이고 '2 in 1'은 설탕만 들어간 제품이니 구입할 때 잘 보고 구입하기를 권한다.

콘삭 커피(3~10만 동)
G7 커피와 함께 베트남 커피 시장을 장악하고 있는 콘삭 커피는 일명 '다람쥐 똥 커피'라고 더 많이 부른다. 실제 커피콩을 먹은 다람쥐의 배설물이라는 말이 있다. 인도네시아에서 생산되는 루왁 커피만큼 고급 원두는 아니기 때문에 약간 탄 듯 쓴맛이 강한 커피이다. 하지만 고소한 향과 쓰고 진한 맛을 좋아한다면 추천한다.

노니차(15~20만 동)
건강 음료로 알려져 최근에 나이 드신 부모님들의 열풍과 가까운 선물이 노니차이다. 동남아에서 자라는 열대 과일인 노니는 할리우드 대표 건강 미녀 미
란다 커의 건강 비결로 알려져 인기를 끌고 있다. 노니에는 질병
과 노화를 막아주는 폴리페놀이 다량 함유되어 있다고 한다. 베
트남의 달랏에서 재배가 되고 있는 노니차는 달랏이라고 더 저
렴하지는 않고 베트남 어디든 비슷한 가격을 형성되어 있다. 티
백으로 간편하게 즐길 수 있는 건강식품인 노니차는 물처럼 쉽
게 마시는 건강식품이라서 베트남에 가게 되면 꼭 구매하는 품목으로 부상하였다.

베트남 칠리소스(5천~2만동)
베트남의 국민 소스라고 할 수 있는 피시소스(느억맘)는 중독성
이 있다고 할 정도로 한번 알게 되면 피시소스를 먹지 일반 핫
소스는 못 먹게 된다고 할 정도이다. 특히 베트남에서 먹는 볶음
밥이나 볶음면에 넣어 먹으면 베트남 현지의 맛을 느낄 수 있다
고 할 정도이다. 특히 추천하는 피시소스가 가장 궁합이 어울리
는 음식은 바로 치킨이나 튀김 요리이다. 바삭하고 고소한 튀김
요리를 베트남 피시소스에 찍어 먹는 순간 자꾸 손이 가게 된다.

봉지 쌀국수(3천~1만 동)
베트남 쌀국수를 좋아하는 관광객이 대한민국으로 돌아와서도
먹고 싶은 마음에 봉지 쌀국수와 컵 쌀국수를 꼭 구입하고 있다.
향, 맛, 쉬운 조리법을 모두 갖춘 봉지 쌀국수 하나로 베트남 현
지에 있을 정도라고 한다. 맛있게 먹는 방법은 베트남 칠리소스
와 함께 먹는 것이라고 하니 칠리소스와 함께 구입하는 것을 추
천한다.

비나밋(3~5만 동)
방부제, 설탕, 색소가 없는 본연의 맛을 최대한 살린 건조 과일
칩인 비나밋은 아이들이 특히 좋아한다. 1988년부터 지금까지 베
트남 인기 간식으로 자리 잡은 비나밋은 건강하게 먹을 수 있다
는 장점으로 사랑받고 있다. 고구마, 사과, 바나나, 파인애플, 잭
프루트 등 다양한 종류가 있지만 고구마와 믹스 프루츠가 인기
이다.

망고 과자(3~5만 동)

베트남의 망고과자도 인기 과자제품이다. 비나밋만큼의 인기가 없을 뿐이지 동남아
의 대표과일인 망고를 과자로 만든 달달한 망고과자는 그 맛을 잊을 수 없을 정도이
다. 중국인들은 오히려 망고과자를 더 많이 구입한다고 한다.

캐슈너트(10~20만 동)

베트남에서 흔히 만날 수 있는 대표 견과류인 캐슈넛은 껍질을 벗기지 않고 볶은 게 특징이다. 짭짤하고 고소한 맛으로 맥주 안주로 제격인데, 항산화 성분과 마그네슘 등이 많기 때문에 몸에도 좋다. 바삭하고 고소한 맛을 오래 유지하려면 진공 포장된 제품을 구매해야 한다.

농(5~8만 동)

베트남의 전통 모자로 알려져 있는 농이나 농라라고 부르는 모자로 야자나무 잎으로 만들었다. 처음 베트남 여행에서 가장 많이 사오는 기념품으로 알려져 있지만 실제로 사용할 경우는 거의 없다.

라탄 가방, 대나무 공예품

최근 여성들의 트랜드로 떠오르고 있는 라탄 가방을 비롯해 슬리퍼, 밀짚모자 등 다양한 종류의 패션 아이템도 인기 상승 중이다. 쇼핑몰에서 고가에 판매하는 라탄 가방을 저렴한 가격에 구매할 수 있다. 어느 베트남 시장에서든 판매하고 있으니 가격을 꼼꼼히 살펴보고 구입하도록 하자. 특히 시장에서는 흥정을 잘해야 후회하지 않는다.

딜마 홍차(15~20만 동)

레몬, 복숭아, 진저, 우롱 등 종류도 다양하여 선물용으로 각광받고 있는 홍차이다. 딜마 홍차는 한국에서도 판매되고 있는 고급 홍차 브랜드인데 국내에서도 살 수 있는 딜마를 베트남에서 꼭 사는 이유는 가격차이 때문이다. 5배가량 가격 차이가 난다고 하니 구입을 안 할 수 없게 된다.

페바 초콜릿

베트남의 고급 초콜릿 브랜드로 초콜릿의 다양한 종류와 깔끔한 패키지가 인상적인 '파베'이다. 주로 대한민국 관광객이 선물용으로 많이 구매한다. 특히 인기 있는 맛은 바로 이름만 들어도 생소한 후추맛인 '블랙페퍼'이다. 달달하게 시작해서 알싸하게 끝나는 맛이 매력적이다.

마사지 & 스파

근육과 관절 등에 일련의 신체적 자극을 통해 뭉친 신체의 일부나 전신의 근육을 푸는 것이 마사지이다. 누구나 힘든 일을 하면 본능적으로 어깨 등을 어루만지는 행동을 할 정도이다. 그러므로 마사지도 엄청나게 오래된 역사를 가지고 있다. 고대 로마에도 아예 전문 안마사 노예가 따로 있었을 정도라고 한다.

마사지의 종류는 경락 마사지, 기 마사지, 아로마 마사지, 통쾌법 등 많다. 그 중 대표적인 것이 발마사지와 타이 마사지일 것이다. 또한 오

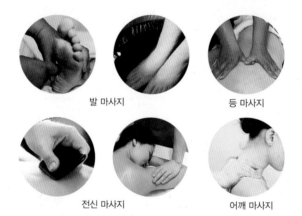

발 마사지   등 마사지

전신 마사지   어깨 마사지

마사지의 역사

태국은 세계적으로 마사지가 유명하지만 동남아시아의 어디를 여행해도 마사지는 어디에서든 쉽게 찾을 수 있을 정도로 유명하다. 마사지는 맨손과 팔을 이용한 지압이 고대 태국 불교의 승려들이 장시간 고행을 한 후 신체의 피로를 풀어주기 위해 하반신 위주로 여러 지압법을 만들기 시작한 것이 시초라고 한다. 지금도 태국에서 정말 전통 마사지라고 하면 바로 하체에만 하는 마사지 법을 일컫는다고 한다. 스님들이 전쟁에 지친 군인들을 위해 할 수 있는 게 뭐가 있을까 생각하다가 고안한 것이 있었는데 그게 바로 마사지였고, 자연스럽게 승려들을 통해 마사지가 발전해왔다는 이야기도 전해온다.

일 마사지, 스포츠 마사지 등이다. 스포츠 마사지는 운동선수들의 재활 및 근육통 경감, 피로 회복 등을 위해 만들어진 것으로 맨손을 이용하여 근육을 마사지하는 것이다. 베트남에서는 타이 마사지보다 오일을 이용한 전신마사지가 더욱 유명하다.

가격과 품질은 당연히 천차만별이다. 예전에는 베트남에서 길거리에서 파라솔이나 그늘 아래 플라스틱 의자에 앉아서 발과 어깨 마사지를 받을 수도 있었지만 지금 그런 모습은 존재하지 않는다. 마사지 간판을 내건 곳은 어디나 나름 깨끗하고 청결하게 관리하고 손님을 맞고 있다. 또한 최고급 호텔에서 고급스럽게 제대로 전신 마사지를 받을 수도 있다.

베트남에서 마사지는 필수 관광코스이고, 아예 마사지사를 양성할 정도로 활성화되어 있다. 보통 전신마사지 코스로 마사지를 받기 때문에 마사지사는 마사지에서 중요한 역할을 한다. 아직 태국처럼 마사지를 전문으로 하는 대학은 없지만 많은 사람들이 마사지를 중요한 수입원으로 생각하고 있을 정도로 베트남에서 마사지는 관광산업에서 중요한 역할을 하고 있다.

강도가 강한 타이마사지는 처음보다 전신마사지를 받고 나서 며칠이 지나고 받는 것이 좋다는 의견이 많다. 타이 마사지는 강도가 센 편이지만 받고 나면 시원하다. 그러나 고통에 대한 내성이 없는 사람들은 흠씬 두들겨 맞은 느낌을 받을 수 있을 정도로 아프다고 하기 때문에 자신의 몸 상태를 생각하고 선택하는 것이 좋다.

시간은 1시간이나 2시간 코스가 보통이고, 마사지 끝난 뒤 마사지사에게 팁을 주는 것이 관례이다. 팁은 1시간 당 마사지비용의 10% 정도가 적당하지만 능력이나 실력에 따라 생각하면 된다. 베트남은 팁 문화가 거의 없는 나라이지만 마사지사의 수입원 중 하나가 팁이므로 정말 만족한다면 팁을 풍족히 주고 이름을 들은 다음 이후엔 지목해서 마사지를 받으면 좋다.

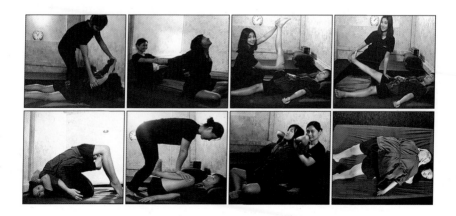

베트남과 커피

베트남 커피에 대해 잘못 알고 있는 사실은 과당 연유를 첨가한 것이 베트남커피라고 알고 있는 것이다. 베트남 커피의 유명세만큼 베트남 여행에서 커피를 구입하는 것은 일반적이다. 동남아시아는 덥고 습한 날씨가 지속되므로 어디를 여행해도 진하면서도 엄청나게 단맛이 나는 연유는 쓰디쓴 다크로스트 커피와 궁합이 잘 맞게 되어 있다. 커피에 연유를 첨가하는 방식을 누구나 동남아시아에서 지내다 보면 당연하다고 생각이 바뀔 것이다. 커피는 우리가 여행 중에 바라는 여유를 충족시켜주며 또 그 커피 맛에 한 번 빠지면 빠져 나오기 힘들 정도이다.

베트남에서는 에소프레소 스타일의 커피를 선호한다. 커피에 연유를 넣든 그냥 마시든 개인이 선택하는 것이라서 커피를 주문하면 그 옆에 연유를 같이 준다. 그러므로 우리가 생각하는 뜨거운 커피든 냉커피든 모든 커피에 연유를 넣는다는 것은 잘못된 생각이다. 까페 종업원에게 따로 설명하지 않으면 조그마한 커피 잔에 연유가 깔려 나오는 것이 아니고 같이 나온다. 때로는 아예 메뉴에서 구분해서 주문하는 것이 빠르게 커피를 받도록 해놓았다. 또한 밀크커피를 주문할 때도 '신선한 우유fresh milk'는 연유를 넣은 커피로 나오기 때문에 우리가 마시던 커피와 다를 수가 있다. 그러나 베트남 여행을 하는 대한민국의 여행자가 늘어나면서 관광객을 상대로 하는 커피점은 '아메리카노'가 메뉴에 따로 있다. 또 콩Cong카페의 유명 메뉴인 코코넛 커피는 커피에 코코넛을 넣는 것이지만 코코넛 맛을 내는 통에서 나오는 것이다.

예전에는 우유를 뺀 커피를 주문하면 연유 없이 커피가 나오는데 쓴 커피를 마시다 보면 바닥에 설탕이 잔뜩 깔린 사실을 바닥이 보일 정도에야 알아차리는 블랙커피였다. 베트남 커피가 강한 맛을 내고 쓰기 때문에 아무것도 첨가하지 않은 스트레이트로 마시는 베트남 사람들이 많았지만 지금은 구분해서 마시고 있다.

세계에서 2번째로 커피 원두를 많이 재배하는 국가가 베트남이라는 사실은 잘 알려져 있다. 19세기 프랑스가 자국에서의 커피를 공급하기 위해 처음 재배하기 시작했는데 전쟁 이후 베트남 정부가 대량으로 커피 생산을 시작하면서 생활의 일부분으로 들어오기 시작했다. 1990년대부터 커피 재배가 수출품으로 확산하면서 이제는 연간 180만 톤 이상의 원두를 수확하고 있다.

커피는 베트남 사람들의 생활에서 중요하다. 베트남여행을 하면 사람들이 카페에서 작은 플라스틱 의자에 앉아 아침 일찍부터 낮을 지나 저녁까지 커피를 마시는 모습을 볼 수 있다. 카페는 덥고 습한 베트남의 날씨 때문에 낮에는 일하기 힘든 상태에서 쉴 수 있는 장소이자 지금은 엄마들이 모여 수다를 떠는 등 모든 연령대의 사람들이 모이는 장소이다. 관광 도시인 나트랑Nha Trang에는 하이랜드Highlnd와 콩Cong카페를 비롯해 다양한 베트남 프랜차이즈들이 관광객을 대상으로 대중적인 커피를 팔고 있다.

베트남에서는 커피를 1인분씩 끓이는데 작은 컵과 필터 그리고 뚜껑(떨어지는 커피 액을 받는 용도로도 쓰임)으로 구성된 커피추출기 '핀phin'을 이용한다. 이러한 방식으로 커피를 준비하기 때문에 과정을 음미하면서 커피를 천천히 마시게 된다. 물론 모든 커피가 이런 방식으로 제조되는 것은 아니다. 일부 카페에서는 이미 만들어 놓은 커피를 바로 따라 마실 수 있게 준비되어있다. 하지만 베트남 전통 방법으로 만드는 슬로우 드립 커피는 매우 독특한 경험이다. 특히 모든 게 혼란스럽고 빠르게 느껴지는 베트남 도심선 사람들에게 여유를 선사하고 한숨 돌리게 해주는 필수 요소다.

전통식 '핀'이 작아 보인다면 제대로 본 것이다. 베트남선 벤티(대형) 용량의 커피는 없다. 커피가 매우 강하기 때문에 많이 마실 필요가 없다는 소리다. 120㎖ 정도면 충분하다. 슬로우 드립이라는 특성도 한 몫 하지만 작은 양으로 서빙되기 때문에 좋은 상태의 커피를 마시고 싶다면 천천히 음미하며 마셔야 한다.

때때로 베트남 커피에는 연유 외에도 계란, 요구르트, 치즈나 버터까지 들어간다. 버터와 치즈! 하노이에 있는 지앙Giang 카페는 계란 커피로 유명한데 커피에 계란 노른자와 베트남 커피 가루, 가당 연유, 버터 그리고 치즈가 들어간다. 우선 달걀노른자를 저어 컵에 넣고 나머지 재료를 더하는데 온도를 유지하기 위해 컵은 뜨거운 물에 담가놓는다고 한다.

베트남 인의 속을 '뻥' 뚫어준 박항서

2018년 베트남 국민들은 '박항서 매직'으로 행복했다. 나는 그 현장을 우연히 베트남에서 오래 머물면서 같이 느끼게 되었다. 그 절정은 동남아시아의 대표적인 축구대회인 스즈키컵 우승으로 누렸다. 이날 베트남 전체가 들썩였고, 밤을 잊은 베트남 사람들은 축구 열기가 꺼지지 않고 붉게 타오른 밤에 행복하게 잠을 청했다.

나는 10월 초에 베트남을 잠시 여행하기 위해서 들렸다가 1월까지 있게 되었다. 그들의 친절하고 순수한 마음에 나를 좋아해주는 많은 베트남 사람들을 만나면서 이들의 집안행사에 각종 모임에 나를 초대해 주면서 그들과 가깝게 지내고 다양한 이야기를 옆에서 들었다. 또 많은 술자리를 함께 하면서 내가 모르는 베트남 이야기를 들었다.

베트남은 11월 15일 하노이의 미딘 국립경기장에서 열린 '아세안축구연맹(AFF) 스즈키컵 2018' 결승 2차전에서 말레이시아에 1-0으로 이겼다. 1차전 원정경기 2-2 무승부 포함 종합 스코어 3-2로 승리한 베트남은 2008년 이후 10년 만에 스즈키컵을 들어올렸다.

베트남의 밤이 불타오른 것이 올해만 벌써 몇 번째인지 모른다. 1월 열린 아시아축구연맹(AFC) U-23 챔피언십에서 베트남이 결승까지 올라가면서 분위기가 달아오르기 시작했다. 8월에는 자카르타 · 팔렘방 아시안게임에서 베트남이 일본을 꺾으며 조별리그를 1위로 통과한 데 이어 4강까지 올라가 축구팬들을 거리로 내몰고 또 내몰았다.

이번 스즈키컵에서 우승에 이르는 여정은 응원 열기를 절정으로 이끌었다. 결국 우승까지 차지했으니 광란의 분위기도 끝판을 이뤘다. 박항서 감독이 올해 하나의 실패도 없이 끊임 없이 도전하면서 베트남은 축구로 하나가 되었다. U-23 챔피언십과 아시안게임을 거치며 박 감독은 이미 '영웅'이 됐다. 스즈키컵 우승까지 안겼으니 그에게 어떤 호칭이 따라붙을 지 궁금하다. 2018년 베트남에서 박항서 감독은 '축구 신(神)'이나 마찬가지다.
지금 'Korea'라는 이야기를 가장 인정해 주는 나라는 베트남이다. 한국인이라고 하면 웃으면서 이야기를 한번이라도 더 나누게 되고 관심을 가져준다. 2018년의 한류는 박항서 감독이 홀로 만든 것이라고 해도 과언이 아닐 것이다.

박항서 매직이 완벽한 신화로 2018년 피날레를 장식했다. 베트남이 열광하지 않을 수 없었다. 이날 결승전이 열린 미딘 국립경기장에는 4만 명의 관중만 입장할 수 있었다. 베트남 대표팀 고유색인 붉은색 유니폼을 입은 관중과 국기로 붉은 물결을 이뤘다. 그 가운데도 박항서 감독의 나라, 대한민국의 태극기 응원이 곳곳에서 눈에 띄었다.

하노이에 있던 나는 정말 길거리에서 대한민국 국기와 베트남 국기를 동시에 달고 다니던 장면을 잊을 수가 없다. 직접 경기장에서 경기를 보지 못한 베트남 국민들은 전국 곳곳의 거리에서 대규모 응원전을 펼쳤다. 베트남의 우승이 확정된 후에는 더 많은 사람들이 거리로 쏟아져 나왔고, 밤을 새워 우승의 감격을 함께 했다. 이날 '삑삑'거리는 소리 때문에 잠을 잘 수가 없었으니 어느 정도인지 상상할 수 있을 것이다.
거리 응원 및 우승 자축 열기는 상상 이상이었다. 수도 하노이의 주요 도로는 사람들로 꽉차 교통이 완전 마비됐다. 호치민, 다낭, 나트랑 등 어디를 가도 베트남 전역의 풍경은 비슷했다. 환호성과 함께 노래가 울려 퍼졌고 폭죽이 곳곳에서 터졌다. 차량과 오토바이의 경적 소리가 끊이지 않았다. 베트남 대표선수 이름이 연호됐고, '박항서'를 외치는 것도 빠지지 않았다.

많은 베트남 사람들이 박항서 감독은 베트남 민족의 우수성을 입증해주었다는 생각에 이 열기가 단순한 열기가 아니라고 이야기해주었다. 베트남은 저항의 역사이고 항상 핍박을 받는 역사에서 살아오다가 경제 개방으로 이제 조금 먹고 살게 되었지만 자신들은 '자신감, 자존감'이 부족했다고 이야기했다. 우리가 자랑스럽게 생각을 해도 해외에서 자신들을 그렇게 봐 주지 않아 자존심도 상하고 기분도 나쁜 경우가 한 두 번이 아니었다고 한다. 그런데 동남아시아에서 가장 유명한 스즈키 컵에서 우승을 하면서 인접한 태국, 인도네시아, 필리핀 등의 나라에 자신들이 위대하고 자랑스럽다고 자신 있게 이야기할 수 있게 되었다고 말해주었다.

경제 개방 후 급속한 경제발전을 이루었지만 아직도 멀고 먼 경제발전을 이뤄야한다는 생각을 가진 베트남 인들을 보면서 대한민국이 오래 전 경제발전을 이루어 자랑스럽게 생각하면서 살고 싶었을 시절을 상상해 보았다. 그 시절이 지나고 지금 대한민국은 내세울 것 없는 '흙수저'로 성공하지 못하는 사회라는 생각이 주를 이룬다. 그런데 베트남 사람들이 자신들의 속을 '뻥' 뚫어준 자존감을 만들어준 박항서 감독은 단순한 축구 감독이 아닌 존재가 되었을 것이다.
더군다나 대한민국에서도 내세울 스펙과 연줄이 없는 박항서 감독의 성공이 사람들의 속을 후련하게 해주었다. 사람들은 흙수저, 박항서를 마치 자신처럼 생각하며 응원하게 되었을 수도 있겠다고 생각이 들었다.

베트남 인들의 자신감과 오랜 역사에서 응어리를 쌓아놓았던 그들에게 속을 시원하게 해준 역사적인 사건이다. 그리고 나는 그 역사적인 순간에 베트남에서 있으면서 그 현장을 직접 보면서 다양한 감정이 교차하였다.
단순히 베트남을 여행하려다가 오랜 시간을 그들과 함께 울고 웃으면서 가까이 다가가는 생활이 여행이 아니고 그들과 함께 살고 있었던 4개월이었다. 나는 그 기억을 평생 기억할 것 같고 역사의 현장에 우연히 있었음에 감사한다.

베트남 친구 사귀기

베트남이 친근해지고 베트남 여행을 가는 사람들이 늘어나면서 베트남 친구를 만들고 싶다는 이야기를 많이 한다. 게다가 박항서 감독의 활약으로 베트남 사람들도 한국인에 대해 친근하고 호기심이 많아졌다. 중국인에 대해 이야기하면 싫다는 표정을 해도 한국인에 대해 이야기를 꺼내면 "박항서!" 하면서 친근감을 나타내고 있는 것이 사실이다.

하지만 이들과 친구가 되려면 현지에서 그들과의 관계 관리가 매우 중요하다. 친근하게 처음에 다가간다고 바로 친구가 되는 것이 아니다. 그들과 진정성 있는 신뢰 관계를 구축해야 좋은 친구를 만들 수 있기 때문이다.

베트남에서 장기적으로 친구가 되는 5가지 방법을 소개한다.

친구는 단기전이 아닌 장기전이다.

누구나 관계는 다른 관계와 마찬가지로 시간과 노력이 필요하다. 중요한 것은 원하는 것만 얻기 위해 당신을 만난다는 느낌이 아닌 당신과 오랫동안 좋은 관계를 만들고 싶다는 진심을 전해야 한다.

서로간의 목표는 다른 것 같지만 사실은 같다. 베트남 사람과 대한민국 사람 양쪽 모두 진심을 가지고 대해야 하는 목표가 있어야 한다.

그들과 친해지기 위한 장기적인 관계 형성이 되어야 한다. 처음에 서로 호감을 나타내며 이야기를 나누어도 서로 이해하려는 노력을 보이지 않으면 관심은 이내 식어진다. 서로를 이해하는 과정이 있어야 시간을 헛되이 보내지 않았다고 생각할것이다. 이들은 영어를 배우려는 노력을 보이지만 우리처럼 영어가 시험성적으로 중요하기 때문에 영어에 서툰 사람들도 많지만 배우려는 노력은 대단하다. 그래서 서로 서툰 영어를 사용해도 금방 친해질 수 있다.

또한 커피가 생활화된 베트남 사람들은 처음에는 커피 약속을 잡는 것으로 시작하여 장기적으로는 여러 번의 만남을 통해 이야기를 나누고, 페이스북이나 현지인의 카카오톡이라고 부르는 잘로Zalo같은 소셜 미디어(SNS)에서 커뮤니케이션을 해야 한다.

■ 먼저 다가가 소통하자.

대한민국 사람들이 베트남 사람들을 만나다 보면 이들이 위생적으로 더럽다며 친해지기를 꺼리는 사람들을 만날 때가 있다.

이럴 때일수록 그들이 어떤 환경에서 살고 있는지 먼저 다가가 소통해야 한다. 용기가 없는 사람들은 좋은 친구 형성에 성공하기도 어렵다. 조금 꺼려져도 괜찮다고 생각하고 약간의 꺼려짐만 극복한다면 친구의 문은 더 넓어진다.

먼저 그들에게 같이 밥을 먹자고 이야기하거나, 커피를 마시자고 한다거나, 축구 경기를 같이 맥주를 마시며 보자고 한다거나, 맥주 한잔 하자고 이야기해보자. 이들은 "왜"라는 물음보다 "그래, 좋아"라는 이야기를 더 많이 하는 순수한 사람들이 많다.

■ 진정성을 담아 마음으로 소통하자.

사람과 사람과의 관계에서는 지나치게 이해타산을 따지게 되면 마음으로 관계를 맺는 것이 아니고 사무적으로 관계를 맺게 된다. 그들과의 관계에서도 마찬가지이다. 매번 그들과의 만남을 새로운 기회로 삼는다면 친구인척 지금 당장 이야기는 해줄 수도 있지만, 장기적으로 정말 친구인지는 이들도 생각하게 된다. 나의 호의를 무시했다는 생각을 하면 돌아서는 것은 인지상정이다.

좋은 친구가 되기 위해 협력함으로써 진정성 있는 친구 관계를 구축할 수 있다. 나에게 요즘 어떤 베트남 이야기를 기획하고 있는지 캐묻는 데 나는 베트남에서 무엇을 기획하고 장기적으로 머물고 있지 않다. 이들과 생활하면서 순수한 진정성에 감동해 오래 머무는 것뿐이다. 진정성 있는 관계는 이해타산적이거나 영업과 같이 느껴져서는 안 된다.

■ SNS에서 소통하라.

베트남에서는 페이스북이 일반화되어 항상 자신이 쓴 페이스북의 이야기에 '좋아요'를 클릭해주는 것을 좋아한다. 그러므로 이를 도와주는 것도 친해질 수 있는 하나의 방법이다. 소셜네트워크서비스(SNS)를 팔로우하는 것도 그들과 장기적으로 소통하는 방법이다.

■ 대면 관계가 중요하다.

그래도 전화, SNS 등으로 진실한 관계를 형성하는 것은 한계가 있다. 모임 또는 커피 약속 등 대면 관계를 통한 만남은 더 강한 유대감을 형성한다.

처음 만남에는 호감이 형성될 수 있도록 노력해야 한다. 만남 시 누군가의 신뢰를 얻을 수 있는 좋은 방법의 하나는 자기 자신에 대해서 가능한 한 솔직하게 이야기하는 것이다. 살면서 있었던 재미있는 사건에 관해서 이야기하는 것도 좋다. 그러나 주의해야 할 점은 상대방이 흥미로워하는 주제나 상대방이 중요하게 생각하는 가치관에서 너무 벗어나서는 안 된다는 점이다. 호치민에 대해 이야기하거나 공산주의에 대해 이야기하는 것은 주제에서 벗어난 것이다. 진정성만큼이나 신뢰감을 주는 태도는 없다.

베트남은 안전한가요?

나 홀로 여행도 가능한 치안
사회주의 국가인 베트남은 동남아시아에서 가장 안전하다고 손꼽히는 치안이 좋은 국가이다. 혼자 여행하거나 여성이라도 안심하고 여행할 수 있다.
물론 관광객을 노리는 소매치기 등의 사건은 발생하지만 치안 때문에 여행하기 힘들다는 이야기는 듣기 힘들 정도이며 밤에 돌아다녀도 위험하다고 생각하지 않는 여행자가 대부분이다.

숙소의 보이는 장소에 돈을 두지 말자.
호텔이든 홈스테이든 어디에서나 돈이 될 만한 물품은 숙소의 보이는 곳에 놓지 말아야 한다. 금고가 있으면 금고에 넣어두면 되지만 금고가 없다면 여행용 캐리어에 잠금장치를 하고 두는 것이 도난사고를 방지할 수 있다. 도난 사고가 나면 5성급 호텔도 모른다고 말만 하기 때문에 자신이 직접 조심하는 것이 좋다.

슬리핑 버스에서 중요한 물품은 가지고 타야 한다.
슬리핑 버스를 타면 버스 밑에 짐을 모두 싣고 탑승을 하는 데 이때 가방이 없어지는 사고가 발생하기도 한다. 자신의 짐인지 알고 잘못 바꿔가는 사고도 있지만 대부분은 가방을 가지고 도망을 가는 도난사고이다. 중요한 귀중품은 몸에 가까이 두어야 계속 확인이 가능하다.

환전소와 ATM
베트남에서 문제가 많이 발생하는 장소는 택시와 환전에 관련한 사항이다. 오토바이를 이용한 날치기는 가끔씩 방심할 때에 발생한다. 그러므로 환전소나 ATM에서는 반드시 가방이나 주머니에 확실하게 돈을 넣어두고 좌우를 확인하고 나서 나오는 것이 좋다. 또한 중요한 짐은 몸에 지니는 것이 좋다. 가방은 날치기가 가장 쉬운 물건이다.

환전

베트남 통화는 '동(VND)'으로 1만 동이 약 532원이고 자주 환율이 조금씩 변화되고 있다. 기본 통화의 계산 단위가 1천동 이상부터 시작하는 높은 환율에 생각보다 계산이 쉽지 않다. 한국 돈으로 빠르게 환산하여 금액이 얼마인지 확인하는 것이 중요하다.

누구나 베트남 동(VND)을 원화로 환산하는 계산법은 이보다 더 좋은 방법은 없다. 베트남 물품의 금액에서 '0'을 빼고 2로 나누면 대략의 금액을 파악할 수 있다. 처음에는 어렵다고 느껴질 수도 있지만 하루만 계산을 하다보면 쉽게 알 수 있는 방법이다. 즉 계산금액이 120,000동이라면 '0'을 뺀 12,000이 되고 '÷2'를 하면 6,000원이 된다.

미국달러로 환전해 가는 관광객도 있다. 대한민국에서 미국 달러로 환전한 후 베트남 현지에 도착해 달러를 동(VND)으로 환전하는 것이 금전적으로 약간의 이득을 보기 때문이다. 은행에서 환전을 하면 주요통화가 아니라서 환율 우대를 받지 못하기 때문에 환전 금액이 크다면 미국달러로 환전을 하는 것이 좋다. 달러 환전은 환율 우대를 각 은행에서 받을 수 있고 사이버 환전을 이용하거나 각 은행의 어플리케이션을 사용하면 최대 90%까지 우대를 받을 수 있기 때문에 환전을 할 때마다 이득을 보므로 베트남에서 사용하는 금액이 크다면 달러로 반드시 환전해야 한다.

소액을 환전할 경우 원화에서 동으로 바꾸거나 원화에서 달러로 바꾸었다가 동(VND)으로 바꾸어도 큰 차이가 나는 것은 아니다. 또한 베트남 현지에서 환전이 가장 쉽고 유통이 많이 되는 100달러를 선호하기 때문에 100달러로 환전해 베트남으로 여행을 하는 것이 최선의 방법이다.

베트남 현지의 주요 관광지에서는 미국달러로도 대부분 계산이 가능하다.

1$의 유용성

베트남 여행에서 호텔이나 마사지숍을 가거나 택시기사 등에게 팁을 줘야 할 때가 있다. 이때 1$를 팁으로 주면 베트남 동을 팁으로 줄 때보다 더 기쁘게 웃으면서 좋아하는 베트남 인들을 보게 된다. 그만큼 베트남에서 가장 유용하게 유통이 되는 통화는 미국달러이다.

베트남 여행경비를 모두 환전해야 하나요?

베트남에서 사용하는 여행경비는 실제로 가늠하기가 쉽지 않다. 왜냐하면 다양한 목적으로 베트남을 방문하는 관광객이 너무 많아서 그들이 사용하는 경비는 개인마다 천차만별로 달라지고 있다. 하지만 사용할 금액이 많다고 베트남 동(VND)으로 두둑하게 환전하는 것은 좋지 않다. 남아서 다시 인천공항에서 원화로 환전하면 환전 수수료 내고 재환전해야 하므로 손해이다. 그러므로 달러로 바꾸었다가 필요한 만큼 현지에서 환전하면서 사용하는 것이 최선의 방법이다.

어디에서 환전을 해야 하나요?

베트남 여행에서 환전을 어디에서 해야 하는지 질문을 하는 사람들이 많다. 베트남은 공항의 환전 율이 좋지 않다. 그러므로 공항에서는 숙소까지 가는 비용이나 하루 동안 사용할 금액만 환전하고 다음날 환전소에 가서 환전을 하는 것이 좋은 방법이다.

시내의 환전소는 매우 많다. 주로 베트남 주요도시에 다 있는 롯데마트 내에 있는 환전소가 환율이 좋다. 또한 한국인들이 주로 찾는 관광지 인근이 환율을 좋게 평가해준다. 또한 환전을 하면 반드시 맞게 받았는지 그 자리에서 확인을 하고 가야 한다. 시내 환전소에서 환율을 높게 쳐주었다고 고마워했는데 실제로 확인을 안했다가 적은 금액을 받았다면 아무 소용이 없을 것이다. 그런데 이런 일은 빈번하게 발생하는 소액사기의 한 방법이므로 반드시 환전하고 확인하는 습관을 갖는 것이 좋다.

ATM사용

가지고 간 여행경비를 모두 사용하면 ATM에서 현금을 인출해야 할 때가 있다. 신용카드나 체크카드 모두 출금이 가능하다. 인출하는 방법은 전 세계 어디에서나 동일하므로 현금인출기에서 영어로 언어를 바꾸고 나서 인출하면 된다. 수수료는 카드마다 다르고 금액과 상관없이 1회 인출할 때 수수료가 같이 빠져나가게 된다.

베트남에 오래 머물게 되면 적당한 금액만 환전하고 현금인출기에서 필요한 금액을 인출해 사용하는 것이 더 요긴할 때가 많다. 도난 사고도 방지하고 생활하는 것처럼 아끼면서 사용하는 것이 환전이득을 보는 것보다 적게

나트랑 캄란 공항의 현금인출기ATM는 공항을 나가 정면으로 걸어가 도로가 나오면 왼쪽을 바라보면 나온다. 벽에 가려있기 때문에 찾기가 쉽지 않다.

경비를 사용할 때도 많기 때문에 장기여행자는 환전보다 인출하는 것이 좋은 방법이다.

인출하는 방법

① 카드를 ATM에 넣는다.
② 언어를 영어로 선택한다.
③ 비밀번호를 입력한다. 이때 반드시 손으로 가리고 입력해 비밀번호가 노출되지 않도록 한다. 비밀번호는 대부분 4자리를 사용하는 데 가끔 현금인출기에서 6자리를 원한다면 자신의 비밀번호 앞에 '00'을 붙여 입력하면 된다.
④ 영어로 현금인출이라는 뜻의 'Withdrawel'이나 'Cash Withdrawel' 선택한다.
⑤ 그리고 현금 계좌인 'Savings Account'를 누른다.
⑥ 베트남 현지 통화인 동(VND)을 선택하게 되는 데 최대금액이 3,000,000동(VND)까지 인출할 수 있는 현금인출기가 많다. 최대 5,000,000동(VND)까지 인출하는 현금인출기도 있으므로 인출할 때 확인할 수 있다.

주의사항

현금을 인출하고 나서 나갔을 때 아침이나 어두운 저녁 이후에 소매치기를 당하지 않도록 주머니나 가방에 잘 넣어서 조심히 나가는 것이 좋다. 대부분 신용카드와 통장의 계좌를 같이 사용하기 때문에 비밀번호가 노출되면 카드도용 같은 사고가 발생하고 있으므로 조심해야 한다.

베트남 여행 사기 유형

환전

베트남 화폐의 단위가 크기 때문에 혼동되는 것을 이용하는 사기이다. 환율을 제대로 알려주지 않고 환전을 하는 것과 제대로 금액을 확인 시켜주지 않고 환전을 하면서 대충 그냥 넘어가려고 한다. 금액을 확인하려고 하면 환전수수료(Fee)를 요청하지만 환전에는 수수료가 포함되는 것이니 환전수수료는 존재하지 않는다는 사실을 알

고 정확하게 금액을 알려달라고 똑 부러지게 이야기해야 한다. 공항에서부터 기분이 나빠지는 가장 많은 유형으로 미국달러를 가지고 가서 환전해도 사기를 당하면 아무 소용이 없어진다. 은행에서 환전을 하는 것이 가장 안전하고 사설 환전소는 사람에 따라 환전사기를 하기 때문에 반드시 확인하는 습관을 길러야 한다.

택시

택시는 비나선Vinasun, 마일린Mailin이 모범택시에 가깝다. 공항에서 내리면 다양한 택시 회사가 있어서 타게 되면 요금이 2배로 비싸지기도 하여 조심해야 한다. 상대적으로 공항이용객이 많지 않은 나트랑의 캄란 국제공항에서는 택시사기가 많지 않으나 조심해야 한다.

주위의 접근은 다 거절하고 택시를 타는 곳에 있는 하얀 와이셔츠와 검은 바지를 입고 마일린 택시나 마일린 잡아주는 택시를 타는 것이 안전하다. 때로는 택시 기사에 따라 소액의 사기를 당하는 경우도 있다. 공항에서 나와 시내로 이동할 때 당하는 수법으로 마일린Mailin, 비나선Vinasun 택시를 타면 이상이 없다고 말하지만 때로는 회사가 비나선Vinasun이나 마일린Mailin이라도 택시기사에 따라 달라진다. 공항에서 시내는 미터기를 이야기하면서 이상 없다고 타게 되는데 사전에 얼마의 금액이 나오는지 미리 알고 싶다고 이야기하고 확인하고 탑승을 해야 한다. 거스름돈을 주지 않는 택시기사가 대부분이므로 거스름돈을 팁Tip으로 줄려고 하지 않는다면 반드시 달라고 해야 한다.

나트랑Nha Trang의 택시 대신에 그랩Grab을 이용하면 사기는 막을 수 있다. 그랩Grab은 사전에 제시한 금액 이외에는 지급을 하지 않아도 되기 때문이다. 그랩Grab이 반드시 택시보다 저렴하지 않으므로 택시를 정확하게 확인만 한다면 시내까지 이상 없이 이동할 수 있다. 요즘음 차량 공유서비스인 그랩Grab을 많이 사용하고 있어서 자신이 그랩Grab의 기사라고 하면서 접근하는 경우도 있는데 그랩은 절대 먼저 접근하지 않는다.

빈도가 높은 유형

많이 사기를 당하는 유형은 많이 알려져 있지만 다시 한번 상기를 하는 것이 좋아 소개한다.
공항에서 내려서 짐을 들고 나오면 택시기사들이 마일린(Mailin) 명함을 보여주며, 자신이 마일린Mailin 택시기사라고 하면서 따라오라고 하는 것이다. 따라가면 공항내의 주차장에 세워진 일반 승용차에 타라고 한다. 미터기는 없으니 수상하여 거절하고 공항으로 다시 가려고 하면 짐을 빼앗아 가기도 한다. 이때는 당황하지 말고 탄다고 하면서 어떻게든 짐을 돌려받아야 한다. 짐을 받으면 그때부터 따지면서 타지 말고 공항으로 돌아가야 한다.

가장 많은 사기 유형은 미터기가 없냐고 물어보면 괜찮다고 하면서 어디까지 가느냐고 물으면서 도착 지점까지 20만동에 가주겠다고 흥정을 한다. 그런데 이 흥정부터 받아주면 안 된다. 받아주는 순간부터 계속 끈질기게 다가오면서 흥정으로 마음을 빼앗으려고 계속 말을 걸어온다. 당연히 가보면 200만동을 달라고 하는 어처구니없는 일이 발생하게 된다. 안 주려고 하면 내놓으라고 억지를 쓰고 경찰을 부른다는 협박까지 하게 된다. 그러면 무서워 울며 겨자 먹기로 돈을 주는 관광객이 발생하게 된다.
최근에는 이런 사기 유형은 많이 없어지고 있다. 명함을 주는 택시기사는 없다. 그들은 명함을 위조하여 가지고 있지만 관광객이 모를 뿐이다. 그들은 택시회사의 종류별로 다 가지고 있다. 또한 차가 승용차 같다면 바로 거절하여야 하고 미터기가 없으면 거절하여야 한다.

택시비 사기 유형과 대비법

마일린Mailin, 비나선Vinasun 택시를 타도 기사가 나쁜 사람이라면 어쩔 수가 없다. 택시비를 계산하려고 지갑에서 돈을 꺼내려 하면 다른 잔돈이 없냐고 물어보면서 지갑을 낚아채 간다. 당연히 내놓으라고 소리도 치고 겁박도 하면 지갑을 되돌려 받는데, 낚아채가는 짧은 순간에 이미 돈이 일부 사라져있다.
택시기사가 전 세계의 지폐에 관심이 많다고 하면서 대한민국 화폐를 보여 달라고 하면서 친근하게 말을 거는 경우이다. 이것도 똑같이 지갑을 손에 잡는 순간, "이거야?" 하면서 지갑을 빼앗아가고, 지갑을 돌려받아 확인하면 돈이 없어지는 상황이 발생한다.
택시를 탈 때 20만 동이나 50만 동 지폐는 꺼내지 않는 것이 좋다. 편의점이나 작은 상점에서 꼭 잔돈으로 바꾸고 택시를 타야 한다. 미리 예상비용에서 5~10만 동 정도만 더 준비하여 주머니에 넣어놓고 내릴 때 요금에 맞춰서 내면 문제가 발생하지 않는다.

심카드 vs 무제한 데이터

베트남은 휴대폰 요금이 매우 저렴해서 4G 심 카드Sim Card를 구입해 한달 동안 무제한데이터를 등록해서 사용하면 편리하다. 다 사용하면 휴대폰 매장에 가서 충전을 해달라고 하면 50,000동과 100,000동 정도를 다시 구입해 1달 정도 이상 없이 사용할 수 있다.

공항에서 심 카드Sim Card를 구입하면 여권을 제시해야 한다. 이때 사기가 아닌지 걱정하는 관광객이 많은데 법으로 심 카드Sim Card를 구입할 때 이용자등록을 해야 한다. 그래서 여권을 잃어버리지 않으려면 공항에서 사는 것이 가장 안전한 방법이다. 구입을 하고 나면 충전만 하면 되기 때문에 여권은 필요가 없다. 공항에서 구입하는 것이 가장 편리하고 여권을 잃어버리거나 현금을 잃어버리는 일이 없기 때문에 공항이 비싸다고 해도 공항을 이용하는 것이 현명하다.

충전을 하면 이렇게 종이로 된
입력 번호를 받고 입력하면 된다.

대한민국에서 신청을 하고 오는 관광객은 그대로 핸드폰을 켜면 무제한 데이터가 시작이 되고 문자가 자신의 핸드폰으로 발송이 되므로 이상 없이 사용할 수 있다. 예전처럼 무제한 데이터를 사용하지 않아도 많은 금액이 자신에게 피해가 되어 돌아오지 않기 때문에 걱정할 필요가 없게 되었다. 또한 하루동안 무제한 사용할 수 있는 금액이 매일 10,000원 정도였지만 하루 동안

통신사마다 베트남에서 무제한 데이터 사용금액이 달라졌기 때문에 사전에 확인을 하고 이용하는 것이 좋다.

베트남 여행 긴급 사항

베트남 내 일부 약품(감기약, 지사제 등)은 처방전이 없어도 구입이 가능하나 전문적인 치료약의 경우에는 처방전이 있어야만 구입이 가능하다.

몸이 아플 경우, 말이 잘 통하지 않는 상태에서 약국 약사의 조언만으로 약을 복용하는 것보다 가능하면 전문의의 진료를 받은 후 처방전을 받아 약을 구입·복용하는 것이 타국에서의 2차 질병을 예방하는 길이다.

긴급 연락처

범죄신고 : 113
화재신고 : 114
응급환자(앰뷸런스) : 115
하노이 이민국 : 04) 3934-5609
하노이 경찰서 : 04) 3942-4244
Korea Clinic : 04) 3843-7231, 04) 3734-6837
베트남-한국 치과 : 04) 3794-0471
SOS International **병원** : 04) 3934-0555(응급실), 04) 3934-0666(일반진료상담)
베트남 국제병원(프랑스 병원) : 04) 3577-1100
Family Medical Practice : 04) 3726-5222 (한국인 간호사 및 통역원 상주)

의료기관 연락처

베트남 내에서 응급환자가 생겼을 경우, 115번으로 전화하여 구급차를 부를 수 있으나 거의 대부분의 115번 전화 안내원이 베트남어 구사만 가능하기 때문에 실질적으로 외국인이 이 서비스를 이용하기에는 결코 쉬운 일이 아니다.

베트남 여행의 주의사항과 대처방법

로컬 시장
시장이 활기차고 흥정하는 맛도 있어서 시장을 선호하는 관광객도 많다. 시장에서는 늘 돈을 분산해서 가지고 다니는 것이 안전하다. 베트남사람들 앞에서 돈의 액수가 얼마나 있는지 보여 주는 것은 좋지 않다. 의심이라고 할 수도 있지만 문제가 발생하기 때문에 어쩔 수가 없다. 시장을 갈 일이 생기면 예상되
는 이동거리의 왕복 택시비를 주머니에 넣고 혹시 모르는 택시비의 추가 경비로 10만동 정도를 가지고 시장에서 쓸 돈은 주머니에 넣는다. 지폐는 손에 들고 다녀도 된다.

레스토랑 / 식당
음식점에서 음식값이 다르게 계산되는 일은 빈번히 일어난다. 가장 빈번한 유형이 내가 주문하지 않은 음식이 청구되어 계산서에 금액이 올라서 놀라는 것이다.
2,000동 정도이면 물수건 사용금액이고, 10,000동이면 테이블위에 있는 서비스로 된 땅콩 등이 청구되
는 것이지만 계산서에는 150,000~200,000동 정도가 추가되어 있는 것이다. 그러므로 계산을 할때는 반드시 나가기 전에 확인을 하고 하나하나 확인하는 것이 유일한 대비법이다. 다른 관광객은 "뭐 그렇게 따지나?"하고 생각할 수 있지만 당하지 않으면 기분이 나쁜 것을 모른다. 그러므로 반드시 확인해야 한다. 베트남에 오랜 시간 동안 있었지만 이것은 오래있던지 처음이던지 상관없이 어디에서나 일어나는 일이고 베트남 사람들도 반드시 계산할 때에 확인하는 습관이 있다는 사실을 알고 있다면 일일이 따지는 것은 문제가 되지 않는 행동이며 당연하게 확인해야 하는 습관이다.

레스토랑이 고급이던지 아니던지 상관없이 당당하게 과다청구 하는 경우는 흔하다. 만약 영수증이 베트남어로 되어 있다면 확인은 어렵지만 일일이 물어보면 확인할 수 있다.
베트남은 해산물 음식이 저렴하지 않다. 관광객은 동남아 국가이기 때문에 막연하게 해산물이 저렴하다고 생각하지만 저렴하지 않기 때문에 청구되는 음식가격도 만만치 않은 금액이 된다. 가격을 확인하지 않고 주문하면 계산서에 나오는 금액은 폭탄맞은 상황이 될 수 있어서 주문할 때도 확인을 하면서 해산물을 주문하는 것이 좋다. 늘 주문하기 전에 가격을 확인하는 습관이 필요하다.

팁^{TIP} 문화

원래부터 베트남에 팁^{TIP}문화가 있었던 것은 아니지만, 최근에 해외 관광객의 증가로 인해 차츰 팁을 주는 분위기가 생겨나고 있다. 호텔이나 고급 레스토랑 등에서 일하는 종업원들은 손님으로부터 약간의 팁을 받는 것을 기대하고 있다. 그럴 때 팁 금액이 크지 않으므로 적당하게 팁을 주는 것이 더 좋은 서비스를 받을 수 있는 방법이기도 하다.

팁^{TIP} 금액은 호텔 포터는 10,000~20,000동, 침실 청소원은 10,000~20,000동, 고급 레스토랑은 음식가격의 5%이내 정도이다.

신용카드

해외에서 여행을 하면 해외에서도 사용이 가능한 비자와 마스터 카드 등을 가지고 온다. 베트남에서 유명한 호텔이나 롯데마트 등에서 비자카드 사용은 괜찮다. 그런데 이중결제가 되는 경우가 은근이 많다.

어제, 결제했는데 갑자기 오늘 또 결제된 문자가 날아오는 경우도 있다. 수상한 문자가 계속 오기 때문에 기분이 찜찜한 것은 어쩔 수 없다. 레스토랑에서 신용카드로 결제하고 이중결제가 된 경험 이후에는 반드시 현금으로 결제를 하는 습관이 생겼다. 음식 가격이 부족하다면 인근의 ATM에서 현금인출을 하고 현금으로 주게 된다.

그랩(Grab)

그랩^{Grab}은 동남아시아 여행에서 반드시 필요한 어플이다. 차량 공유서비스인 그랩^{Grab}으로 위치와 금액을 확인하고, 확인된 기사와 타면 된다. 간혹 관광지에서 그랩^{Grab}의 기사를 찾는 것이 택시기사 찾는 것 보다 힘든 경우가 있지만 대부분의 상황에서 그랩^{Grab}은 편리한 이동 서비스이다.

가끔 이동하는 장소까지 택시를 타려고 하면, "지금 시간이 막히는 시간이라 2배 이상의 가격을 달라"는 것은 베트남에서 현지인에게도 흔하게 발생하는 일이다. 그래서 "안탄다." 하고 내리면 흥정을 하면서 타라고 하는 경우가 흔하다. 그래서 현지인들도 그랩^{Grab}을 상당히 많이 이용하고 있다.

꼭 택시를 타야 하는 상황이 아니면 그랩^{Grab} 오토바이도 나쁘지 않다. 그랩^{Grab}으로 아르바이트를 하는 학생들도 있어서 택시보다 잘 잡힌다. 그랩^{Grab} 어플에 결제수단으로 카드를 등록해놓는 데 비양심적인 기사가 가격을 부풀려서 결제해버리는 경우가 있다. 그래서 반드시 현금으로 결제를 하는 것이 좋은 방법이다.

소매치기

이 소매치기는 전 세계 어디에서나 마찬가지인데 정말 당할 사람은 당하고, 의심이 많고 조심하면 안 당하게 되는 것 같다. 베트남에 6개월이 넘는 기간 동안 머물고 있지만 한 번도 본적도 없고 당한 적도 없다. 하지만 크로스백에 필요한 물품만 들고 다니기 때문에 표적이 될 가능성이 적다. 또한 여행하는 날, 당일에 필요한 돈만 가지고 다닌다. 그래도 소매치기를 당하는 이야기를 들었기 때문에 조심하도록 알려드린다.

가장 많이 당하는 유형은 그랩^{Grab}의 오토바이를 타고 이동하는 중에 배 앞에 놓인 가방을 노리고 오토바이로 다가와 갑자기 손으로 낚아채 가는 것으로 호치민이나 하노이 같은 대형도시에서 많이 일어난다. 아니면 길을 건널 때 다가와서 갑자기 가방의 팔을 치고 빠르게 달아난다. 소매치기를 시도해도 당하지 않으려면 소매치기가 가방을 움켜쥐어도 몸에서 떨어지지 않도록 대비하는 것이 유일한 방법이다. 요즈음은 가방도 잘 안 들고 다니는데 없는 게 더 안전한 방법일 것이다.

옆으로 메는 크로스백(Cross Bag)
끈을 잘라서 훔쳐간다. 벤탄 시장 같은 큰 시장의 많은 사람들이 몰리는 곳은 한번 들어갔다가 나오면 열려있는 주머니를 발견할 수도 있다.

뒤로 메는 백팩(Back Pack)
제일 당하기 쉬워서 시장에서 신나게 흥정을 하고 있을 때에 표적이 된다. 뒤에서 조심조심 물건을 빼가는 데 휴대폰이나 패드, 스마트폰이 표적이 된다. 사람이 많이 몰리는 곳에서는 백팩은 앞으로 메고 다니는 것이 좋다. 백팩은 버스 같은 대중교통을 이용할 때에 많이 당하게 된다. 버스를 타고 내릴 때 지갑만 없어져 버리기도 한다.

허리에 메는 전대
허리에 메고 다니는 전대는 베트남 사람들은 전혀 안하는 스타일의 가방이라서 많이 쳐다보게 된다. 허리에 있으나 역시 사람들이 많이 있으면 허리에 있는 전대는 보이지 않으므로 소매치기의 표적이 된다.

도로, 길
대한민국처럼 핸드폰을 보면서 길을 걸으면 사고위험도 높아지고 소매치기의 좋은 타깃이 된다. 길에서 핸드폰의 사용은 자제하고 꼭 봐야한다면 도로의 안쪽에서 두 손으로 꼭 잡고 하는 것이 안전하다. 특히 대도시 의 작은 골목에서 사진을 남기고 싶은 마음에 사진을 찍다가 핸드폰을 소매치 기에게 빼앗긴 관광객이 많다. 그러면 카메라를 쓰면 소매치기의 표적이 안 되느냐 하면 그것도 아니다. 정겨운 골 목길의 사진을 찍고 싶은 마음에 사람이 없는 골목으로 들어가서 사진을 찍고 있

으면 골목 어디에선가 갑자기 오토바이가 '부응~~~'하고 다가와서 핸드폰을 채고 가버 린다. 그러니 항상 조심하도록 하자. 현지인들이 사는 골목에 외국인 관광객이 들어가면 그들도 이상하여 쳐다보게 된다. 또한 소매치기가 어디에서인가 주시하고 있다.

핸드폰은 카페의 안에 앉아 사용하거나 사진을 찍고 싶으면 혼자가 아닌 2명이상 같이 다 녀서 표적이 되지 않도록 조심해야 하고 도로를 걷고 있으면 휴대폰은 안쪽으로 들고 있거 나 휴대폰을 안쪽에서 보도록 조심해야 한다. 또한 오토바이 소리가 난다 싶으면 핸드폰을 꼭 잡고 조심하도록 해야 한다.

인력거인 '릭샤Rickshaw'를 타고 가다가 기념하고 싶어서 긴 셀카봉에 핸드폰을 달아서 셀카 를 찍고 있으면 인력거 밖에서 오토바이를 타고 셀카봉을 채가는 일이 최근에 많이 발생하 고 있다.

카메라

최근에는 핸드폰으로 많이 사진을 찍기 때문에 빈도는 높지 않다. 커다란 카메 라를 목에 걸고 다니는 관광객이 표적이 된다. 베트남 소매치기는 목에 걸고 다니든 허리에 걸고 다니든 상관을 안 한다.

오토바이로 채가면서 목에 걸고 있는 카 메라를 빼앗기는 상황에서 넘어지게 되 는데 카메라 줄이 목이 졸리게 되든지 다른 오토바이에 치이든지 상관을 안 하 게 되므로 사고의 위험이 높다.

목에 걸고 있으면 위험하다. 사진을 찍 고 나서 가방에 잘 넣어놔야 한다. 삼각 대를 사용해 사진을 찍는 관광객은 대도 시의 관광지에서는 삼각대에 놓는 순간 사라질 수 있다는 사실을 알고 조심해야 한다.

버스 이동 간 거리와 시간

베트남은 남북으로 길게 해안을 따라 이어진 국토를 가지고 있어서 북부의 하노이^{Hanoi}와 남부의 호치민^{Ho Chi Minh}은 역사적으로나 문화적으로 다른 특징을 가지고 있었다. 프랑스의 식민지가 되면서 베트남이라는 나라로 형성되면서 현대 베트남의 기초가 만들어졌다. 호치민이 베트남전쟁을 통해 남북을 통일하면서 하나의 베트남이 탄생하게 되었다.

그러므로 베트남 전체를 여행하려면 남북으로 길게 이어진 도시들을 한꺼번에 여행하기는 쉽지 않다. 그래서 베트남 도시들은 북부의 하노이^{Hanoi}, 중부의 다낭^{Da Nang}, 중남부의 나트랑^{Nha Trang}, 남부의 호치민^{Ho Chi Minh}이 거점도시가 된다. 이 도시들은 기본 도시로 약12시간이상 소요되는 도시들로 베트남의 대도시라고 할 수 있다. 중간의 작은 도시들이 4~8시간을 단위로 묶여서 하루 동안 많은 버스들이 오고 가고 있다.

남부의 호치민^{Ho Chi Minh}과 중남부의 나트랑^{Nha Trang}은 10시간을 이동하는 도시로 해안을 따라 이동하므로 이동거리가 길지만 시간은 오래 걸리지 않는다. 하지만 호치민^{Ho Chi Minh}에서 고원도시인 달랏^{dà lat}까지 거리는 짧지만 이동시간은 길다.

각 도시를 연결하는 버스들은 현재 4개 회사가 운행 중이지만 넘쳐나는 베트남 관광객으로 실제로는 더 많은 버스회사들이 운행을 하고 있다. 호치민에서 달랏, 무이네과 나트랑에서 무이네, 달랏까지는 매시간 다양한 버스회사의 코치버스가 운행을 하고 있다.

베트남의 각 도시를 이어주는 코치버스는 일반적으로 앉아서 가는 버스도 있지만 이동거리가 길어서 누워서 가는 슬리핑 버스가 대부분이다. 예전에는 앉아서 가는 버스도 많았지만 점차 슬리핑버스로 대체되고 있는 상황이다.

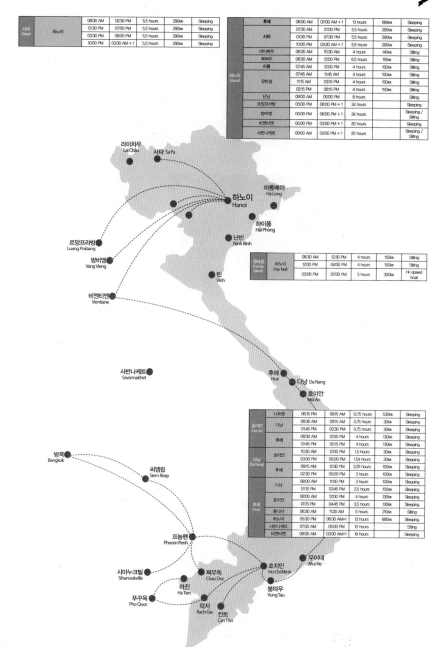

사파 (Sapa)	하노이	08:30 AM	02:30 PM	5.5 hours	290km	Sleeping
		01:30 PM	07:00 PM	5.5 hours	290km	Sleeping
		03:30 PM	09:00 PM	5.5 hours	290km	Sleeping
		10:00 PM	03:30 AM +1	5.5 hours	290km	Sleeping

하노이 (Hanoi)	후에	06:00 AM	07:00 AM +1	13 hours	684km	Sleeping
	사파	07:30 AM	01:00 PM	5.5 hours	290km	Sleeping
		01:30 PM	07:30 PM	5.5 hours	290km	Sleeping
		10:00 PM	03:30 AM +1	5.5 hours	290km	Sleeping
	마이쩌우	06:30 AM	10:30 AM	4 hours	140km	Sitting
	목쩌우	06:30 AM	12:00 PM	6.5 hours	191km	Sitting
	하롱	07:45 AM	12:00 PM	4 hours	150km	Sitting
	깟바섬	07:45 AM	11:45 AM	4 hours	150km	Sitting
		11:15 AM	03:15 PM	4 hours	150km	Sitting
		02:15 PM	06:15 PM	4 hours	150km	Sitting
	난닝	09:00 AM	05:00 PM	8 hours		Sleeping
	루앙프라방	05:00 PM	06:00 PM +1	24 hours		Sleeping
	방비엥	05:00 PM	06:00 PM +1	24 hours		Sleeping / Sitting
	비엔티엔	05:00 PM	03:00 PM +1	20 hours		Sleeping
	사반나케트	09:00 AM	03:00 PM +1	20 hours		Sleeping / Sitting

깟바섬 (Cat Ba island)	하노이 (Ha Noi)	08:30 AM	12:30 PM	4 hours	150km	Sitting
		12:00 PM	04:00 PM	4 hours	150km	Sitting
		03:00 PM	07:00 PM	5 hours	300km	Hi-speed boat

호이안 (Hoi An)	나트랑	06:15 PM	09:15 AM	12.75 hours	530km	Sleeping
	다낭	06:30 AM	09:15 AM	0.75 hours	30km	Sleeping
		01:45 PM	02:30 PM	0.75 hours	30km	Sleeping
	후에	06:30 AM	12:00 PM	4 hours	130km	Sleeping
		01:45 PM	05:15 PM	4 hours	130km	Sleeping
다낭 (Da Nang)	호이안	10:30 AM	12:00 PM	1.5 hours	30km	Sleeping
		03:30 PM	05:00 PM	1.54 hours	30km	Sleeping
	후에	09:15 AM	12:30 PM	3.25 hours	100km	Sleeping
		02:30 PM	05:00 PM	3 hours	100km	Sleeping
후에 (Hue)	다낭	08:00 AM	11:00 PM	3 hours	100km	Sleeping
		01:15 PM	03:45 PM	2.5 hours	100km	Sleeping
	호이안	08:00 AM	12:00 PM	4 hours	130km	Sleeping
		01:15 PM	04:45 PM	3.5 hours	130km	Sleeping
	퐁냐	06:30 AM	11:30 AM	5 hours	210km	Sitting
	하노이	05:30 PM	06:30 AM+1	13 hours	685km	Sleeping
	사반나케트	07:00 AM	05:00 PM	10 hours		Sitting
	비엔티엔	08:00 AM	03:00 AM+1	19 hours		Sleeping

라이차우 Lai Châu
사파 Sa Pa
하롱베이 Ha Long
하노이 Hanoi
하이퐁 Hải Phòng
난빈 Ninh Bình
루앙프라방 Luang Prabang
방비엥 Vang Vieng
빈 Vinh
비엔티엔 Vientiane
사반나케트 Savannakhet
후에 Hue
다낭 Da Nang
호이안 Hoi An
방콕 Bangkok
씨엠립 Siem Reap
프놈펜 Phnom Penh
시아누크빌 Sihanoukville
하띠엔 Ha Tien
푸꾸옥 Pho Quoc
짜우독 Chau Doc
락자 Rach Gia
칸토 Can Tho
호치민 Ho Chi Minh
봉따우 Vung Tau
무이네 Mui Ne

베트남 여행 전 꼭 알아야할 베트남 이동수단

베트남이 지금과 같은 교통 체계를 갖추기 시작한 시기는 프랑스 식민지 시대부터였다. 수확한 농산물을 운송해 해안으로 가지고 가기 위한 목적이었다. 하지만 베트남 전쟁으로 파괴된 교통 체계는 이후에 재건하고 근대화하였다. 지금, 가장 대중적인 교통수단은 도로

운송이며, 도로망도 남북으로 도로가 만들어지면서 활성화되었다. 도시 간 이동에 일반 시외버스와 오픈 투어 버스Open tour bus를 이용할 수 있다. 철도는 새로 만들지

못하고 단선으로 총길이 2,347km에 이르는 옛 철도망을 사용하고 있다. 러, 가장 길고 주된 노선은 호치민과 하노이를 연결하는 길이 1,726km의 남북선이다. 철도로는 이웃한 중국과도 연결되어 중국과의 무역에 활용되고 있다.

베트남에서 최근 여행에 많이 활용되고 있는 방법이 항공이다. 하노이, 다낭, 나트랑, 호치민, 달랏, 푸꾸옥을 기점으로 공항에 활성화되고 있다. 특히 유럽의 배낭 여행자들은 항공을 적극 활용하고 있다.

베트남 여행에서 도시 간 이동에서 이용하는 도로 교통수단으로 일반 시외버스와 여행사의 오픈 투어 버스Open tour bus가 있다. 일반 시외버스는 낡은 데다 시간도 오래 걸리기 때문에 장거리 이동이 불편하다. 베트남에서 '오픈 투어Open tour', '오픈 데이트 티켓Open Date Ticket', '오픈 티켓Open Ticket'이라는 단어를 들을 수 있는데, 이것은 저렴한 예산으로 여행하려는 외국인 여행자를 대상으로 하여 제공되는 '오픈 투어 버스'로 여행자들은 '슬리핑 버스'라고 부르고 있다. 그 이유는 버스에는 에어컨이 갖추어져 있고 거의 누운 상태에서 야간에 잠을 자면서 이동하는 버스이기 때문이다. 호치민 시와 하노이 사이를 운행하며 사람들은 도중에 주요 도시에서 타고 내릴 수 있다. 경쟁이 치열하여 요금이 많이 내려간 상태여서 실제로, 가장 저렴한 교통수단이다.

베트남 도시와 도시를 연결하는 슬리핑 버스

하노이, 다낭, 나트랑, 호치민은 베트남의 여행을 하기 위한 거점 도시이다. 각 버스 회사들이 각 도시를 연결하고 있다. 북, 중, 남부의 대표적인 도시마다 각 도시를 여행을 하기 위해 버스를 타고 이동을 하는 데 저녁에 탑승해 다음날 아침 6~7시에 다음 도시에 도착하게 된다. 예를 들어 하노이에서 18~19시에 숙소로 픽업을 온 가이드의 인솔을 받아, 어딘가로 차를 타고 가서 큰 코치버스를 탑승하게 된다. 이 버스를 타고 이동하면 다낭에 아침에 도착한다. 그러므로 베트남 전체를 모두 여행을 하려면 버스에 대해 확실하게 알고 출발하는 것이 좋다. 이렇게 버스를 야간에 자면서 간다고 해서 '슬리핑 버스Sleeping Bus'라고 부른다.

슬리핑버스라서 야간 이동만 생각할 수 있는데 최근에는 도시 간 이동하는 버스는 대부분 슬리핑 버스형태로 동일하다. 오전이나 오후에 4~5시간 이동하는 버스도 슬리핑 버스와 동일하기 때문에 도시 간 이동을 하는 버스는 모두 슬리핑 버스라고 알고 있는 것이 낫다.

버스를 예약하는 방법은 여행사를 통해 예약하거나 숙소에서 예약을 해달라고 하면 연결된 버스회사에 예약을 해주는 것이 가장 일반적인 방법이다. 버스를 예약하는 방법은 원래 각 버스회사의 홈페이지를 통해 온라인 예약을 하거나 전화로 예약, 직접 버스회사의 사무

실을 찾아가면 된다. 버스 티켓을 구입하면 버스티켓은 노선 명, 탑승시간, 소요시간 등이 기재되어 있다.

베트남 여행자들에게 유명한 버스 회사는 신 투어리스트Shin Tourist, 풍짱 버스Futa Bus, 탐한 버스Tam Hanh Bus 등이 있다. 각 버스마다 노선마다 운행하고 있는 버스가 모두 다르므로 여행 전에 차량 정보를 미리 확인하는 게 안전하다. 각 버스회사마다 예약을 하는 방법이 조금씩 차이가 있다. 슬리핑 버스가 출발하면 3시간 정도마다 휴게소에 들리게 된다. 이때 내려서 화장실에 가거나 저녁을 먹도록 시간을 배정한다. 보통 10시간 정도 이동한다면 2~3번의 휴게소에 들리게 된다.

슬리핑 버스 타는 방법

1. 좌석이 버스티켓에 적혀 있는 경우도 있고 좌석을 현지에서 바로 알려주는 경우도 있다. 그러므로 좌석을 확인하고 탑승해야 한다.

2. 자신의 여행용 가방은 짐칸에 먼저 싣기 때문에 사전에 안전하게 실렸는지 확인하고 탑승해야 한다. 간혹 없어졌다는 문제가 발생하기도 한다.

3. 베트남의 슬리핑버스는 신발을 벗고 타야 한다. 비닐봉지를 받아서 신발을 넣고 자신의 좌석으로 이동한다.

4. 버스 내부는 각각의 독립된 캡슐처럼 좌석이 배치되어 있으며, 침대칸으로 편하게 누워서 이동이 가능하다. 한 줄에 3개의 좌석이 있는 데 가운데 좌석은 답답하므로 창가좌석이 좋다. 인터넷으로 예약을 하면 좌석을 지정할 수 있으므로 바깥 풍경을 보면서 이동하는 게 조금 편하게 이동하는 방법이다.

5. 좌석은 1층과 2층이 있는데 2층보다는 1층이 흔들림이 적어 편하고 때로 멀미가 심한 사람들에게는 멀미가 덜하다. 연인이나 부부, 가족일 때는 사전에 좌석을 지정하거나 탑승하면서 이야기를 하여 앞뒤보다는 양옆자리로 배치해 서로 보면서 이동하는 것이 좋다.

6. 와이파이는 무료로 되지만 와이파이가 약하기 때문에 기대를 안 하는 것이 낫다.

버스 회사의 양대 산맥

풍짱 버스(Futa Bus)

1992년에 설립되어 운행하고 있는 버스 회사로 최근에 도시 간 이동편수를 가장 많이 늘리고 있다. 그래서 풍짱 버스는 시간표가 촘촘하게 잘 연결되어있는 편이다. 배차되는 버스가 많다보니 좌석이 여유가 있는 편이므로 급하게 도시를 이동하려는 버스는 구하려면 추천한다. 주말이나 공휴일 같은 특수한 경우가 아니라면 당일 예약이 가능하다.

풍짱 버스는 인터넷으로 예약이 가능하고 선착순으로 버스회사에서 표를 구할 수 있다. 풍짱 버스 예약사이트에서 예약과 결제를 진행하고 나서 바우처를 지참해 풍짱 버스 사무실에 가서 버스티켓으로 교환하면 된다.

주의사항
1. 1시간 정도의 여유를 가지고 출력한 표로 티켓을 교환해야 한다.
2. 셔틀 버스로 터미널로 이동하나 2시간 전에 이동하므로 개인적으로 시간에 맞추어 이동하는 경우도 있다.

풍짱 버스(https://futabus.vn) 예약하는 방법

1. 출발지(Origin)와 목적지(Destination)를 선택한다.

2. 예약날짜와 티켓수량을 선택한 후 [Book Now]를 클릭한다.

3. 출발 시간(Departure time)과 픽업 장소(Pickup point)를 선택한다.

4. 예약을 하면 바우처가 메일로 오고, 그 바우처를 가지고 풍짱 버스 사무실로 가게 된다. 그래서 픽업장소에서 탑승해 가지 않고 개인적으로 이동하는 경우도 많다.

5. 좌석을 선택한다. 멀미가 심한 편이면 FLOOR 1 중 가능하면 앞 좌석으로 선택하는 것이 가장 좋다. 좌석 선택을 마치면 [Next]를 클릭한다.

6. 개인정보를 입력한다. 별표로 표시된 필수 입력칸만 채우면 된다. 이름, 이메일, 핸드폰 번호를 적는데, 본인 핸드폰을 로밍해서 간다면 +82-10-XXXX-XXXX로 적어주면 된다. Billing Country, Billing City, Billing Address는 자신의 한국주소를 영문으로 적는다. 대충 간단하게 기입해도 상관없다. 정책동의 체크표시를 한 후 [Next]를 클릭한다.

7. 카드 종류를 선택하고, [Pay Now]를 클릭한다. 가끔 결제를 할 때 에러가 발생할 수도 있으므로 확인한다. 영어로 변경할 경우에 에러가 발생하는 경우에는 베트남어로 변경 후 다시 처음부터 결제 단계를 진행해야 한다.

신 투어리스트(Shin Tourist)

베트남 버스 회사 중 가장 대표적인 회사라고 할 수 있다. 베트남 여행 산업의 신화라고 불리며 도시 간 이동에서 두각을 나타내는 버스회사로, 베트남뿐만 아니라 동남아시아에 여러 사무소가 있다. 또한 각 도시마다 즐길 수 있는 당일 투어를 신청할 수 있다.

온/오프라인 모두 버스 티켓을 구입할 수 있다. 가장 큰 장점은 버스 티켓을 구입하면 버스 출발까지 남은 시간에 사무실에서 짐을 보관해 주기 때문에 빈 시간을 활용할 수 있다.

3대 버스 회사는 신 투어리스트^{Shin Tourist}, 풍짱 버스^{Futa Bus}, 탐한 버스^{Tam Hanh Bus} 등이지만 3대 버스 회사 외에 한 카페, Cuc Tour, Queen Cafe 등의 다양한 버스회사가 현재 운행 중이다.

베트남 도로 횡단 방법 / 도로 규칙

베트남에서는 횡단보도를 건너는 것보다 무단횡단을 하는 모습이 일반적이다. 그래서 처음 베트남 여행을 하는 관광객들은 항상 어떻게 도로를 건널지 고민을 하게 된다. 도로 규정이 명확하지 않은 것 같으므로 붐비는 거리를 건널 때에는 지나가는 오토바이와 차를 조심해야 한다.

호치민이나 하노이에 사는 사람들은 모르지만 호이안Hoian이나 푸꾸옥Nha Trang의 작은 도시에 사는 사람들도 호치민 같은 대도시로 여행을 간다면 조심하라는 이야기를 할 정도이니 해외의 관광객이 걱정하는 것은 당연하다. 무질서의 대명사처럼 느껴지는 오토바이의 물결이 처음에는 낯설고 무서운 존재일 수 있다. 그렇지만 이 무질서에도 나름의 규칙이 있고 무단횡단도 방법이 있고 주의사항도 있다.

도로 횡단하기(절대 후퇴는 없다.)

베트남 여행에서 도로를 횡단하는 것이 처음 여행하는 관광객에게는 무섭기도 하고 걱정되기도 한다. 가장 먼저 하지 말아야 하는 행동은 절대 뒤로 물러서면 안 된다는 것이다. 가끔 되돌아오는 여행자가 있는 데, 이때 사고가 나게 된다. 오토바이는 속도가 있어서 어느새 자신에게 다가와 있는 데 갑자기 뒤로 돌아오면 오토바이도 대처를 할 수 없게 된다. 이때 오토바이와 부딪치는 사고가 발생한다.

> 도로 건너기
> 1. 처음 도로로 나가는 방법은 약간의 거리를 두고 다가오는 오토바이가 있을 때에 도로로 내려와 무단 횡단을 한다.
> 2. 앞으로 나아갈 수 없다면 그 자리에 서 있으면 오토바이들은 알아서 피해간다.
> 3. 오토바이가 내 앞에 없다면 앞으로 나아간다. 오토바이가 오는 방향을 보고 빈 공간이 생기게 되므로 이때 앞으로 나아가면 횡단할 수 있다.

🔳 도로 운행

1. 2차선
왕복 2차선에는 오토바이든 자동차이든 같이 지나
갈 수밖에 없다. 오토바이가 도로를 질주하다가 자
동차가 지나가려면 경적을 울린다. 이 때 오토바이
는 도로 한 구석으로 이동하면 자동차가 지나간다.

2. 4차선 이상
일방도로가 2차선 이상이 되면 다른 규칙이 있다.
1차선에는 속도가 느린 자동차가 다니는 것처럼 속
도가 느린 오토바이가 다닌다. 2차선에는 속도가 빠
른 자동차가 다닌다. 오토바이가 2차선을 달리고 있
는 상태에서 자동차가 다가오면 경적을 울려 오토
바이가 1차선으로 이동하도록 알려주게 된다. 때로
오토바이가 2차선으로 속도를 빠르게 가려면 손을
올려 차선 변경을 한다는 사실을 알려주게 된다. 자
동차가 차선을 이동하려면 깜박이를 올려 알려주는
것과 동일한 방법이다.

3. 회전교차로
호치민이나 하노이의 출, 퇴근시간이 되면 회전교
차로의 수많은 오토바이의 물결에 깜짝 놀라게 된
다. 그리고 이 회전교차로에서 사고가 나는 경우가
많다. 회전교차로에는 차선이 그려져 있지만 오토
바이가 많으므로 차선은 무의미하다.

도로 횡단 주의사항

비가 올 때 도로 횡단은 조심해야 한다. 비가 오면 도로가 미끄럽고 오토바이를 운전하는 운전자가 오토바이를 통제하지 못하는 상황이 발생하기 쉽다. 핸들을 좌우로 자주 움직이지 않는 자동차와 다르게 핸들을 자주 움직이는 오토바이는 비가 오면 타이어가 미끄러지는 상황이 자주 발생하고 사고도 많아지게 된다. 그러므로 도로를 횡단하는 사람을 봐도 오토바이가 통제가 되지 않을 상황이 발생하므로 조심하면서 건너야 한다.

버스 타는 방법

소도시에는 작은 버스라서 버스문도 하나이기 때문에 탑승과 하차가 동일한 문에서 이루어진다. 하지만 대도시에는 큰 버스들이 운행을 하고 있다. 버스는 우리가 타는 것처럼 앞문으로 탑승하여, 뒷문으로 내리는 구조와 동일하다.

탑승할 때 버스비를 내고 탑승하는 데 작은 버스는 먼저 탑승을 하고 나서 차장이 다가와 버스비를 걷어간다. 이때 버스비는 과도하게 받는 경우가 많아서 다른 사람들이 내는 것을 보고 있다가 버스비의 가격을 대략 가늠할 필요가 있다. 일반적으로 6,000~18,000동까지 버스비 금액의 차이가 크므로 확인하는 것이 좋다.

베트남 북부 여행 잘하는 방법

■ 공항에서 숙소까지 가는 이동경비의 흥정이 중요하다.

도시에 도착하면 해당 도시의 지도를 얻기 위해 관광안내소를 찾는 것이 좋다. 하지만 하노이Hanoi는 더 중요한 것이 항공기의 시간이다. 하노이Hanoi를 운항하고 있는 항공의 대부분은 밤늦게 도착하기 때문에 관광안내소에는 아무도 없으므로 공항에 나오면 숙소로 이동하는 것이 중요하다.

베트남 항공Vietnam Ailines과 비엣젯 에어Vietjet Air는 낮에 도착하기 때문에 문제가 발생하지 않으나 항공비용이 더 비싸다. 하노이Hanoi에 밤에 도착하는 비행기는 숙소까지 이동하는 교통편이 대중교통은 없고 택시를 타야하기 때문에 바가지를 쓰지 않고 가는 것이 중요하다. 만약에 일행이 있다면 나누어서 택시비를 계산하면 되지만 혼자 온 여행자는 비용이 부담스러울 수도 있으니 흥정을 잘해야 한다.

차량공유 서비스인 그랩Grab을 사용하여 이동하는 것도 좋은 방법이다. 택시와 그랩Grab이 경쟁하면서 하노이Hanoi는 택시로 인해 바가지를 쓰는 경우가 많이 없어지고 있다. 하노이Hanoi 시내에서 하노이 국제공항까지 350,000동이 최대 지불하는 가격이라고 판단하면 된다.

카드나 무제한 데이터를 활용하자.

공항에서 시내로 이동을 할 때 택시보다는 그 랩^{Grab}을 이용하면 택시의 바가지를 미연에 방 지할 수 있다. 저녁에 숙소를 찾아가는 경우 에도 구글 맵이 있으면 쉽게 숙소도 찾을 수 있어서 스마트폰의 필요한 정보를 활용하려 면 데이터가 필요하다.

심카드를 사용하는 것은 매우 쉽다. 매장에 가 서 스마트폰을 보여주고 데이터의 크기만 선 택하면 매장의 직원이 알아서 다 갈아 끼우고 문자도 확인하여 이상이 없으면 돈을 받는다.

달러나 유로를 '동(Dong)'으로 환전해야 한다.

공항에서 시내로 이동하려고 할 때 미니버스를 가장 많이 이용한다. 이때 베트남 화폐인 '동^{Dong}'가 필요하다. 대부분 달러로 환전해 가기 때문에 베트남 화폐인 동^{Dong}으로 공항에 서 필요한 돈을 환전하여야 한다. 여행 중에 사용할 전체 금액을 환전하기 싫다고 해도 일 부는 환전해야 한다. 시내 환전소에서 환전하는 것이 더 저렴하다는 이야기도 있지만 금액 이 크지 않을 때에는 큰 금액의 차이가 없다.

■ 공항에서 숙소까지 간단한 정보를 갖고 출발하자.

베트남 하노이Hanoi는 현지인들이 공항에서 버스를 많이 이용한다. 시내에서는 버스와 택시, 그랩Grab 이 중요한 시내교통수단이다. 버스를 관광객이 자주 사용하지는 않는다. 저렴한 택시비로 이내 하노이Hanoi 시민이 아니면 관광객은 버스 노선도 모르기 때문에 사용할 경우는 거의 없다.

같이 여행하는 인원이 3명만 되면 공항에서 택시를 활용해 여행하기가 불편하지 않다. 최근에 택시비가 그랩Grab보다 저렴한 경우도 있다. 택시 고객이 부족한 택시들은 어느 정도 가격만 맞으면 운행을 하고 있어서 바가지를 쓰지 않는다.

■ '관광지 한 곳만 더 보자는 생각'은 금물

배트남 하노이Hanoi는 쉽게 갈 수 있는 해외여행지이다. 물론 사람마다 생각이 다르겠지만 평생 한번만 간다는 생각을 하지 말고 여유롭게 관광지를 보는 것이 좋다. 한 곳을 더 본다고 여행이 만족스럽지 않다.

자신에게 주어진 휴가기간 만큼 행복한 여행이 되도록 여유롭게 여행하는 것이 좋다. 서둘러 보다가 지갑도 잃어버리고 여권도 잃어버리기 쉽다. 허둥지둥 다닌다고 하노이Hanoi를 한 번에 다 볼 수 있지도 않으니 한 곳을 덜 보겠다는 심정으로 여행한다면 오히려 더 여유롭게 여행을 하고 만족도도 더 높을 것이다.

■ 아는 만큼 보이고 준비한 만큼 만족도가 높다.

하노이Hanoi의 관광지는 베트남의 역사와 관련이 있다. 그런데 아무런 정보 없이 본다면 재미도 없고 본 관광지는 아무 의미 없는 장소가 되기 쉽다.

2박 3일이어도 하노이Hanoi에 대한 정보는 습득하고 여행을 떠나는 것이 좋다. 아는 만큼 만족도가 높은 여행지가 하노이Hanoi이다.

■ 감정에 대해 관대해져야 한다.

베트남은 팁을 받는 레스토랑이 없다. 그런데 난데없이 팁을 달라고 하거나, 계산을 하고 나가려고 하는 데 붙잡아서 계산을 하라고 한다거나, 다양한 경우로 관광객에게 당혹감을 주고 있는 베트남이다. 그럴 때마다 감정통제가 안 되어 화를 계속 내고 있으면 짧은 하노이Hanoi 여행이 고생이 되는 여행이 된다. 그러므로 따질 것은 따지되 소리를 지르면서 따지지 말고 정확하게 설명을 하면 될 것이다.

베트남 북부 숙소에 대한 이해

베트남 북부 여행이 처음이고 자유여행이면 숙소예약이 의외로 쉽지 않다. 자유여행이라면 숙소에 대한 선택권이 크지만 선택권이 오히려 난감해질 때가 있다. 하노이Hanoi, 하롱베이Halong Bay, 사파Sapa 숙소의 전체적인 이해를 해보자.

1. 숙소의 위치
베트남 북부 시내에서 관광객은 유럽처럼 시내에 주요 관광지가 몰려있는 장점이 있다. 따라서 숙소의 위치가 중요하다. 베트남의 대부분의 숙소는 도시에 몰려 있기 때문에 시내에서 떨어져 있다면 이동하는 데 시간이 많이 소요되어 좋은 선택이 아니다. 먼저 시내에서 얼마나 떨어져 있는지 먼저 확인하자.

2. 숙소예약 앱의 리뷰를 확인하라.
베트남 북부 숙소는 몇 년 전만해도 호텔과 호스텔이 전부였다. 하지만 에어비앤비를 이용한 아파트도 있고 다양한 숙박 예약 앱도 생겨났다. 가장 먼저 고려해야 하는 것은 자신의 여행비용이다. 항공권을 예약하고 남은 여행경비가 3박 4일에 20만 원 정도라면 호스텔이나 저렴한 호텔을 이용하라고 추천한다. 베트남 북부에는 많은 호스텔이 있어서 호스텔도 시설에 따라 가격이 조금 달라진다. 숙소예약 앱의 리뷰를 보고 한국인이 많이 가는 호스텔로 선택하면 선택해 문제가 되지는 않을 것이다.

3. 내부 사진을 꼭 확인
호텔의 비용은 2~15만 원 정도로 저렴한 편이다. 호텔의 비용은 우리나라 호텔보다 저렴하지만 시설이 좋지는 않다. 오래된 건물에 들어선 호텔이 아니지만 관리가 잘못된 호텔이 의외로 많다. 반드시 룸 내부의 사진을 확인하고 선택하는 것이 좋다.

4. 에어비앤비를 이용해 아파트 이용방법
시내에서 얼마나 떨어져 있는지를 확인하고 숙소에 도착해 어떻게 주인과 만날 수 있는지 전화번호와 아파트에 도착할 수 있는 방법을 정확히 알고 출발해야 한다. 아파트에 도착했어도 주인과 만나지 못해 아파트에 들어가지 못하고 1~2시간만 기다려도 화도 나고 기운도 빠지기 때문에 여행이 처음부터 쉽지 않아진다.

5. 베트남 북부 여행에서 민박 이용방법
여행에서 민박을 이용하고 싶은 여행자는 한국인이 운영하는 민박을 찾고 싶어 하는데 민박을 찾기는 쉽지 없다. 민박보다는 호스텔이나 게스트하우스, 홈스테이에 숙박하는 것이 더 좋은 선택이다.

알아두면 좋은 나트랑 이용 팁(Tip)

1. 미리 예약해도 싸지 않다.

일정이 확정되고 호텔에서 머물겠다고 생각했다면 먼저 예약해야 한다. 임박해서 예약하면 같은 기간, 같은 객실이어도 비싼 가격으로 예약을 할 수 밖에 없다는 것이 호텔 예약의 정석이지만 여행일정에 임박해서 숙소예약을 많이 하는 특성을 아는 숙박업소의 주인들은 일찍 예약한다고 미리 저렴하게 숙소를 내놓지는 않는다.

2. 취소된 숙소로 저렴하게 이용한다.

나트랑에서는 숙박당일에도 숙소가 새로 나온다. 예약을 취소하여 당일에 저렴하게 나오는 숙소들이 있다. 베트남 숙소의 취소율이 의외로 높아서 잘 활용할 필요가 있다. .

3. 후기를 참고하자.

호텔의 선택이 고민스러우면 숙박예약 사이트에 나온 후기를 잘 읽어본다. 특히 한국인은 까다로운 편이기에 후기도 적나라하게 숙소에 대해 평을 해놓는 편이라서 숙소의 장, 단점을 파악하기가 쉽다. 베트남 숙소는 의외로 저렴하고 내부 사진도 좋다고 생각해도 직접 머문 여행자의 후기에는 당해낼 수 없다. 호치민 여행자거리의 유명한 호스텔에 내부 사진도 좋고 가격도 저렴하게 책정되어 예약을 하고 가봤는데 지저분하고 개미가 많아 침대위에 개미를 잡고서야 잠을 청했던 기억도 있다.

4. 미리 예약해도 무료 취소기간을 확인해야 한다.

미리 호텔을 예약하고 있다가 나의 여행이 취소되든지, 다른 숙소로 바꾸고 싶을 때에 무료 취소가 아니면 환불 수수료를 내야 한다. 그러면 아무리 할인을 받고 저렴하게 호텔을 구해도 절대 저렴하지 않으니 미리 확인하는 습관을 가져야 한다.

5. 방갈로에 에어컨이 없다?

베트남의 해안을 보면서 자연적 분위기에서 머물 수 있는 방갈로는 독립된 공간을 사용하여 인기가 많다. 하지만 냉장고도 없는 기본 시설만 있는 것뿐만 아니라 에어컨이 아니고 선풍기만 있는 방갈로가 의외로 많다. 가격이 저렴하다고 무턱대고 예약하지 말고 에어컨이 있는 지 확인하자. 더운 베트남에서는 에어컨이 쾌적한 여행을 하는 데에 중요하다.

숙소 예약 사이트

부킹닷컴(Booking.com)

에어비앤비와 같이 전 세계에서 가장 많이 이용하는 숙박 예약 사이트이다. 베트남에도 많은 숙박이 올라와 있다.

Booking.com
부킹닷컴
www.booking.com

에어비앤비(Airbnb)

전 세계 사람이 집주인이 되어 숙소를 올리고 여행자는 손님이 되어 자신에게 맞는 집을 골라 숙박을 해결한다. 어디를 가나 비슷한 호텔이 아닌 현지인의 집에서 숙박을 하도록 하여 여행자들이 선호하는 숙박 공유 서비스가 되었다.

airbnb
에어비앤비
www.airbnb.co.kr

베트남 북부 여행 물가

베트남 북부 여행의 가장 큰 장점은 매우 저렴한 물가이다. 베트남 북부 여행에서 큰 비중을 차지하는 것은 항공권과 숙박비이다. 항공권은 대부분의 저가항공이 취항하고 있으므로 하노이까지 가는 항공을 저렴하게 구할 수 있다면 버스를 타고 사파와 하롱베이로 이동할 수 있다. 숙박은 저렴한 호스텔이 원화로 5,000원대부터 있어서 항공권만 빨리 구입해 저렴하다면 숙박비는 큰 비용이 들지는 않는다. 하지만 좋은 호텔에서 머물고 싶다면 더 비싼 비용이 들겠지만 호텔의 비용은 저렴한 편이다.

▶**왕복 항공료_** 28~68만 원
▶**버스, 기차_** 3~10만 원
▶**숙박비(1박)_** 1~10만 원
▶**한 끼 식사_** 2천~4만 원
▶**입장료_** 2천 7백 원~3만 원

구분	세부 품목	3박 4일	6박 7일
항공권	제주항공, 대한항공	280,000~680,000	
택시, 버스, 기차	택시, 버스, 기차	약4~30,000원	
숙박비	호스텔, 호텔, 아파트	15,000~300,000원	30,000~600,000원
식사비	한 끼	2,000~30,000원	
시내교통	택시, 그랩	2,000~30,000원	
입장료	박물관 등 각종 입장료	2,000~8,000원	
		약 470,000원~	약 790,000원~

베트남북부 여행에 밑그림 그리기

우리는 여행으로 새로운 준비를 하거나 일탈을 꿈꾸기도 한다. 여행이 일반화되기도 했지만 아직도 여행을 두려워하는 분들이 많다. 동남아시아에서 베트남 여행자가 급증하고 있다. 그중에는 몇 년 전부터 관광객이 늘어난 다낭이 있지만 베트남하면 하노이Hanoi를 비롯해 하롱베이Halong Bay 패키지여행을 다녀온 여행자는 북부의 사파Sapa와 북동부의 닌빈Nin Binh으로 눈길을 돌리고 있다. 그러나 어떻게 여행을 해야 할지부터 걱정을 하게 된다. 아직 정확한 자료가 부족하기 때문이다. 지금부터 하노이 & 하롱베이, 사파 여행을 쉽게 한눈에 정리하는 방법을 알아보자. 하노이Hanoi, 하롱베이Halong Bay, 사파Sapa 여행준비는 절대 어렵지 않다. 단지 귀찮아 하지만 않으면 된다. 평소에 원하는 하노이Hanoi, 하롱베이Halong Bay, 사파Sapa 여행을 가기로 결정했다면, 준비를 꼼꼼하게 하는 것이 중요하다.

일단 관심이 있는 사항을 적고 일정을 짜야 한다. 처음 해외여행을 떠난다면 하노이Hanoi, 하롱베이Halong Bay, 사파Sapa 여행도 어떻게 준비할지 몰라 당황하게 된다. 먼저 어떻게 여행을 할지부터 결정해야 한다. 아무것도 모르겠고 준비를 하기 싫다면 패키지여행으로 가는 것이 좋다. 하노이Hanoi, 하롱베이Halong Bay, 사파Sapa 여행은 주말을 포함해 3박 4일, 4박 5일 여행이 가장 일반적이다. 해외여행이라고 이것저것 많은 것을 보려고 하는 데 힘만 들고 남는 게 없는 여행이 될 수도 있으니 욕심을 버리고 준비하는 게 좋다. 여행은 보는 것도 중요하지만 같이 가는 여행의 일원과 같이 잊지 못할 추억을 만드는 것이 더 중요하다. 다음을 보고 전체적인 여행의 밑그림을 그려보자.

1	패키지여행? 자유여행? (여행의 형태 결정)	7	얼마나 쓸까? 리스트 작성! (여행경비 산출하기)
2	나의 가능한 여행기간, 비용은? (여행 기간 & 예산 짜기)	8	베트남어를 알면 편리한데? (간단한 베트람어 익히기)
3	베트남 북부? 항공권부터 알아보자. (항공권티켓 /성수기여행은 빨리 구입)	9	동? 원화는 사용불가능? (환전하기)
4	성수기 숙소가 부족한 베트남은 숙박부터 알아보자! (숙소의 예약가능 확인)	10	왜 이리 필요한 게 많지? (여행가방싸기)
5	보고 싶고 먹고 싶은 게 많아요? (여행지 정보 수집)	11	11. 인천공항으로 이동
6	단기여행인 나트랑은 꼼꼼한 일정은 필수! (여행 일정 짜기)	12	12. 드디어 여행지로 출발!

결정을 했으면 일단 항공권을 구하는 것이 가장 중요하다. 전체 여행경비에서 항공료와 숙박이 차지하는 비중이 가장 크지만 너무 몰라서 낭패를 보는 경우가 많다. 평일이 저렴하고 주말은 비쌀 수밖에 없다. 대부분의 저가항공이 취항하고 있어서 항공료, 숙박, 현지경비 등 편리하게 확인이 가능하다.

패키지여행 VS 자유여행

전 세계적으로 베트남으로 여행을 가려는 여행자가 늘어나고 있다. 최근 몇 년 동안 대한민국의 베트남 여행은 중부의 다낭과 남부의 호치민에 집중되어 있었다. 베트남 북부에는 한국인 관광객이 줄어들었지만 전통적으로 베트남여행의 하노이와 하롱베이였다. 그래서 많이 알고 있다고 생각하지만 막상 여행을 떠나려고 하면, 고민하는 것은 여행정보는 어떻게 구하지? 라는 질문이다.

그만큼 베트남 북부에 대한 정보가 매우 부족한 상황이다. 그래서 처음으로 하노이^{Hanoi}, 하롱베이^{Halong Bay}, 사파^{Sapa}을 여행하는 여행자들은 패키지여행을 선호하거나 여행을 포기하는 경우가 많았다. 20~30대 여행자들이 늘어남에 따라 패키지보다 자유여행을 선호하고 있다. 하노이를 여행하고 이어서 베트남 북부로 여행을 다녀오는 경우도 상당히 많다. 베트남 북부만의 7~10일이나, 베트남 중, 남부까지 3주 이상의 여행 등 새로운 형태의 여행 형태가 늘어나고 있다. 단 베트남 여행은 무비자로 15일까지이므로 여행 일정은 미리 확인하는 것이 좋다. 15일 이상은 비자를 받아 여행하면 된다.

편안하게 다녀오고 싶다면 패키지여행
베트남 북부 여행을 가고 싶은데 정보가 없고 나이도 있어서 무작정 떠나는 것이 어려운 여행자들은 편안하게 다녀올 수 있는 패키지여행을 선호한다. 다만 아직까지 많이 가는 여행지는 아니다 보니 패키지 상품의 가격이 저렴하지는 않다. 여행일정과 숙소까지 다 안내하니 몸만 떠나면 된다.

연인끼리, 친구끼리, 가족여행은 자유여행 선호
2주 정도의 긴 여행이나 젊은 여행자들은 패키지여행을 선호하지 않는다. 특히 여행을 몇 번 다녀온 여행자는 베트남 북부에서 자신이 원하는 관광지와 맛집을 찾아서 다녀오고 싶어 한다. 여행지에서 원하는 것이 바뀌고 여유롭게 이동하며 보고 싶고 먹고 싶은 것을 마음대로 찾아가는 연인, 친구, 가족의 여행은 단연 자유여행이 제격이다.

베트남 북부 여행 계획 짜는 방법

1. 주중 or 주말

베트남 북부 여행도 일반적인 여행처럼 비수기와 성수기가 있고 요금도 차이가 난다. 7~8월, 12~2월의 성수기를 제외하면 항공과 숙박요금도 차이가 있다. 비수기나 주중에는 할인 혜택이 있어 저렴한 비용으로 조용하고 쾌적한 여행을 할 수 있다. 주말과 국경일을 비롯해 여름 성수기에는 항상 관광객으로 붐빈다. 황금연휴나 여름 휴가철 성수기에는 항공권이 매진되는 경우가 허다하다.

2. 여행기간

베트남 북부 여행을 안 했다면 하노이는 알아도 "하롱베이Halong Bay, 사파Sapa이 어디야?"라는 말을 할 수 있다. 하지만 일반적인 여행기간인 3박 4일의 여행일정으로는 모자란 관광명소가 된 곳이 하노이Hanoi, 하롱베이Halong Bay, 사파Sapa이다. 하노이Hanoi, 하롱베이Halong Bay, 사파Sapa 여행은 대부분 3박 4일이 많지만 하노이Hanoi, 하롱베이Halong Bay, 사파Sapa, 닌빈Nin Binh의 깊숙한 면까지 보고 싶다면 2주일 여행은 가야 한다.

3. 숙박

성수기가 아니라면 베트남 북부의 숙박은 저렴하다는 점이다. 숙박비는 저렴하고 가격에 비해 시설은 좋다. 주말이나 숙소는 예약이 완료된다. 특히 여름 성수기에는 숙박은 미리 예약을 해야 문제가 발생하지 않는다.

4. 어떻게 여행 계획을 짤까?

먼저 여행일정을 정하고 항공권과 숙박을 예약해야 한다. 여행기간을 정할 때 얼마 남지 않은 일정으로 계획하면 항공권과 숙박비는 비쌀 수밖에 없다. 특히 하노이Hanoi, 하롱베이Halong Bay, 사파Sapa처럼 뜨는 여행지는 항공료가 쉽게 상승한다. 저가 항공이 취항하고 있으니 저가항공을 잘 활용한다. 숙박시설도 호스텔로 정하면 비용이 저렴하게 지낼 수 있다. 유심을 구입해 관광지를 모를 때 구글맵을 사용하면 쉽게 찾을 수 있다.

5. 식사

베트남 북부 여행의 가장 큰 장점은 물가가 매우 저렴하다는 점이다. 그렇지만 고급 레스토랑은 하노이Hanoi, 하롱베이Halong Bay, 사파Sapa도 비싼 편이다. 한 끼 식사는 하루에 한번은 비싸더라도 제대로 식사를 하고 한번은 베트남 사람들처럼 저렴하게 한 끼 식사를 하면 적당하다. 시내의 관광지는 거의 걸어서 다닐 수 있기 때문에 투어비용은 도시를 벗어난 투어를 갈 때만 교통비가 추가된다.

베트남은 남북으로 길게 이어진 국토를 가지고 있고 한번 입국하면 15일까지만 머무를 수 있으므로 여행을 하려면 '일정 배정'을 잘해야 한다. 예전에는 15일 동안 베트남 전체를 여행하는 것을 선호했다면 지금은 북부, 중부, 남부로 나누어서 여행하는 것을 선호한다. 15일 동안 베트남 전체를 종주하지 않고 30일 비자를 받아 천천히 각 도시들을 즐기면서 여행하는 트렌드로 바꾸고 있다.

1. 일정 배정

남북으로 이어져 있는 국토를 보고 일정 배정을 잘못하면 여행이 쉽지 않다는 특징을 알고 여행 일정을 배정해야 한다.

예를 들어, 처음 베트남여행을 시작하는 여행자들은 하노이에서 하이퐁까지 3시간이 걸린다고 하면 오전 12시 전에 출발하면 3시에는 도착을 할 것이라고 생각하고 여행 계획을 세우고 다음 도시로 이동해 여행하는 일정을 세우지만 일정이 생각하는 것만큼 맞아 떨어지지 않는다.

2. 도시 이동 간 여유 시간 배정

북부 베트남여행에서 하노이를
떠나 하이퐁이나 사파로 이동
하는데 3~4시간이 걸린다고
하면 아무리 오전에 출발한다
고 해도 오후까지 이동하는 시
간으로 생각하고 그 이후 일정
을 비워둔다. 왜냐하면 베트남
은 이동하는 시간이나 버스 갈
아타기 등 생각하지 못한 변화

가 발생하여 변화무쌍하다고 이야기를 많이 한다. 그래서 유럽의 여행자들은 '베트남시간'
이라는 단어로 변화에 대응하면서 이해하고 웃으면서 넘어간다.
특히 큰 도시에서 작은 인근의 도시로 이동을 하는 경우에 여유 시간을 생각해야 한다. 하
노이에서 사파로 이동을 한다거나, 하노이에서 닌빈으로 이동하는 경우가 대표적이다.

3. 마지막 날 공항 이동은 여유롭게 미리 이동하자.

대중교통이 아직 발달하지 않은 베트남은 대한민국의 상황으로 이해하려고 하면 안 된다.
특히 마지막 날, 저녁 비행기라고 촉박하게 시간을 맞춰 이동한다면 비행기를 놓치는 경우
가 발생한다.

4. 숙박 오류

베트남만의 문제는 아닐 수 있으나 최근의 자유여행을 가는 여행자가 많아지면서 유럽이든 베트남이든 숙박의 오버부킹이나 오류가 발생할 수 있다는 것이다. 분명히 호텔 예약을 했으나 오버부킹이 되어 미안하다고 다른 호텔이나 숙소를 알아봐야겠다고 거부당하기도 하

고, 부킹닷컴이나 에어비엔비 자체시스템의 오류가 생기는 경우도 발생하고 있으니 사전에 숙소에 메일을 보내 확인하는 것이 중요하다.

특히 아파트를 숙소로 예약했다면 호텔처럼 직원이 대기를 하고 있는 것이 아니므로 열쇠를 받지 못해 체크인을 할 수 없는 경우가 많다. 아파트는 사전에 체크인 시간을 따로 두기도 하고 열쇠를 받는 방법이나 만나는 시간과 장소를 정확하게 알고 있어야 한다.

5. 차량 이동 문제

베트남 여행자가 늘어나면서 쉴새 없이 버스는 여행자를 실어 나르고 있다. 그래서 정비가 안 되어 버스가 길에서 멈추거나 차량 간의 사고, 도로파손, 도시 내로 들어서 출 퇴근 시간에 걸려 정체가 발생이 되기도 하여, 버스가 이동시간보다 시간이 오래 소요되는 경우가 발생하고 있다.

베트남 북부 추천 일정

1일차
첫날에 하노이에 도착했다면 도착시간이 오후라면 하노이 야간시내투어를 간단하게 하고 숙소로 들어온다. 낮 12시 정도에 하노이로 들어오면 숙소에서 잠깐 쉬었다가 하노이 시내 관광을 하면 무리가 되는 일정은 아니다.

1일차

2일차
하롱베이나 닌빈 투어를 신청하여 간다면 오전 8시에 출발하여 저녁에 도착하게 될 것이다. 하노이 시내 관광으로 하루를 보내려면 호안끼엠 호수부터 중요 관광지를 보면서 이동하는 것이 좋다. 중간 중간에 다양한 카페들이 있으므로 힘들다면 카페에서 쉬면서 여행을 지속하면 된다.

2일차

3일차
만약 하노이에서 사파로 이동하면 슬리핑버스를 타고 이동하게 된다. 항상 가방이 잘 있는지 확인을 하는 것이 좋다. 짐칸에 있더라도 버스 정차할 때, 한번은 내려서 확인을 하면 문제가 발생하는 것을 방지할 수 있다. 하노이에서 저녁에 출발한 버스는 다음날 새벽이나 아침에 도착하게 되므로 숙소에 이동해 휴식 후에 사파 시내를 둘러보면 된다. 시내는 둘러보는 데 2~3시간이면 충분하므로 대부분 투어를 신청해 트래킹을 하게 된다.

3일차

4일차
하노이로 다시 와서 하이퐁으로 이동을 하거나 중부의 다낭으로 이동을 한다. 닌빈이나 하롱베이를 한곳만 투어로 다녀왔다면 나머지 한 곳도 투어로 다녀오는 것도 좋은 일정이다.
2박3일 정도의 일정으로 북부 베트남을 보기에는 시간적으로 부족하므로 3박4일 여행일정이 가장 일반적으로 선택하는 여행일정이다. 만약 시간의 여유가 있다면 1일 전체를 하노이를 보라고 권한다.
중부의 다낭으로 이동 시에 버스는 숙소에서 예약을 하고 숙소로 픽업을 오지만 기차는 사전에 기차 시간을 확인하고 이동을 해야 한다. 최근에 많이 이용하는 국내선 항공은 1시간 이내의 이동시간이 있지만 사전에 공항까지 이동하고 탑승 전까지 대기 시간을 여유롭게 두어야 비행기를 놓치지 않는다는 것을 유념하자. 자칫 잘못된 계획으로 3박 4일이 4박 5일, 5박 6일이 될 수 있다.

4일차

베트남 북부 추천일정

하노이^{Hanoi}, 하롱베이^{Halong bay} 코스

오전에 도착하는 3박4일 | 하노이 → 하롱베이
하노이(Hanoi) 입국, 하노이 시내 관광(1일) → 하롱
베이(2일) → 하노이 시내관광, 공항이동(3일) →
인천도착(4일)

3박5일 | 하노이 → 하롱베이
하노이(Hanoi) 입국, 숙소휴식(1일) → 하노이 시내
관광(2일) → 하롱베이(3일) → 하노이 시내관광,
공항이동(4일) → 인천도착(5일)

4박6일 | 하노이 → 하롱베이(1박2일)
하노이(Hanoi) 입국, 숙소휴식(1일) → 하노이 시내 관광(2일) → 하롱베이(1박/3일) → 하롱
베이 → 하노이 이동(2일차/4일) → 하노이 시내관광, 공항이동(5일) → 인천도착(6일)

하노이^{Hanoi}, 사파^{Sapa} 코스

오전에 도착하는 3박4일 | 하노이 → 사파(1박2일)
하노이(Hanoi) 입국, 하노이 시내 관광(1일) → 사파
이동, 트레킹(2일) → 사파 트레킹, 하노이 이동, 공
항이동(3일) → 인천도착(4일)

3박5일 | 하노이 → 사파(1박2일)
하노이(Hanoi) 입국, 숙소휴식(1일) → 하노이 시내
관광(2일) → 사파 이동, 트레킹(3일) → 사파 트레
킹, 하노이 이동, 공항이동(4일) → 인천도착(5일)

4박6일 | 하노이 → 사파(1박2일) → 하롱베이
하노이(Hanoi) 입국, 숙소휴식(1일) → 하노이 시내 관광(2일) → 사파 이동, 트레킹(3일) →
사파 트레킹, 하노이 이동, 공항이동(4일) → 하롱베이, 공항이동(5일) → 인천도착(6일)

5박7일 | 하노이 → 사파(1박2일) → 하롱베이 → 하이퐁 → 닌빈
하노이(Hanoi) 입국, 숙소휴식(1일) → 하노이 시내 관광(2일) → 사파 이동, 트레킹(3일) →
사파 트레킹, 하노이 이동, 공항이동(4일) → 하롱베이(5일) → 하이퐁, 닌빈, 공항이동(6일)
→ 인천도착(7일)

베트남 북부, 중부 여행코스

9박11일 | 하노이 → 사파(1박2일) → 하롱베이
→ 하이퐁 → 닌빈 → 중부지방 다낭
하노이(Hanoi) 입국, 숙소휴식(1일) → 하노이 시내
관광(2일) → 사파 이동, 트레킹(3일) → 사파 트레
킹, 하노이 이동, 공항이동(4일) → 하롱베이(5일) –
하이퐁, 닌빈, 하노이 이동(6일) → 하노이 시내관
광, 야간 기차나 버스로 다낭이동(7일) → 다낭 여
행(8일) → 호이안 여행(9일) → 후에 여행, 다낭 공
항이동(10일) → 인천도착(11일)

베트남 일주 여행코스

13박15일 | 하노이 → 사파(1박2일)
→ 하롱베이 → 하이퐁 → 닌빈
→ 중부지 → 남부지방
하노이(Hanoi) 입국, 숙소휴식(1일) → 하노
이 시내 관광(2일) → 사파 이동, 트레킹(3
일) → 사파 트레킹, 하노이 이동, 공항이
동(4일) → 하롱베이(5일) → 하이퐁, 닌빈,
하노이 이동(6일) → 하노이 시내관광, 야
간 기차나 버스로 다낭이동(7일) → 다낭
여행(8일) → 후에 여행(9일) → 호이안 여
행, 나트랑 야간 버스로 이동(10일) → 나
트랑 여행(11일) → 달랏 이동, 달랏 시내
관광(12일) → 무이네 이동, 무이네 여행
(13일) → 호치민 이동, 호치민 시내관광,
공항이동(14일) → 인천도착(15일)

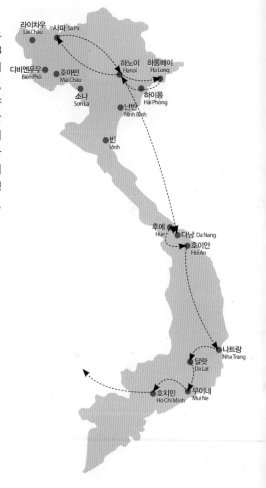

115

ABOUT
하노이

하노이의 끝판 왕이 되고 싶다면 찾아가자.

감성 스팟 Best 3

풍흥(Phùng Hưng) 벽화거리

| 주소 | Phùng Hưng, Cửa Đông, Hoàn Kiếm, Hà Nội

하노이는 오래된 도시인만큼 다양한 감성을 담아낼 수 있는 장소가 많다. 그 중에 단연 으뜸은 풍흥Phùng Hưng의 벽화거리이다. 베트남의 특징을 담고 있는 독특한 벽화거리이다. 사진은 하노이의 추억을 남길 수 있을 것이다. 각각의 벽화들은 하노이의 역동성과 전통적 문화가 공존하고 있는 현실을 반영했다. 하노이의 초창기 모습을 만날 수 있는 재미가 있다.

벽화거리를 조성하기 위해 환기엠Hoàn Kiếm군 인민 위원회, 한국 국제 교류 재단(KF)과 유엔 인간거주정착센터(UN Habitat)가 같이 만들었다고 한다. 레반링Lê Văn Linh거리와 항껏Hàng Cót 거리의 교차로를 지나는 풍흥 거리 위에, 19곳의 굴다리 벽에 높이 5m, 길이 250m 정도에 조성되었다.

하노이 기찻길 마을

| 주소 | Khu phố Khâm Thiên, Lê Duẩn, Phùng Hưng, Hà Nội

하노이 역 부근의 대표적인 감성 스팟인 하노이 기찻길 마을은 기차와 함께 힘든 일상을 살아가는 사람들이 있다. 지금도 기차가 운행되고 있는 실제 기찻길로 태국의 위험한 기찻길-매끌렁시보다 유명하지 않지만 찾아갈 만하다.

기차시간이 되면 코앞에 기차가 지나가는 모습을 볼 수 있다. 택시나 그랩을 타고 '가 던 똥 두이 딴Gà tần Tống Duy Tân'부근에서 내리면 된다. 원래는 관광지가 아닌 생활터전이었지만 조용한 길이 창문이나, 벽에 감성이 묻어나 관광객이 많이 찾고 있다. 대부분 조용히 이야기하면서 걸어 다니면서 빛바랜 벽이나 예쁜 창문의 사진을 찍는다. 프랑스의 지배를 받았기 때문인지 유럽풍인 느낌이 있다. 하노이에 간다면 바쁜 도심에서 벗어나 고요한 기찻길을 따라 걸어보는 것을 추천한다.

롯데(Observation Deck)

| **주소** | 54 Lieu Giai, Cong Vi, Ba Dinh | **시간** | 9~24시(티켓은 1시간 전까지만 판매)
| **요금** | 230,000동, 조조 할인(9~10), 심야 할인(22~23) 정상가의 50% 할인,
　　　　가족 할인(어른과 어린이 5명까지 50% 할인, 어른 정가)

롯데센터 하노이Lotte Center Hanoi는 베트남의 수도, 하노이에 롯데그룹이 지은 마천루로 하노이 시티 콤플렉스Hanoi City Complex라고 부르는 별칭이 있다. 2010~2014년까지 건설된 후에 경남건설의 '랜드마크 72'에 이어 베트남에서 두 번째로 높은 빌딩이다.

하노이의 풍경이 펼쳐지는 스카이 워크를 걸으며 발아래로 구름이 흘러가는 것을 느낄 수 있다. 65층 전망대에서 하노이의 다양한 풍경을 볼 수 있다. 세상의 꼭대기에서 바라보는 로맨틱한 풍경에 마음을 빼앗기는 여성들이 많다. 하늘과 맞닿은 곳에 펼쳐진 풍경은 변화의 물결로 활기찬 하노이의 전망을 파노라마로 보여준다.

어트랙션 존Attraction Zone, 웰컴 존Welcome Zone, 포토 존Photo Zone, 익스피리언스 존Experience Zone으로 나누어진 공간에서 연인과 가족이 함께할 수 있는 레스토랑과 65층 하늘 위의 카페 등과 함께 다양한 이벤트와 아름다운 전망을 느껴볼 수 있다.

■ 하노이(HàNội, 河內)

베트남의 수도이자 홍^{Hong} 강 삼각주의 중심 도시인 하노이는 '강이 많다$^{Hà Nội}$'(河內, 하내)는 뜻으로, 도시에서 강과 호수가 차지하는 면적이 넓다. 왕조시대였던 시기에는 탕롱^{Thăng} ^{Long}(昇龍, 승룡)이라고 불렀다. 베트남의 역대 왕조들은 하노이에 지속적으로 수도를 정하고 통치하였으며 베트남 민주 공화국(북베트남)과 1976년 베트남 전쟁을 통해 통일된 베트남 사회주의 공화국도 역시 하노이를 수도로 삼고 있다.

▓ 베트남의 천년고도

베트남 사람들은 하노이를 '천년 고도'라고 부르는데 2010년, 하노이로 수도를 천도한 지 천 년을 맞았다. 정말로 천년을 맞이한 도시임과 동시에 하노이의 전통이 오래되었다는 이야기를 하는 것이다. 프랑스의 식민 지배를 받기 이전에도 하노이는 번화한 도시였다. 호수가 도심 내에 많이 있어 베트남 젊은이들의 데이트 코스가 다양하게 존재하여 하노이 사람들은 베트남의 다른 도시에 비해 수도와 천년 고도에 산다는 자부심을 갖고 있다.

▒ 겨울이 존재하는 '하노이'

우리는 '베트남'은 1년 내내 더운 나라라는 생각이 있지만 베트남은 남북으로 길쭉한 나라인 만큼 북부의 하노이와 중, 남부 지역별로 날씨가 차이가 있다. 북부에 있는 하노이는 대만이나 중국 남부 '하이난'과 흡사한 아열대기후이다. 한국의 봄이나 가을 같은 '겨울'이 존재하고 하지만 추울 때는 감기에 금방 걸릴 정도로 추울 수 있어서 경량패딩 정도는 준비해야 한다.

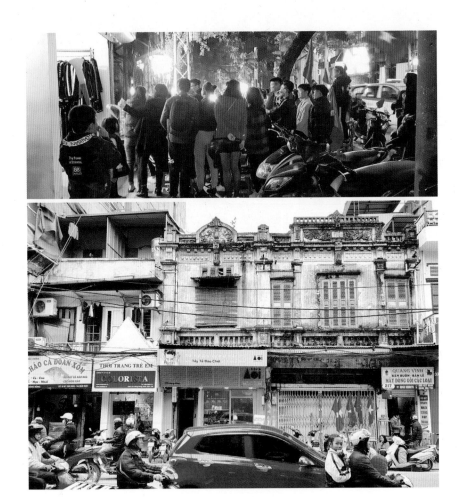

■ 프렌치 쿼터(Khu phố Pháp)

과거 프랑스가 식민지로 지배를 했던 곳이라 '리틀 파리'라고 부를 정도로 하노이 시내에는 북부 베트남 특유의 건물과 함께 프랑스풍 건물을 많이 볼 수 있다. 프랑스의 식민 통치 시기에 하노이가 인도차이나반도의 수도로 오랜 기간 동안 설계되어 만들어졌기에 프랑스식 건축물은 상당히 남아있다. 프랑스의 흔적으로 따진다면 호치민(사이공)보다 하노이가 더 많이 남아있는데 그 대표적인 건물은 단연 '하노이 오페라 하우스'이다.

하노이 오페라 하우스는 파리 오페라 하우스를 본 따 만든 건물이다. 1945년 호치민이 베트남의 독립선언 직후부터 1963년까지 북베트남의 국회의사당으로 쓰였다. 그래서 '리틀 파리'라는 수식어가 하노이에 따라 붙는데 프랑스풍의 건물과 파리의 도로 풍경이 남아있다.

건물들은 다수가 정부 부처들이 사용하고 있는데, 전쟁을 겪은 베트남에 상당히 보존이 잘된 곳으로 유명하다. 프렌치 쿼터^{Khu phố Pháp}는 구도심에 150년 전부터 설계된 곳이라 도로폭은 왕복 2차선 정도인 경우가 대부분이다.

■ 올드 쿼터(Old Quarter, Phố Cổ)

호안끼엠 호수의 북쪽을 36거리^{Khu phố cổ}(區舖古)라고 부른다. 맥주를 마시는 대규모의 인파가 있는 거리를 흔히 '36거리'라고 부르고 있다. 거리의 정확한 명칭이 '항^{Hàng}(行)'자로 시작한다.

우리의 가게를 오래전에 '점(店)'이라고 불렀을 때를 생각하면 같다고 볼 수 있다. 아직 거리 이름에 맞게 물건을 파는 거리는 제사 용품을 파는 '항마^{Hàng Mã}(제사 지류점의 뜻)'거리만 남아있다. 설탕을 뿌린 말린 과일 등을 구매하려면 항드엉^{Hàng Đường}(行糖, 설탕가게라는 뜻)거리로 가면 된다. 그러나 이곳은 관광객에게는 맥주거리로 더 유명하다.

호안끼엠 호수(Hồ Hoàn Kiếm, 湖還劍)

하노이 시내에 있는 가장 큰 호수는 이곳이 아니라 서호^{Hồ Tây}(湖西)지만 하노이 시민들의 가장 많은 사랑을 받는 호수는 라면 단연 호안끼엠 호수^{Hồ Hoàn Kiếm}이다. 둘레가 1,750m정도인 세로 750m 가로 250m인 호수이다. 호수 가운데에는 탑 주어^{Tháp Rùa}(거북이 탑)가 있다. 베트남 건국의 전설과 관련된 탑으로 이곳에 사는 거북이가 중국의 침략을 막아주었다는 전설이 있다.

호수에 큰 거북이(자라)들이 살고 있지만 수가 적어서 사람들이 보면 신기해 할 정도라고 한다. 호수의 한쪽에 호수에서 잡았다는 2m에 달하는 거북을 박제해 전시해 놓고 있다. 호안끼엠 호수는 하노이의 한복판에 있어서 하노이의 연인들이 주로 데이트하는 장소로 인기가 있다. 아침과 저녁에는 조깅하는 시민들을 볼 수 있는 생활이 담겨있는 호수이다. 주말에는 남녀노소 모여서 에어로빅, 젠가, 땅따먹기, 헤나 등 다양한 사람들의 모습을 볼 수 있다.

■ 좁은 골목길과 오래된 집들

하노이Hanoi에 단순히 고층 건물과 고급 호텔만 있는 것이 아니다. 높은 빌딩과 호텔이 흔한 광경이지만, 조금만 걸어가면 좁은 골목길과 오래된 집들을 찾을 수 있다. 그래서 반나절이면 시내관광이 끝나는 호치민과 다르게 하노이시내는 하루 종일 다녀야 어느 정도 볼 수 있다.

다양한 즐길 거리

하노이는 천년 고도의 아기자기한 도시이다. 시내에는 근사한 카페, 아기자기한 갤러리도 많다. 하노이는 도시화가 급속히 진행되고 있지만 아직도 옛 분위기 그대로의 아름다운 모습을 잘 간직하고 있다. 밤이 되면 열리는 야시장에서 저렴한 가격의 길거리 음식을 즐길 수 있다. 프랑스풍 건물들과 베트남 오토바이 부대의 행렬이 조화를 이루는 하노이는 다양한 즐길 거리로 여행자를 유혹한다.

Northern VIETNAM

베트남 북부

하노이

–

하롱베이 | 깟바섬

–

사파

–

닌빈

–

사이퐁

–

퐁냐케방

HÀ NÔi

하노이

하노이 IN

대한민국의 여행자는 까다롭게 여행지를 선택한다. 여행지를 선택하는 것에 있어서 여행 경비가 중요한 선택 요소로 작용하기 때문에 최근 베트남여행을 선택하는 여행자들은 더욱 늘어나고 있다.

현지물가만 저렴하다고 선택하지 않는다. 관광지와 휴양지가 적절하게 조화가 되어야 여행지로 선택되고 여행을 떠나게 된다. 최근에 다낭이 동남아시아 여행의 강자로 떠오르기 전부터 하노이는 베트남 여행의 대명사였다.

베트남 여행을 생각하면 바다와 무더운 날씨를 생각하지만 베트남 북부는 베트남 중, 남부와 여행의 형태가 다르다. 하노이는 산맥과 이어진 분지 같은 형태의 도시이다. 또한 바다인 하롱베이도 비치가 펼쳐진 곳이 아니고 마치 호수 같은 느낌의 관광지이다. 닌빈, 사파 등에는 산악의 다양한 풍경과 베트남 소수민족 등을 보러 오고 있다.

비행기
인천에서 출발해 하노이Hanoi까지는 약 4시간 30분~5시간이 소요된다. 저가항공

이 저녁에 출발해 밤에 하노이에 도착해 공항에는 아무도 없을 때에 도착하는 단점이 있다. 그래서 공항버스를 이용하는 경우가 거의 없고 택시나 그랩Grab을 이용하거나 차량 픽업서비스를 이용할 수밖에 없다. 밤 시간이 피곤한 시간이므로 최근에 미리 연락을 해두고 차량픽업서비스를 이용하는 관광객이 생겨나고 있다. 하지만 베트남 항공은 오전에 출발해 오후에 도착하는 항공시간이라서 자유여행자는 베트남 항공도 많이 이용하는 중이다.

국내에서 베트남 하노이Hanoi으로 가는 비행기는 대한항공과 다양한 저가항공으로 직항이 많다. 베트남 국적기는 베트남항공과 최근 새롭게 인기를 끌고 있는 저가항공사로 비엣젯 항공Vietjet Air이 있다. 베트남 다낭, 호치민, 하노이는 매일 항공노선이 많으므로 쉽게 비행기를 예약할 수 있을 것이다.

인천 > 베트남 운항노선

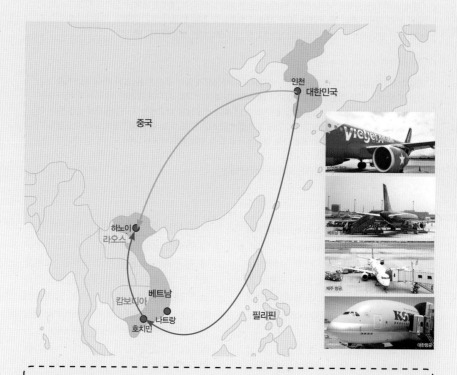

최근에 중부의 다낭이나, 호치민을 오가는 국내선이 급증하면서 저가항공인 비엣젯항공이 급성장하고 있다. 예전에 하노이에서 중부의 다낭을 가기 위해 기차나 슬리핑 버스를 이용해 30시간이 넘도록 타야했지만 최근에 1~1시간 30분이면 하노이에서 다낭이나 호치민으로 이동이 가격도 상당히 저렴해진 덕분에 저가항공의 이용이 급증하고 있는 추세이다.

베트남 공항 입국 주의사항

① 베트남 출입국시에는 출입국신고서 작성 없이 여권으로만 출입국심사 받으면 된다. 단 귀국하는 항공편은 반드시 발권이 되어 있어야 한다. 가끔씩 입국시 왕복하는 리턴 티켓을 보여 달라는 세관원이 있으므로 리턴 티켓을 스마트폰으로 찍어서 가지고 있는 것이 좋다.

② 최종 베트남 출국일로부터 30일 이내에 다시 방문하는 경우에는 반드시 비자를 새로 발급 받아야 한다.

③ 만 14세 미만 아동과 유아 입국 시에는 부모와 함께 동반해야 한다. 제3자와 입국하는 경우에 반드시 사전에 부모동의서를 번역과 공증 후 지참해서 입국해야 한다.

④ 엄마와 입국하는 아동은 종종 영문등본을 보여 달라는 세관원도 있으므로 지참하는 것이 좋다.

노이바이 국제공항(Sân bay quốc tế Nội Bài / Noi Bai International Airport)

노이바이 국제공항Noi Bai International Airport은 베트남의 수도 하노이에 있는 국제공항으로 하노이 시내 중심에서 약 45㎞ 떨어져 있으며 자동차로 약 30~45분이 소요된다.

최초에 하노이 공항은 푹옌 공군 기지 남쪽에 개발되기 시작해 1978년 1월 2일에 개항되었지만 사용이 되지 않다가 베트남 경제가 성장하면서 터미널 1이 2001년에 완공되면서 본격적인 공항의 역할을 시작했다. 최근에 급증하는 항공노선으로 인해 동남아시아의 허브로 탈바꿈하고 있는 공항이 하노이 노이 바이 국제공항Noi Bai International Airport이다. 하노이에서 가장 많은 노선은 같은 아세안Asean 국가들의 노선이 활발하다.

하노이 공항에서 시내IN

베트남의 다른 주요 도시의 공항과 다르게 하노이의 공항은 시내에서 떨어져 있다. 공항에서 시내 중심까지 약 45㎞ 떨어져 있으며 자동차로 약 30~45분이 소요된다. 대한민국처럼 공항 철도 등의 시스템은 없다.

공항에서부터 하노이로 이동하려면 6가지 방법이 있다. 1. 공항 미니버스, 2. 공항 리무진, 3. 셔틀버스, 4. 하노이 시내버스, 5. 택시, 6. 투어 차량의 방법이다. 이 중에서 투어 차량이나 셔틀버스는 많이 이용하지 않고 있다.

공항 미니버스

하노이 공항에서 여행자가 많이 이용되는 교통수단이다. 공항의 출구 앞에 미니버스 정류장이 있다. 하노이 공항과 호안끼엠 호수 주변인 꽝 쭝Quang Trung 도로까지 이동을 한다.

몇 개의 버스 회사가 운영하고 있지만 서비스와 가격은 거의 동일하다. 출발 시간은 정해져 있지 않다. 하노이에 비행기가 출발하거나 도착하는 시각에 맞춰 운행하므로 공항에서 나오면 바로 보인다.

단점

1. 차가 모든 인원을 채우지 않으면 출발하지 않기 때문에 사람을 채우기 위해 오래 기다려야 할 수 있다. 시내와 공항을 오고가는 미니버스의 요금은 6만동(약 3천원)정도이다. 티켓은 운전사나 출구의 카운터에서 구입이 가능하다.

2. 베트남 항공의 사무실까지 이동하므로 하노이 구시가지까지 다시 이동을 해야 하는 불편함이 있다.

택시

하노이 공항의 출구를 나오면 택시 정류장에서 택시를 탈 수 있다. 베트남의 나트랑이나 호치민도 마찬가지지만 시내까지 거리가 멀어서 요금이 비싼 단점이 있지만 편리함은 최고일 것이다. 하노이 시내까지 300,000~380,000동 정도이다. 미터기로 한다고 저렴하지 않으므로 사전에 협상을 하고 이동하는 것이 더 저렴할 수 있다. 하노이에서 많이 이용하는 택시 회사는 마이린Mai Linh과 택시Taxi Group이 있다.

버스

총 3개의 시내버스가 공항과 하노이 시내를 운항하고 있다. 7번, 17번, 86번(2016년부터 운행) 버스가 있다. 2016년에 86번 버스가 신설되어 버스 상태가 좋고, 86번 버스가 하노이 공항과 시내를 이어주는 공항버스 같은 개념이므로 가장 많이 이용된다. 또한 다른 버스 노선과 비교해 시내까지 이동하는 소요시간이 짧기 때문이다.

공항 리무진

저렴한 가격에 좋은 버스를 이용할 수 있는 장점이 있지만 중간에 정차를 하므로 버스기사에게 내릴 장소를 설명해야 한다. 하노이 시내의 교통사정이 좋지 않고, 이용률이 높지 않다는 단점이 있다.

86번 버스(공항에서 종점까지 약 50분 / 35,000동)

약 25분 간격으로 버스가 운행되고 있다. 공항의 국제선 터미널을 나오면 왼쪽에 택시 승차장이 있고, 택시 승차장의 바로 건너편에 86번 버스의 승차장이 있다. 오렌지색의 버스이므로 쉽게 찾을 수 있다. 하노이의 주요 관광지를 거치므로 예약한 숙소 근처의 위치를 확인하고 내리면 된다.

주요 노선
공항 → 롱비엔 버스터미널 (올드타운 주변) → 하노이 오페라 하우스 → 멜리아 호텔 종점 하노이 전철역

시간대	승차 시간				
05:00~07:00	06 : 25	06 : 50			
07:00~09:00	07 : 15	07 : 40	08 : 05	08 : 30	08 : 55
09:00~11:00	09 : 20	09 : 45	10 : 10	10 : 35	
11:00~13:00	11 : 00	11 : 25	11 : 50	12 : 15	12 : 40
13:00~15:00	13 : 05	13 : 30	13 : 55	14 : 20	14 : 45
15:00~17:00	15 : 10	15 : 35	16 : 00	16 : 25	16 : 50
17:00~19:00	17 : 15	17 : 40	18 : 05	18 : 30	18 : 55
19:00~21:00	19 : 20	19 : 45	20 : 10	20 : 35	
21:00~23:00	21 : 05	21 : 35	22 : 05	22 : 35	23 : 00

7번 버스
(운행 간격 : 10~15분 / 60분 소요 / 5am~9pm / 공항 〈→〉 꺼우 끼아Cầu Giấy)

가격은 5,000동 (2,500원)으로 동일한데, 86번 버스가 특별히 하노이 공항과 시내를 이어주는 노선이지만 7, 17번 버스는 시내버스 같은 일반 버스이다. 불편하고 버스 안에 에어컨이 나오지 않으므로 실제로 외국인이 많이 탑승하지는 않는다. 그래서 미니버스를 이용하는 관광객이 많다.

17번 버스
(운행 간격 : 15분 / 90분 소요 / 5am~8pm / 공항 〈→〉 롱비엔Long Viên)

호안끼엠 호수에 숙소가 있는 경우에 이용하게 된다. 버스는 저렴한 가격에 이동할 수 있는 장점이 있지만 버스를 타고 내린 후 걸어갈 수 있는 거리라면 상관이 없지만 버스에서 내려 숙소까지의 거리가 먼 경우에 다시 택시를 탄다면 시간과 돈이 더 소모될 수 있으므로 사전에 위치를 반드시 확인해야 한다.

베트남 철도 노선

하노이

탄호아

빈

동호이

후에

.... 하이반 협곡

다낭

꽝나이

남북선
1.726km

디우찌(꾸이년)

나트랑

빈엔호아

빈투언(판티엣)

호치민

하노이 기차

하노이에서 기차로 다른 도시를 이동하는 경우가 많지는 않다. 하노이에서 호치민까지 가장 빠른 기차가 약 30시간 정도 소요되기 때문이다. 또한 연착이 자주 되서 결국 버스와 시간의 차이가 없다. 하노이에서 호치민까지 종단하는 기차는 매일 출발하고있다. 호치민을 출발하는 기차는 SE2, SE4, SE6 등의 짝수가, 하노이에서 호치민으로 출발하는 기차는 SE1, SE3, SE5 등 홀수로 배치된다.
하노이에서 호치민을 가면서 중간중간에 각 도시들을 경유해서 지나간다. 빠른 기차와 느린 기차는 도시경유의 개수에서 차이가 난다.

베트남 기차의 주요 경유역은 하노이에서 호치민까지 운행하면서 중부의 경유지인 '후에'에서 내리게 된다.
매일 13회 운행 중이며 소요시간은 약 11시간 30분 정도 소요된다. 호치민에서 후에까지 약 18시간 소요되므로 하노이에서 호치민은 약 30시간 이상 소요된다고 보면 된다. 후에에서 다낭까지 약 2시간 30분 정도가 소요되므로 하노이에서 중부 베트남의 대도시인 다낭까지 이어진다.

기차

하노이와 사파를 오가는 차파 익스프레스 열차
하노이^{Hanoi}와 라오 까이^{Lao Cai} 사이를 이동하는 가장 최신 열차로 하노이와 라오 까이^{Lao Cai},
사파^{Sapa}를 야간에 운행하는 열차이다. 차파 익스프레스 트레인^{Chapa Express Train}은 하노이와
라오까이^{Lao Cai} 기차역 사이의 매일 운행한다. 편안한 잠자리와 여유로운 여행을 위한 편의
시설을 갖추고 있지만 다른 나라의 기차보다는 불편하다. 기차에는 에어컨과 독서 등을 갖
춘 개인 객실에 인터넷, 화장실, 세면도구와 냉, 온수도 제공한다. 다만 기차와 기차레일도
오래되어 소음이 상당하다.
라오까이^{Lao Cai}의 차파 라운지^{Chapa Lounge}를 방문해 구입할 수 있다. 하노이 트란 꾸이 캡^{Tran}
^{Quy Cap} 기차역에서 22시에 출발해 6시에 도착하며, 라오 까이^{Lao Cai}역에서 21시 40분에 출발
해 다음날 하노이에 도착한다.

하노이 기차역

하노이 중앙역(Ha Noi Central Station)
레 주안 거리(Le Duan Street)에 있는 역으로 하노이-호찌민을 연결하는 통일 기차가 드나드는 중심 기차
역이다.

B 역 B Station
하노이 역 뒤쪽 쩐꾸이깝 거리(Tran Quy Cap Street)에 있는 역으로 베트남 북부에서 출발한 기차가 오가
는 역이다.

시외버스

베트남 하노이에서 시외버스는 중요한 대중교통수단이다. 그러나 대부분 버스 상태가 낡은 편이고 영어나 한국어로 안내 방송이 없어 여행자들이 이용하기에는 적절하지 않다.

버스터미널

하노이에는 5개의 버스 터미널이 있다. 터미널마다 거리가 멀기 때문에 원하는 목적지의 터미널을 미리 확인해 두어야 한다. 하노이 근교 도시부터 중남부, 남부의 호치민까지 베트남 전역으로 시외버스가 오간다.

잡밧 버스 터미널(Giap Bat Bus Terminal)

호치민Ho Chi Minh을 포함해 후에Hue, 다낭Da Nang, 나트랑Nha Trang 등 하노이 중남부의 주요도시로 가는 시외버스를 운행 중이다.

하노이 –호치민

하노이 잡밧 버스 터미널(Giap Bat Bus Terminal)에서 호치민의 미엔동 버스 터미널(Mien Dong Bus Terminal)까지 하루 두 번 장거리 시외버스를 운행한다. (약 36~40시간 소요)

▶요금 : 300,000동

하노이– 다낭

하노이 잡밧 버스터미널에서 다낭의 리엔 띤 버스 터미널(Lien Thin Bus Terminal)까지 하루 두 번 장거리 시외버스를 운행한다. (약 25시간 소요)

▶요금 : 150,000동

하노이 – 후에

하노이 잡밧 버스 터미널에서 후에의 피아박 버스 터미(Phia Bac Bus Terminal)까지 하루 1번 장거리 시외버스를 운행한다. (약 16시간 소요)

쟈람 버스 터미널(Gia Lam Bus Terminal)

하롱Ha Long, 하이퐁Haiphong, 라오 까이Lao Cai, 랑썬Lang Son 등 베트남 북부의 도시들로 가는 버스를 운행 중이다. 하롱을 경유해 깜파Cam Pha로 가는 버스도 다닌다.

낌마 버스 터미널Kim Ma Bus Terminal)

하롱, 하이퐁, 타이 응웬Thai Nguyen, 디엔 비엔 푸Dien Bien Phu 같은 하노이 북서부 지역과 북부 지역으로 출발하는 미니버스가 운행 중이다.

썬라 버스 터미널(Son La Bus Terminal)
디엔 비엔 푸, 썬라Son La, 마이 짜우Mai Chau, 라이 짜우Lai Chau 같은 하노이 북동부 행 버스를 운행 중이다.

미 딘 버스 터미널(My Dinh Bus Terminal)
라오까이 등 북쪽으로 가는 버스가 오간다.

하노이 시내교통

베트남 전체 도시 중에서 시내버스가 가장 잘 정비되어 있는 편이지만 우리는 매우 불편하다고 느낄 수밖에 없을 것이다. 그래도 촘촘하게 있는 편이므로 다른 도시에 간다면 하노이의 시내교통이 정비가 잘 된 도시라고 느끼게 될 것이다.
호치민에 비해서도 나은 편이다. 2000년 대만 해도 대우나 현대의 중고버스를 상당히 많이 볼 수 있었지만 최근에는 줄어들었다.

버스비
노선마다 다르지만 요금은 6,000~12,000동 정도이며, 차장이 요금을 받고 표를 나눠준다. 하노이는 시내버스 정기권이 있어서 가끔씩 정기권을 차장에게 보여주는 장면을 볼 수도 있다.

집중 탐구 하노이(Hà Nội/河内)

베트남의 수도인 하노이는 '강이 많다Hà Nội'(河内, 하내)는 뜻으로 홍Hong 강 삼각주의 중심 도시로 왕조 시대 때부터 번성하였다. 실제로 도시에서 강과 호수가 차지하는 면적이 넓은 편이다. 오래 전에 탕롱Thăng Long(昇龍/승룡), 동낑Đông Kinh(東京/동경/통킹)으로 불리기도 했다. 후한시대에는 최남단 변방의 교주, 교지군 태수 치소가 있었던 용편현(龍編縣)이 있으면서 도시의 기초가 세워졌다. 베트남 역대 왕조는 지속적으로 수도를 정해 통치를 했으며, 베트남 민주 공화국(북베트남)과 1976년 베트남 전쟁을 통해 통일된 베트남 사회주의 공화국도 하노이를 수도로 삼았다.

하노이는 베트남의 수도로서 정치, 문화, 교육 중심지 역할을 하고 있다. 2008년에 주변지역인 하떠이 성, 빈푹 성 등 하노이의 거대한 지역에 780만 명의 인구가 거주하는 매크로시티가 되었다. 하노이는 대한민국의 군 정도인 현Huyện(縣) 지역을 빼고 실제의 도시 지역만 보면, 인구는 약 320만 명 정도에 불과하다.

시내 관광을 하면 아기자기한 볼거리가 상당히 많다. 하노이의 고성이나 문묘, 호안끼엠 호수, 서호, 남대문 시장 같은 36거리 등 상당수 볼거리가 존재한다. 하노이의 도시화에 따라 지속적으로 인구가 증가하면서 베트남 정부는 균등한 경제성장을 위해 노력하고 있는 중이다.

하노이 공항 미리보기

하노이 공항은 호치민 공항에 비해서 큰 규모는 아니다. 하지만 정비가 잘 되어 있는 느낌이다.

밤 늦게 도착하면 공항과 면제점은 텅 비어 있다.

베트남 도시 간의 이동은 항공기로
이동하는 것이 대세이다.

베트남에서 비엣젯 에어는 도시를 이동할 때에 저가
로 이동하는 중요한 항공사이다.

호주의 저가항공인 젯스타는 젯스타퍼시픽이라는 법인으로
동남아시아 저가항공 시장에서 경쟁하고 있다. 베트남에서 많이 볼 수 있는 항공사이다.

새롭게 바뀌고 있는 공항, 무인화 시스템

베트남은 저가항공사인 비엣젯 항공
(Vietjet Air)이 지속적으로 성장하고 있다.
국토가 남북으로 긴 베트남은 도시 간 이
동에서 중요한 역할을 하고 있고 그 비
중이 늘어나고 있는 것이 항공수요의 증
가이다. 심지어 하노이에서 나트랑(Nha
Trang)까지의 이동비용은 기차보다 항공
기가 저렴하다. 그러나 비용이 저렴하다
고 마냥 좋아할 것이 아니다. 공항에서 보
딩패스를 비롯해 심지어 짐을 싣는 순간
까지 무인화시스템으로 만들어져 있다.

비엣젯 보딩패스 무인화 시스템

무인화에 익숙하지 않은 저가항공 승객들은 당혹해 하는 데 사전에 사용방법을 확인하고 공항으로 이
동하는 것이 좋다.

무인화 시스템 사용방법

1. 순서를 기다렸다가 무인화 기계에서 받은 태그
   (Tag)를 가방에 부착하고 끝에 있는 조그만 짐 번
   호표를 1개는 가방에 붙이고, 2번째는 자신이 소지
   하며, 3번째는 태그(Tag)에 붙어 있어야 한다.

2. 짐을 레인에 올리면 무게가 확인되면서 20kg을 넘
   으면 절대 이동되지 않는다. 그러므로 20kg이 넘었
   다면 빨리 여행용 가방에서 일부 짐을 빼서 무게를
   맞추어야 한다.

3. 태그(Tag)의 바코드를 기계로 스캔시키면 읽혀지
   면서 가방은 안으로 이동한다. 다 들어가는 순간까
   지 기다렸다가 확인하고 출국심사장으로 이동하면
   된다.

택시(Taxi) VS 그랩(Grab)

베트남의 공항에 도착하면 어떻게 숙소까지 이동할 것인지 고민스럽다. 공항버스가 발달 되어 있지 않은 베트남에서는 택시를 타고 숙소로 이동하는 경우가 많다. 하노이Hà Nội도 마 찬가지여서 40분 정도 택시를 타고 이동해야 하는데 베트남 택시에 대해 좋지 않은 이야 기를 많이 들었기 때문에 고민스러워한다. 이에 요즈음 공항에서 차량공유서비스인 그랩 Grab을 이용해 숙소로 이동하는 경우가 많아졌다.

상대적으로 바가지요금을 내지 않아도 되는 특성상 고민할 것 없이 타고 이동하면 되는 데 어떻게 그랩Grab을 이용할지에 대해 걱정하는 여행자가 있다. 특히 나이가 40대를 넘어 새로운 어플 서비스를 막연하게 어려워하는 경우가 많다.

택시

바가지가 유독 심한 베트남에서 택시를 탑승하면서 기분이 썩 유쾌하지 않은 것이 현실이 다. 첫 기분을 좌우하는 택시와의 만남이 나쁘면 베트남에 온 것을 후회하게 만들기도 한 다. 하노이는 호치민에 비하면 택시는 양호한 편이다.

하노이에도 당연히 바가지를 씌우는 경우가 있지만 우리가 아는 공인된 마이린Mailinh이나 택시 그룹Taxi Group회사의 택시를 이용하면 불쾌한 일은 어느 정도 사라지고 있는 것이 많이 개선된 베트남 택시의 위로가 아닐까 생각한다.

누구나 추천하는 택시 회사는 비나선Vinasun과 마일린Mailinh인데 가끔씩 비슷한 글자를 사용 한 택시가 있다. 정확하게 안 보고 대충 보는 여행자들을 노리고 바가지를 씌우는 일도 있 으니 조심하자. 택시기사들은 여행자에게 양심적이고 친절하게 다가가 택시에 대한 안 좋 은 이야기를 없애고 싶어 하지만 당분간 없어질 일은 아니다.

▶기본요금 14,000동~ ▶비나선 www.vinasuntaxi.com, 마일린 www.mailinh.vn

그랩(Grab)

차량 공유서비스인 그랩Grab을 이용할 때에 어플로 차량을 불러서 확인하고 만나야 하는데 문제가 발생한다. 그랩Grab은 일반 공항 내의 주차장을 사용하지 못한다. 그래서 그랩이 주차를 할 수 있는 위치로 이동해야 한다. 대부분 공항의 주차장 내에 그랩Grab의 기사와 만나는 위치가 있다.

그랩 사용방법

1. 스마트폰에 설치를 하고 핸드폰 인증을 해야 한다.

2. 하노이Hà Nội에서 그랩 어플을 실행하면 하노이Hà Nội위치를 잡아서 실행을 하므로 이상 없이 사용할 수 있다. (대한민국에서 실행하면 안 된다고 걱정할 필요가 없다. 그랩Grab은 동남아시아에서 사용할 수 있어서 한국에서는 실행이 안 돼서 'Sorry, Grab is not available in this region'이라는 문구가 뜨기 때문에 걱정하지만 한국에서는 사용이 안 된다는 것을 알아야 한다.)

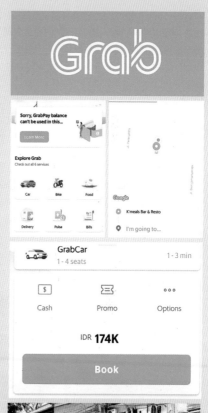

3. 출발, 도착지점을 정해야 한다. 출발지는 현재 있는 위치가 자동으로 표시되므로 출발지 아래의 도착지만 지명을 정확하게 입력하면 된다.
   숙소이름을 미리 확인하여 영어로 입력하면 되므로 위치는 확인하지 않아도 된다. 영어철자를 입력하면 도착지에 대한 검색을 할 수 있는 창이 나타나면서 자신의 숙소를 확인하고 터치를 하면 된다.

4. 1~5분 사이에 도착할 수 있는 차량들이 나오면서 보이므로 선택하면 차량번호, 기사 이름 등이 표시되고, 전화를 하거나 메시지를 나눌 수 있도록 되어 있다. 대부분 메시지를 통해 확인할 수 있다.
   영어로 대화를 나눈다고 걱정할 필요가 없다. 한글로 표시가 되기 때문이다.

하노이 한눈에 파악하기

하노이는 1,000여 년 전에 처음으로 수도가 되었다. 탕롱(승룡)이라고 부르던 하노이는 1831년에 두 강 사이에 있는 도시라는 뜻의 '하노이'가 되었다. 이후 프랑스와 일본에 점령당했다가 미국의 폭격을 받았고 하노이에 뚜렷한 흔적을 남겼다. 하노이는 사건을 거치면서도 전통과 자부심을 지켜 왔다.

시장과 고대 사원, 호수, 인형극이 다양하고 그림같이 아름다운 베트남의 수도에서 아시아 전통 생활방식에 빠져 볼 수 있다. 하노이에서 대표적인 베트남 음식을 맛보고 독특한 예술 공연을 관람하며 동남아시아 지역에서 가장 매혹적인 관광지를 경험해 보자. 북적이는 도시는 문화유산이 풍부하고 격동의 역사를 거쳐 매력적인 관광명소가 많다.

언어와 문화적 차이 때문에 난관에 부딪히기도 하지만 흥미가 유발되는 도시이기도 하다. 동쑤언 시장을 구경할 때에는 베트남 사람들은 손가락으로 가리키는 행동을 무례하다고 생각하기 때문에 손가락이 아닌 손 전체로 가리켜야 한다.

시장은 기념품과 전통 상인을 만나고 베트남에 있는 대표적인 프랑스 요리를 찾기 좋은 장소인 구시가지에 있다. 쌀국수 포와 베트남의 인기 맥주인 '비아 하노이Bia Hanoi'를 맛보면서 동양의 정취를 느낄 수 있다. 밤에는 탕롱 수상인형극장에서 용의 전설을 재현한 공연을 볼 수도 있다.

호안끼엠 호수와 서호 같이 호수 근처에 있는 사원에는 하노이의 전설을 알 수 있다. 호치민 묘에는 존경받는 북베트남의 혁명 지도자 시신이 방부 처리된 상태로 안치되어 있다. 하롱베이까지 운행하는 목선을 타고 수천 개의 석회암 섬 주변을 흐르는 청록색 바다를 건널 수 있다.

나의 여행스타일은?

나의 여행스타일은 어떠한가? 알아보는 것도 나쁘지 않다. 특히 홀로 여행하거나 친구와 연인, 가족끼리의 여행에서도 스타일이 달라서 싸우기도 한다. 여행계획을 미리 세워서 계획대로 여행을 해야 하는 사람과 무계획이 계획이라고 무작정 여행하는 경우도 있다. 무작정 여행한다면 자신의 여행일정에 맞춰 추천여행코스를 보고 따라가면서 여행하는 것도 좋은 방법이다. 계획을 세워서 여행해야 한다면 추천여행코스를 보고 자신의 여행코스를 지도에 표시해 동선을 맞춰보는 것이 좋다. 레스토랑도 시간대에 따라 할인이 되는 경우도 있어서 시간대를 적당하게 맞춰야 한다. 하지만 빠듯하게 여행계획을 세우면 틀어지는 것은 어쩔 수 없으니 미리 적당한 여행계획을 세워야 한다.

1. 숙박(호텔 VS YHA)
잠자리가 편해야(호텔, 아파트) / 잠만 잘 건데(호스텔, 게스트하우스)
다른 것은 다 포기해도 숙소는 편하게 나 혼자 머물러야 한다면 호텔이 가장 좋다. 하지만 여행경비가 부족하거나 다른 사람과 잘 어울린다면 호스텔이 의외로 여행의 재미를 증가시켜 줄 수도 있다.

2. 레스토랑 VS 길거리음식
카페, 레스토랑 / 길거리 음식
길거리 음식에 대해 심하게 불신한다면 카페나 레스토랑에 가야 할 것이다. 그렇지만 베트남은 쌀국수를 길거리에서 아침 일찍 현지인과 함께 먹는 재미가 있다. 물가가 저렴하여 어떤 음식을 사먹을지 여행경비에 문제가 발

생할 경우는 없다. 관광객을 상대하는 레스토랑은 위생문제에 까다로운 것은 사실이어서 상대적으로 길거리 음식을 싫어한다면 굳이 사먹을 필요는 없다.

3. 스타일(느긋 VS 빨리)
휴양지(느긋) 〉 도시(적당히 빨리)
자신이 어떻게 생활하는 지 생각하면 나의 여행스타일은 어떨지 판단할 수 있다. 물론 여행지마다 다를 수도 있다. 하노이는 휴양지가 아니다. 하노이Hanoi를 여행하면서 아무 것도 안하고 느긋하게만 지낼 수는 없다. 하노이Hanoi에서 약간 바쁘게 돌아다녔다면 하롱베이

Halong Bay나, 닌빈Ninh Binh에서 느긋하게 신선놀이를 할 수도 있다. 사파에서는 트레킹으로 색다른 베트남 북부를 여행할 수도 있다. 하노이는 베트남 중, 남부의 휴양지가 아니고 도시여행이므로 다른 베트남 여행을 즐길 수 있

다. 패키지여행으로 다녀온 많은 하노이 여행자도 새로운 여행을 느낄 수 있으므로 앞으로 여행자에게 더욱 인기를 끌 것이다.

4. 경비(짠돌이 VS 쓰고봄)

여행지, 여행기간마다 다름(환경적응론)

여행경비를 사전에 준비해서 적당히 써야 하는데 너무 짠돌이 여행을 하면 남는 게 없고 너무 펑펑 쓰면 돌아가서 여행경비를 채워야 하는 것이 힘들다. 짠돌이 여행유형은 유적지를 보지 않는 경우가 많지만 하노이Hanoi에서는

유적지 입장료가 비싸지 않으니 무작정 들어가지 않는 행동은 삼가는 것이 좋을 것이다.

5. 여행코스(여행 VS 쇼핑)

여행코스는 여행지와 여행기간마다 다르다. 하노이Hanoi는 여행코스에 적당하게 쇼핑도 할 수 있고 여행도 할 수 있으며 맛집 탐방도 가능할 정도로 관광지가 멀지 않아서 고민할 필요가 없다.

6. 교통수단(택시 VS 뚜벅)

여행지, 여행기간마다 다르고 자신이 처한 환경에 따라 다르지만 하노이Hanoi는 어디를 가든 택시나 그랩Grab 차량공유서비스로 쉽게 가고 싶은 장소를 갈 수 있다. 하노이Hanoi에서 버스를 탈 경우는 많지 않다. 하노이Hanoi의

많은 관광지는 구시가지에 몰려 있어 걸어 다니는 경우가 많다.

하노이 추천일정

하노이 시내만 보고 싶다면 1~2일이면 충분히 돌아볼 수 있다. 여유롭게 하노이를 보고 싶다면 2일 정도면 충분하다. 구시가와 호안끼엠 호수는 대부분의 관광지는 걸어서 여행을 할 수 있다. 걸어서 다니다가 힘이 들면 씨클로나 택시를 편안하게 타고 이동해도 좋다. 또한 베트남의 다른 도시와 다르게 유럽의 도시여행처럼 버스와 시티투어버스를 타고 이동하면서 여행을 해도 편안하다.

1일차

하노이의 아침은 일찍 시작된다. 쌀국수나 분보후에로 든든하게 먹고 구시가에서 하노이 여행을 시작한다. 호안끼엠 호수에 도착했다면 호수를 둘러보고 나서 호수가 보이는 카페에서 잠시 지친 여행의 피로를 풀고, 레스토랑에 점심식사를 하고 이동하는 것이 여유롭다. 호수 근처에는 국립 역사박물관을 비롯해 다양한 볼거리가 많다. 레스토랑에서 점심식사를 하고 난 뒤 근처의 성 조셉 성당을 둘러본다.

오페라 하우스에서 서쪽으로 이동하면 짱띠엔 거리에 도착한다. 이곳은 쇼핑 지역으로 분위기 좋은 레스토랑 시간이 허락한다면 항가이 거리 실크 전문점에서 기념이 될 만한 멋진 아오자이를 구입해 보는 것도 좋겠다. 저녁에는 탕롱 수상극장에서 인형극을 보고 서호의 전망이 보이는 레스토랑에서 식사를 하고 1일차를 마무리하자.

쌀국수, 분보후에 　도보 10분　 하노이 구시가 　도보 10분　 호안 끼엠 호수 　도보 10분　 국립 역사박물관 　점심식사

오페라 하우스 　도보 5분

점심식사 　탕롱 수상 인형극장 　택시 10분　 항가이 거리 　택시 10분　 성 요셉 대성당 　도보 10분　 짱띠엔 거리 　차 5분

2일차

하노이의 역사와 관련이 있는 지역을 종일 보게 되는 하루이다. 바딘 광장과 광장 안의 호치민 묘와 박물관을 둘러보면서 베트남의 건국에 대해 생각해 본다. 점심을 먹기 위해 하노이의 대표적인 가물치 요리를 먹으러 가자. 고성과 박물관, 공자를 기리는 사당인 문묘까지 돌아보면 하루가 다 지나간다. 저녁은 39거리의 먹자골목에서 비어 허이와 닭꼬치를 즐기면서 하루를 마무리한다.

바딘 광장   도보 1분   호치민 묘   도보 5분   호치민 박물관   차 5분   짜까라봉   도보 10분   고성(시타델)   도보 5분

39거리   도보 10분   문묘 & 국립 대학교   도보 10분   베트남 군사 역사박물관

하노이 버스 투어

하노이에는 실시간 해설이 제공되는 24시간 동안 자유로운 승하차가 가능한 버스 투어가 있다. 24시간 동안 하노이 버스 투어 티켓을 구입하면 2층 버스를 타고 하노이의 30개 관광지를 여행할 수 있다. 원하는 정류장에서 타고 내리고, 12개 언어로 제공되는 오디오 해설뿐만 아닌 가이드의 실시간 설명도 즐길 수 있다.

가장 큰 장점은 모르는 관광지를 찾아다닐 필요가 없이 버스를 타고 하루 동안 무제한으로 자유롭게 승하차하면서 쉽게 하노이 여행을 즐길 수 있다는 점이다. 하노이 옛 거리에서 매일 정기적으로 출발하는 버스를 탈 수 있다. 가장 쉽게 찾을 수 있는 첫 정류장은 호안끼엠 호수이다. 버스 노선을 따라 있는 하노이의 관광지는 어느 정류장에서나 바우처를 티켓으로 교환할 수 있다.

자유로운 승하차가 가능한 버스 투어로 하노이 도시에서의 특별한 경험은 유럽 관광객이 많이 이용한다. 아직까지 한국인 이용자는 많지 않다. 투어 노선에는 30개 이상의 관광지를 지나는 14개의 정류장이 있어 여행자가 자신만의 방식으로 도시를 경험할 기회를 제공한다. 24시간 티켓으로 원하는 대로 하노이를 발견할 수 있다.

동 킨 응아 투크 광장을 가로지르고 호안끼엠 호수를 지나 성 요셉 성당, 하노이 깃발 탑과 호찌민 묘소를 방문한다. 콴타인 사당, 쩐꾸옥 사원, 끄어박 성당, 탕롱 황궁 또는 노선에 있는 명소 어디에서든 내려 관광지를 방문할 수 있다.

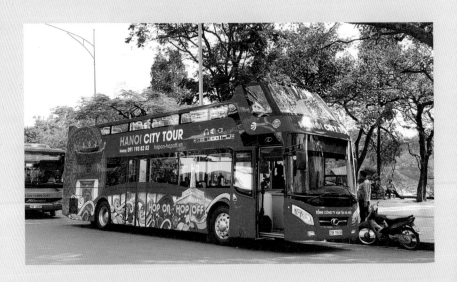

노선의 다른 명소들은 하노이 문묘, 호아로 수용소 유적, 베트남 여성 박물관, 하노이 오페라 하우스와 하노이 우편국을 포함하고 있다. 자유롭게 승하차가 가능한 버스들은 오전 9시부터 18시 30분까지 운행한다. 버스 안에 있는 영어 가이드가 정류장에서 내릴 수 있도록 관광지를 알려주므로 모르면 물어보고 내리면 자신이 원하는 곳에서 쉽게 관광할 수 있다.

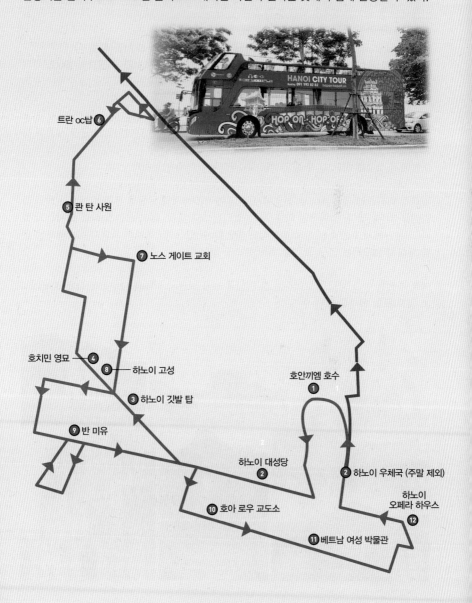

트란 oc탑 ⑥

⑤ 콴 탄 사원

⑦ 노스 게이트 교회

호치민 영묘 ④

⑧ — 하노이 고성

③ 하노이 깃발 탑

호안끼엠 호수

① 1

⑨ 반 미유

하노이 대성당
②

② 하노이 우체국 (주말 제외)

하노이
오페라 하우스

⑫

⑩ 호아 로우 교도소

⑪ 베트남 여성 박물관

하노이 핵심 도보여행

서호 호수 안의 탑과 사원을 방문하고 도시의 호수와 공원에 감탄하게 된다. 전통적인 물 인형극 쇼를 즐기는 문화탐방을 즐길 수도 있다.

아침에 일찍 구시가지^{Old Quarter}에서 호치민^{Ho Chi Minh}의 영묘인 호치민 컴플렉스^{Ho Chi Minh's} ^{Complex}로 이동한다. 베트남 사람들이 사랑하는 국가영웅인 호치민 대통령이 1958년부터 1969년까지 살았던 집이다. 필라 파고다의 기둥 탑^{Pillar Pagoda}에는 정사각형 호수 한가운데 물 위에 세워진 탑을 구성하고 있다.

서호 호수의 트란 푸크 파고다도 꼭 봐야 한다. 베트남 최초의 대학이었던 공자 사원에 문학 사원이 있다. 문묘까지 보고 나면 식사시간이 다가올 것이다. 구시가지^{Old Quarter}의 레스토랑에서 식사를 하고 그 후 호안끼엠 호수^{Hoan Kiem Lake}를 방문하자.

민족학 박물관에 가면 베트남 전역에서 수집 된 15,000개의 유물을 통해 베트남 문화의 다양성을 알 수 있다. 전형적인 마을 시장, 코믹한 모자제작, 테이 샤먼 의식을 묘사하고 있다. 박물관에서 재건축된 전통 타이집도 확인할 수 있다. 전 세계의 과학자들이 베트남 전통 문화를 연구하는 연구, 보전을 위한 센터도 있다.

베트남 전통 예술 양식을 보여주는 물 인형극 쇼를 보면서 하루를 마무리 한다면 하노이에서 잊지 못할 하루를 보낼 수 있다.

음식 삼매경

하노이 생활과 문화에 대해 알아보고 현지 음식을 레스
토랑에서 먹기도 하지만, 거리에서 맛있는 쌀국수, 분
짜 등의 베트남 요리를 맛보는 것도 즐거움이다. 프랑
스와 중국 요리에 영향을 받은 음식까지 하노이는 음식
의 천국을 방불케 한다. 카페에서 호안끼엠 호수의 멋
진 밤 전망을 감상하면서 하루의 여행을 마무리할 수
있다. 식도락 여행은 도시의 축소판이라고 불리는 하노
이 구시가지의 상권 주변으로 30분 정도 걸으면서 즐
길 수 있다.

하노이 구시가지를 형성하는 복잡한 거리의 미로 속으
로 걸어서, 현지 식당에서 유명한 하노이 요리인 '반 꾸
온Banh Cuon'을 먹을 수 있다. 숙련된 요리사가 맛있는 요
리를 만드는 모습을 볼 수도 있을 것이다.

하노이의 구시가지는 마치 11세기로 다시 돌아가 설탕, 대나무, 가죽 또는 은과 같이 전통
적으로 생산되고 판매된 상품의 이름을 딴 36개의 거리로 구성되어 있다. 일부 거리는 이
름이 변경되었지만 많은 거리는 고대의 특성을 여전히 간직하고 있다. 동 쑤언Dong Xuan으
로 좁은 거리를 걷기 시작하면 시장의 가장자리를 따라, 수십 명의 거리 행상인이 살아 있
는 해산물에서 이국적인 과일과 향신료에 이르기까지 농산물을 판매한다.

베트남 북부 지방 요리에 쓰이는 재료와 역사적인 배경을 포함해 전통 베트남 음식 문화
에 대해 알 수도 있다. 걸어가는 동안 길거리 카트에서 계절 과일을 시도하고 프랑스에서
영감을 받은 맛있는 간식을 맛보면서 하노이의 옛 문화를 즐기고 음식으로 허기를 채우면
서 걸으면서 여행할 수 있다.

구시가지의 분위기 있는 중심 속으로 계속 이동해 천 년 전의 현지 생활을 관찰할 수 있는
노점과 조용한 도로를 지나가면서 길거리 음식으로 간식을 먹고 하노이 현지인과 함께 앉
아서 대화를 나눌 수도 있다.

하노이의 아름다운 호안끼엠 호수 위로 전망이 보이는 카페도 있다. 카페는 복잡한 도심을
감상하는 동안 맛볼 수 있는 달걀 커피, 현지 별미를 판매하고 있다. 커피가 마음에 들지
않는다면 그냥 간단하게 시원한 맥주를 마실 수도 있다.

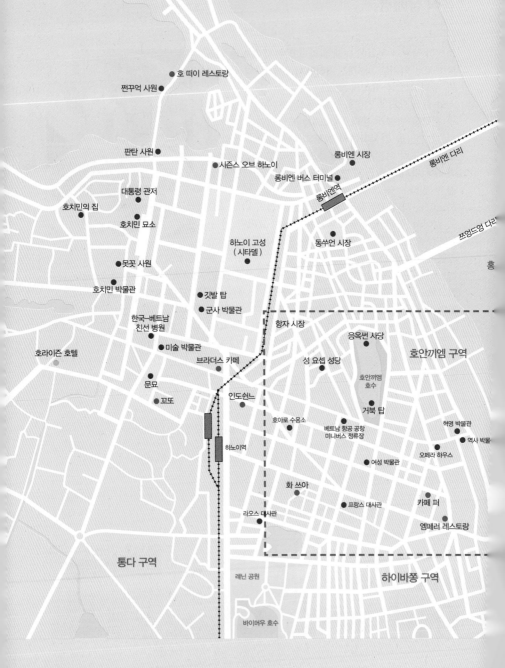

호 떠이 레스토랑

짠꾸억 사원

판탄 사원

시즌스 오브 하노이

롱비엔 시장

롱비엔 다리

롱비엔 버스 터미널

대통령 관저

롱비엔역

호치민의 집

호치민 묘소

쩌엉드엉 다리

하노이 고성
(시타델)

동쑤언 시장

홍

못꼿 사원

호치민 박물관

깃발 탑

군사 박물관

한국–베트남
친선 병원

항자 시장

응옥썬 사당

호안끼엠 구역

미술 박물관

성 요셉 성당

호라이즌 호텔

브라더스 카페

호안끼엠
호수

문묘

거북 탑

꼬또

인도쉰느

호아로 수용소

혁명 박물관

베트남 항공 공항
미니버스 정류장

역사 박물

하노이역

오페라 하우스

여성 박물관

화 쓰아

카페 퍼

통다 구역

라오스 대사관

프랑스 대사관

엠페러 레스토랑

레닌 공원

하이바쯩 구역

바이머우 호수

160

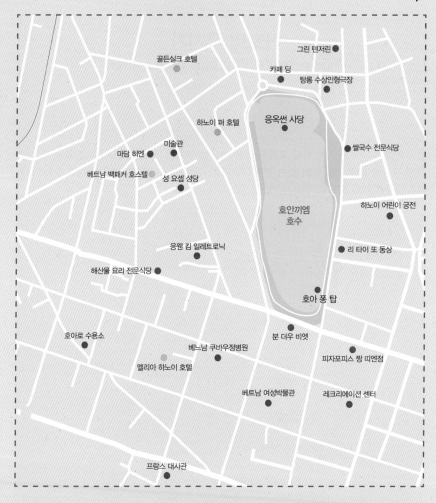

그린 텐저린

골든실크 호텔

카페 딩

탕롱 수상인형극장

응옥썬 사당

하노이 퍼 호텔

미술관

쌀국수 전문식당

마담 히엔

베트남 백패커 호스텔

성 요셉 성당

하노이 어린이 궁전

호안끼엠
호수

응웬 킴 일레트로닉

리 타이 또 동상

해산물 요리 전문식당

호아 퐁 탑

호아로 수용소

분 더우 비엣

베느남 쿠바우정병원

피자포피스 짱 띠엔점

멜리아 하노이 호텔

베트남 여성박물관

레크리에이션 센터

프랑스 대사관

하노이 구시가
Phố Cõ(36 Phố Phuòng / Old Quarter)

호안끼엠 호수^{Hồ Hoàn Kiếm} 바로 북쪽에 있는 하노이 구시가^{Phố Cõ}는 베트남 수도에서 가장 오래된 구역에 미로처럼 얽혀 있는 전통 거리이다. 유럽과 아시아의 건축 양식과 문화가 독특하게 어우러진 하노이 구시가^{Phố Cõ}는 하노이 인근에서 가장 상징적인 지역이다.

하노이의 역사적 중심지인 미로 같은 하노이 구시가^{Phố Cổ} 거리는 하노이에서 가장 유명한 전통 음식점과 최고의 기념품 쇼핑 매장, 활기 넘치는 야간 오락 시설을 갖추고 있다.

프랑스가 베트남을 식민지로 삼기 전 하노이에는 거리가 36개뿐이었다. 이후 도시가 급속히 확장되었지만 원래 하노이 구시가^{Phố Cổ}는 하노이 중심지에 그대로 남았다. 지금도 하노이의 주요 관광지 중 상당수는 하노이 구시가^{Phố Cổ}에 있다. 탕롱 수상인형극장과 사원, 그림 같이 예쁜 다리로 유명한 호안끼엠 호수^{Hồ Hoàn Kiếm} 등이 있다.

나뭇잎으로 만든 고깔을 쓰고 어깨에 바구니를 짊어진 행상들이 외치면서 물건을 팔고 있다. 이국적인 음식의 향을 음미하고 행상들이 거리에서 판매하는 요리와 시원한 음료를 맛보면서 여행의 피로를 풀 수 있다. 맥주 바와 수공예 전문가 매장으로 유명한 거리 타히엔에서 베트남 전통식 수제 양조 맥주인 비아 호이를 즐기는 모습을 볼 수 있다.

주말 밤에 야시장을 둘러보거나, 주중에 동쑤안 전통 시장을 방문해도 좋다. 베트남식 고깔이나 이름을 새겨 넣은 도장 등의 기념품을 구입하려면 하노이 구시가 36거리^{Phố Phường}에 줄지어 늘어선 공예품 상점에서 구입할 수 있다.

숙소는 하노이 중심지인 36 거리^{Phố Phường}는 숙소가 많은 장소로, 유명 호텔과 호스텔이 많아 자신의 여행비용에 맞는 숙소를 선택할 수 있다.

호안끼엠 호수

Hồ Hoàn Kiếm / Hoan Kiem Lake

호안끼엠 호수^{Hồ Hoàn Kiếm}는 하노이에서 유명한 만남의 장소이며 도시에서 가장 그림 같은 사당 중 하나가 자리하고 있다. 구시가지에서 조금 걸으면 나오는 호안끼엠 호수^{Hồ Hoàn Kiếm}에는 도시의 인파와 더위로부터 벗어나 무성한 녹음 아래서 휴식을 취할 수 있다. 현지 주민과 장기를 두고 호수 주변을 산책하고, 피크닉 도시락을 챙겨 나무 그늘 아래에서 즐거운 시간을 보낼 수도 있다. 평화로운 호수 주변을 거닐며 유서 깊은 사당과 일상생활을 구경하고 그늘 아래에 앉아 피크닉을 즐기는 모습을 볼 수 있다.

호수 한복판에는 경이로운 응옥썬(옥산) 사당이 있는 옥 섬^{Jade Island}이 있다. 떠오르는 해의 다리라는 뜻의 선홍색 서욱교^{Cầu Thê Húc}를 건너면 사당이 모습을 드러낸다. 물속을 들여다보면 호수에 사는 거대한 자라가 보일 수도 있다. 안타깝게도 이 자라들은 오염으로 서식지가 파괴되어 멸종위기에 처해 있다.

잔디밭 위에 돗자리를 깔고 여유롭게 피크닉을 즐기는 모습을 쉽게 볼 수 있다. 호안끼엠 호수^{Hồ Hoàn Kiếm}에서 조금만 걸으면 신선한 농작물을 판매하는 여러 시장과 상점이 있어 필요한 물건을 쉽게 구입할 수 있다. 호수의 동쪽 끝에는 신선한 베트남 커피를 판매하는 매점이 있다. 제대로 된 식사를 원한다면 남쪽의 프렌치 쿼터^{French Quarter} 거리에서 현지 음식을 판매하는 레스토랑을 찾을 수 있다.

주소_ Dường Lê Thái Tó & Dường Dinh Tiên Hoàng **시간_** 24시간

응옥썬 사당(玉山祠 / Dën Ngoc Son / Ngoc Son Pagoda)

호안끼엠 호수(Hồ Hoàn Kiếm)한복판의 섬에 위치한 응옥썬 사당(Dën Ngoc Son)은 하노이에서 가장 아름답고 평온한 장소이다. 매력적인 종교사적지는 아름다운 자연, 수려한 경관과 사당 안에 가득한 독특한 유물들로 유명하다. 호수 주변을 둘러본 후 선홍색 테훅교(Huc Bridge)를 건너 사당으로 건너가보자.

다리를 넘어가면 맞은편에 호수와 응옥썬 사당(Dën Ngoc Son), 거북이 탑이 한 눈에 들어온다. 해질 녘이면 저무는 태양의 빛을 받아 반짝이는 호수가 아름다운 풍경을 선사한다. 사당은 전통 베트남 양식으로 건축되었으며 화려하게 장식된 입구는 도시에서 가장 인상 깊은 건물로 손꼽힌다.

응옥썬 사당(Dën Ngoc Son)은 지금도 예배당으로 이용되고 있다. 수도승들이 기도를 올리는 모습을 구경하고 타 들어가는 향냄새도 맡을 수 있다. 층탑과 닥 응우왯 라우(달빛을 품은 누각)를 비롯한 사당의 여러 건물도 인상적이다. 사당 옆에 서 있는 순교자 기념비(Martyr's Memorial)에 들러 베트남 독립을 위해 싸우다 목숨을 잃은 이들을 위한 장소이다.

응옥썬 사당(Dën Ngoc Son)은 호안끼엠 호수(Hồ Hoàn Kiếm) 구역 안에 있으며 북쪽의 하노이 구시가지와 남쪽의 프렌치쿼터 사이에 위치해 있다.

▶8~17시 ▶10,000동

'호안끼엠(Hồ Hoàn Kiếm)'이란 이름의 유래

고대 설화에서 유래되었으며 '되돌아온 검의 호수'라는 의미를 지니고 있다. 전설에 따르면 호안끼엠 호수에서 마법 거북이가 베트남의 '레러이 황제'에게 검을 주었다고 한다. 레러이 황제는 이 검으로 중국인을 베트남에서 몰아낸 후 거북이에게 검을 돌려주었다.

자누 레스토랑
Gia Ngư Restaurant

호암끼엠^{Hoàn Kiếm} 호수에서 3분 거리에 있는 호텔에 안에 위치해 있는 레스토랑으로 베트남식, 양식, 베지테리언등 취향에 맞게 다양한 음식을 먹을 수 있다. 그 중 한국 사람에게 인기 있는 메뉴는 뜨거운 돌 판에 올려져, 나오는 고기가 먹음직스

러운 분짜이다.
처음 먹는 사람에게는 친절히 먹는 방법도 설명해주니 당황해할 필요는 없다. 일반 베트남 식당에서 못 보던 새로운 고급 분짜이다. 온전히 음식에 집중할 수 있는 깔끔하고, 쾌적한 분위기의 식당이다.

주소_ Old Quarter, 27-29 Phố Gia Ngư, Hàng Bạc, Hoàn Kiếm, Hà Nội
시간_ 6시30분~22시
전화_ 24-3926-2135

마담 히엔
Madame Hien

근사한 프랑스풍 저택에서 베트남 전통 음식을 맛 볼 수 있는 곳이다. 마담 히엔은 현재 세프이자 오너인 디디에 콜를루르가 장모님 이름으로, 세프가 베트남 전통요리를 장모님으로부터 전수 받았기 때문에 장모님 이름으로 식당을 열었다고 한다.

하노이 성 요셉 성당에서 도보로 3분 정도 거리에 있어서, 성 요셉 성당을 방문하고 가면 좋다. 쌀국수와 오토바이 소음에 지쳤다면, 깔끔하고, 조용하게 이국적인 분위기에서 베트남 요리를 맛볼 수 있는 이곳을 방문해보기 바란다. 점심때는 반꾸온, 분짜, 쌀국수를 185,000동에 먹을 수 있는 런치 세트 메뉴도 있다.

주소_ 5 Chân Cấm, Hàng Trống, Hoàn Kiếm, Hà Nội
시간_ 11시~22시
전화_ 024-3938-1588

반꾸온 쨔 쭈웬 탄 반
Bánh Cuốn Gia Truyền Thanh Vân

쌀가루 반죽을 얇게 펴서 익힌 후, 돼지고기, 새우를 넣어서 먹는 반꾸온을 파는 음식점이다.

돼지고기 반꾸온, 새우 반꾸온이 있으니 취향에 맞게 시켜서 먹으면 된다. 쫄깃한 식감과 담백하고 깔끔한 맛이 느억맘 소스와 잘 어울린다. 고수에 아직 적응이 안 된 사람들은 미리 빼달라고 하면 된다.

얇게 썬 소세지 튀김도 색다른 맛을 선사하니 주문 해보는 게 좋다. 주로 베트남에서는 아침식사 대용으로 많이 먹는다고 한다.

주소_ 14 Hàng Gà, Hàng Bồ, Hoàn Kiếm, Hà Nội
시간_ 10시~21시
전화_ 024-3828-0108

쏘이엔
Xôi Yến

베트남식 찰밥에 원하는 토핑을 올려서 밥이랑 같이 비벼먹거나 떠먹는 곳이다. 토핑에는 닭고기, 돼지고기, 어묵, 계란 있고, 찰밥은 옥수수, 양파 2가지 종류가 있다.

토핑과 찰밥을 취향에 맞게 선택해 주문하면 된다. 고소하고 담백한 맛이 현지인이 자주 찾는 이유를 알 수 있다. 이 집은 특이하게 반찬으로 간이 된 오이를 줘서 같이 먹기에 편하다. 한국인 입맛에도 딱 맞는 음식이어서, 한국 관광객들 재방문 비율이 높은 식당이다. 빨간 목욕탕의자에 옹기종기 앉아서 먹는 특별한 체험을 할 수 있다.

포장해 가는 현지인과 외국인 관광객들로 항상 부산한 하노이 식당이다.

자리가 없거나, 더운 날에는 포장해서 숙소에서 먹는 것도 생각해 보기 바란다.

주소_ 35B Nguyễn Hữu Huân, Hàng Bạc, Hoàn Kiếm, Hà Nội
시간_ 04~23시 30분
전화_ +84-024-3934-1950

껌슨47
Cơm Sườn Đào Duy Từ

양념 돼지 숯불구이를 밥 위에 얹어 주는 덮밥처럼 먹는 음식을 껌슨이라고 한다. 고기 종류에는 돼지고기, 돼지 갈비, 닭고기가 있으니 취향에 맞게 선택하면 된다. 고기에 달콤하고, 적절히 간이 들어가 있어서, 반찬으로 잘 어울린다.

메뉴에 따라 밑반찬으로 백김치, 양배추 샐러드가 다르게 나온다. 현지인들은 주로 아침에 쌀국수나 죽, 점심에 밥이 들어간 음식을 먹는다. 영어로 된 메뉴판에 사진도 있어서 주문하는데 무리가 없다.

주소_ 47 Đào Duy Từ, Hàng Buồm, Hoàn Kiếm, Hà Nội
시간_ 10시~22시 30분
전화_ 090-411-35-53

분짜 맛 집

분짜타
Bun Cha Ta

하노이에서 분짜 닥킴^{Bún Chả Đắc Kim}과 1등을 다투는 분짜^{Bún Chả} 전문점으로 넉넉한 쌀국수와 풍성한 야채들은 푸짐한 한 끼를 해결하는데 제격이다. 다른 현지 분짜집에 비해 깔끔하고, 시원한 집을 찾는 다면 현명한 선택이다.

일식집 같은 좌석 테이블도 있으니 어르신들을 모시고 오는 가족이라면 추천한다. 분짜^{Bún Chả}를 처음 접하는 손님에게는 직원이 친절하게 먹는 법도 가르쳐주니 부담 없이 가서 먹어도 된다. 넴과 분짜가 나오는 세트 메뉴를 많이 먹는다.

주소_ 21 Nguyễn Hữu Huân, Lý Thái Tổ, Hoàn Kiếm, Hà Nội
시간_ 8~22시
요금_ 분자 쎄트 9만 5천동
전화_ +84-096-684-83-89

분짜닥킴
Bún Chả Đắc Kim

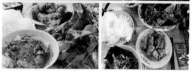

새콤달콤한 느억맘 소스에 숯불로 구운 돼지고기와 고기완자를 썰면 분짜와 함께 적셔 집어 먹는 음식이다. 같이 나오는 야채에 향이 강한 것도 섞여 나오기 때문에, 향을 맡아보고 취향에 안 맞는 야채는 빼고 먹는 게 좋다.

분짜와 넴(스프링롤) 1개가 나오는 세트 메뉴도 있으니 배가 고프지 않다면 1세트만 시켜도 된다. 깔끔하고 시원한 식당을 찾는 사람에게는 추천하지 않는다. 작고 협소해서 계단 오르기도 쉽지 않다. 분짜로 워낙 유명한 식당이기 때문에 항상 관광객들의 발길이 끊이지 않는 곳이다.

주소_ 1 Hàng Mành, Hàng Gai, Hoàn Kiếm, Hà Nội
시간_ 10시~21시
요금_ 분짜 60,000동, 넴 20,000동, 세트메뉴 100,000동
전화_ +84-4-3828-7060

쌀국수 맛 집

콴 프엉베오
Quán Phương Béo

해산물 육수와 생면에 고명으로 달걀, 부추, 새우, 돼지고기, 표고버섯이 다양하게 들어있어 시원하고 깔끔한 맛이 기존 고기 육수 베이스와는 다른 쌀국수 맛을 볼 수 있는 곳이다. 단일 메뉴라 이것저것 고민할 것 없이 인원수만 알려주면 되고, 자리가 없으면 길 건너편에 앉아 있으면 쌀국수를 가져 다 준다. 현지 식당이니 만큼 깔끔함을 기대 안하고 가는 게 좋다.

주소_ 35 Tràng Tiến, Hoàn Kiếm, Hà Nội
시간_ 8~21시
전화_ 98-625-79-79

포 수엉
Phở Sướng

현지인들도 줄서서 먹는 쌀 국수집, 외관은 허름한 베트남 식당 모습이다. 맛 집답게 메뉴는 단 한가지다. 고기에 종류에 따라 익힌 고기^{Chin}, 안 익힌 것, 익힌 것(tai-tai chin),익힌 차돌, 양지(chin gau–nam), 안 익힌 차돌$^{tai\ gau}$이 있다. 소고기 무국 같이 시원하고 담백한 국물 맛이 이 집의 진가를 보여준다. 본점에는 테이블 4개밖에 없어서, 바쁜 시간대에 가면, 길 건너편 테이블에서 먹어야 한다.

주소_ 24B Ngõ Trung Yên, phố Đinh Liệt, Hàng Bạc, Hoàn Kiếm, Hà Nội
시간_ 5시 30분~11시, 16시30분~ 21시 30분
전화_ 091-619-76-86

호안끼엠 빵 & 아이스크림 맛집

조마 베이커리
Joma Bakery

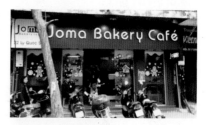

성 요셉 근처에 있는 직접 케익과 빵으로 햄버거와 샌드위치를 판매하는 곳이다. 진한 맛의 치즈 케이크와 과일 주스가 인기가 많다.
베트남 물가 치곤 가격이 좀 있는 편이기 때문에 감안하고 가는 게 좋다. 아메리카노는 1회 리필 가능하니 잊지 말고 필요하면 요청하자.

주소_ 22 Lý Quốc Sư, Hàng Trống, Hoàn Kiếm, Hà Nội
시간_ 7시~21시 30분
전화_ 024-3747-3388

껨짱띠엔 35
Cửa hàng Kem Tràng Tiền

하노이 시민들에게 베트남 아이스크림의 자존심이라고 불리는 아이스크림 상점이다. 바닐라 아이스크림과 코코넛 아이스크림이 인기가 좋다.
콘 과자가 다른 곳 보다 특히 바삭 바삭하니 맛있다. 더운 여름에 아이스크림 입에 물고, 하노이 구 시가지를 걸어 다니는 소소한 행복을 맛볼 수 있다. 베트남 연휴에 오면 길게 줄서서 먹는 장관을 볼 수 있을 것이다.

주소_ 35 Tràng Tiền, Hoàn Kiếm, Hà Nội
시간_ 8시~21시
전화_ 98–625–79–79

신또 호아베오
Sinh Tố Hoa Béo

호암끼엠 근처 골목길에서 목욕탕 빨간 의자에서 앉아 먹는 과일 빙수 디저트 전문점이다. 신선한 과일과 맛있는 아이스크림으로 현지인뿐만 아니라, 관광객들에게도 지나가도 한 번꼭 들리는 식당이다. 여러 종류의 과일 아이스크림, 빙수를 판매하니 취향에 맞게 선택 하면 된다. 한국인들은 주로 양도 많고, 아이스크림이 맛있는 망고 빙수를 많이 먹는다. 골목길 한쪽에서 자리 잡은 곳이라 깔끔하지는 않는다.

주소_ 17 Tô Tịch Tố Tịch, Hàng Gai, Hoàn Kiếm, Hà Nội
시간_ 6시~23시
요금_ 과일 아이스크림 35,000동
전화_ +84-24-3828-8702

한국 관광객이 자주 찾는 맛집

꽌 안응원(Quán Ăn Ngon)

베트남어로 '맛있는 식당'이라는 뜻인 것처럼 항상 현지인, 외국 관광객들이 넘쳐나는 식당이다. 대부분의 관광객들이 포로수용소 근처라 코스를 계획하기에도 편리하다. 하노이 일반 식당과 다르게 넓은 야외 석과 에어컨이 나오는 실내로 구분 되어져 있다. 한국 사람에겐 반세오가 유명한 하지만, 베트남 전통 음식도 많으니 일반 식당에서 맛 볼 수 없었던 요리를 다양하게 시켜먹어 보기 바란다.

허름하고 비위생적인 현지 식당에 지친 여행자에겐 최고의 식당이다. 맛있는 음식과 쾌적한 환경, 친절한 서비스를 보고 싶다면 방문해보기 바란다. 식사 때는 너무 복잡하니 피해서 가는 게 좋다.

주소_ Số 18 Phan Bội Châu, Cửa Nam, Hoàn Kiếm, Hà Nội **시간_** 6시 45~22시

요금_ 반세오 82,000동, 넴 75,000동 **전화_** 090-324-6963

자스파스(Jaspas Hà Nội)

분짜 맛 집으로 한국인에게 알려진 고급스러운
음식점이다. 하노이 로컬 맛 집에 비하면 상당한
가격을 자랑하지만, 위생적인 환경과 깔끔하고,
시원하게 베트남 요리를 먹고 싶다면, 들려보기
바란다. 저녁 뷔페도 하지만, 단품으로도 주문 가
능하고, 요일마다 다양한 이벤트를 진행하니 관
심 있으면 홈페이지를 참고 하면 된다. 베트남 음
식, 멕시칸 음식, 아시안 음식을 같이 하니 취향
에 맞게 선택할 수 있다. 특히 야경으로 유명하니
저녁에 방문 해보는 게 좋다.

주소_ 49 Hai Bà Trưng, Trần Hưng Đạo, Hoàn Kiếm, Hà Nội
시간_ 6시~23시
요금_ 분짜195,000동, 피자 245,000동
전화_ 24-3934-8325

뉴 데이 레스토랑(New Day Restaurant)

구시가지에 맥주 거리와 가까워 항상 관광객들
로 넘쳐나는 식당이다. 베트남에서 항상 먹는 쌀
국수에 지친 여행자라면 다양한 베트남 전통 음
식을 먹을 수 있는 곳이다. 단품 메뉴와 쌀국수,
스프링 롤, 육류요리 1개를 선택할 수 있는 세트
메뉴가 있어서 인원수에 맞게 주문하면 된다. 전
체적으로 깔끔하고, 담백한 맛이 입맛에 맞는다.
영어 메뉴는 물론 한국어 표기도 되어 있어서 주
문하는데 도움이 된다. 뉴 데이의 대표적인 메뉴
인 가지 볶음 요리도 꼭 한번 도전해보기 바란다.
부담 없이 저렴한 가격에 다양한 메뉴를 훌륭하
게 맛 볼 수 있는 곳이다.

주소_ 72 Phố Mã Mây, Hàng Buồm, Hoàn Kiếm, Hà Nội
시간_ 0~ 22시 30분 **전화_** 024-3828-0315

롱 비엔 다리

Càu Long Biên / Long Bien Bridge

베트남의 독립 활동에 이바지한 롱 비엔 다리는 베트남의 군사적 저항 정신과 공학 기술을 대표하는 건축학적, 역사학적으로 중요한 다리이다.

프랑스 건축가 앙리 데디^{Henri Daydé}와 오귀스트 필레^{Auguste Pillé}가 건설한 롱 비엔 다리^{Càu Long Biên}는 프랑스 점령기와 베트남

전쟁 당시 중요한 인프라였다.

1902년, 동양에서 가장 웅장한 롱 비엔 다리는 하노이의 홍^{Hong}강을 가로지르는 최초의 철교로 여러 시인과 작곡가에게 영감을 주었다. 베트남 전쟁 기간에는 애국심이 담긴 노래와 시에 상징적으로 사용되었다.

현재 홍^{Hong}강을 가로지르는 5개의 다리 중 하나인 롱 비엔 다리^{Càu Long Biên}는 차량 통행이 금지되어 있다. 다리 근처에는 오후에 노천시장에서 신선한 과일, 야채, 디저트 등을 구입할 수 있다. 하늘의 빛이 강에 반사되어 일렁이는 일출, 일몰 때가 다리를 건너기에 가장 좋은 시간대이다. 걷거나 자전거를 타고 다리를 건너는 사람들을 바라보면 여유가 느껴진다.

주소_ Tran Nhat Duat St.
시간_ 24시간

감상 POINT

2.3km 밖에 되지 않는 짧은 길이이므로 여유롭게 걷거나 자전거를 타고 다리를 건널 수 있다. 홍(Hong) 강의 경치를 감상하고, 다리 아래로 떠다니는 바지선들을 바라보면서 녹슬어 버린 다리의 철골과 1967~1972년 사이에 미군의 폭격을 당한 지점들을 볼 수 있다.

올라가는 방법

감 카우 거리 근처에 있는 경사로를 통해 다리 위로 올라갈 수 있다.

다리를 만든 목적

프랑스가 설계하고 베트남인들이 현지의 자재를 사용하여 만든 다리에는 하노이와 항구 도시 하이퐁을 연결하는 전략적인 목적이 담겨 있었다. 평화시기에는 베트남의 쌀을 북부와 중부를 이어 운송하는 데 사용되었다. 인도차이나 반도에서 프랑스군의 철수로 이어진 디엔비엔푸 전투에서 프랑스군에 패배를 안긴 군사 활동에 중요한 역할을 하기도 했다.

성 조셉 성당
St. Joseph's Cathedral

하노이 도심에는 주민 대다수가 불교신자인 도시와 대조적인 풍경을 이루는 오래된 신 고딕 양식의 로마 가톨릭 교회가 있다. 성 조셉 성당St. Joseph's Cathedral은 파리 노트르담 대성당을 염두에 두고 건축된 19세기 신 고딕 양식의 교회이다. 교회는 하노이의 많은 로마 가톨릭 신도가 모이는 장소이자 관광객에게 인기 있는 명소이다. 프랑스가 처음 하노이를 점령했을 때 건설된 성 조셉 성당St. Joseph's Cathedral은 하노이에 있는 대표적인 식민지 양식의 건축물이다.

프랑스는 교회를 지으려고 800년 넘게 자리를 지키던 오래된 바오띠엔 탑Baotien Tower을 철거했다. 당시 두 종교 건물이 이루던 대조적인 모습은 인상적이었다. 성 조셉 성당St. Joseph's Cathedral의 신 고딕 양식 십자가와 탑, 의자에는 유럽의 색채가 물씬 풍겨난다. 31.5m짜리 종탑이 있는 높이 64.5m의 성 조셉 성당은 웅장하다.

호안끼엠 호수Hồ Hoàn Kiếm에서 서쪽으로 걸어가 성 조셉 성당St. Joseph's Cathedral에 다다르면 멀리서 성당의 빛바랜 외관이 보인다. 주변에는 거리를 따라 가로수와 호텔, 부티크 매장이 있다. 관광객은 정문이 아닌 옆문으로 성당에 들어간다. 내부에 장식된 독창적인 스테인드글라스 창과 종교 벽화가 성 조셉 성당의 외관에서 풍기는 전통적인 유럽양식을 간직하고 있다. 그러나 통로와 벽, 제단은 전통 베트남 장식으로 꾸며져 있다. 공산당과 바티칸의 분쟁으로 계속 예배를 드리지 못하다가 1990년에 다시 예배를 드리기 시작한 후 많은 신도가 찾고 있다. 예배는 1주일 내내 드리는데 신자들로 성당이 찰 때가 많다.

호안끼엠 호수Hồ Hoàn Kiếm 서쪽에 자리한 성 조셉 성당은 근처에 버스 노선도 많아서 쉽게 찾을 수 있다.

주소_ 40 Nha Chung Hang Trong, Hoan Kiem
시간_ 8~11시, 14~17시

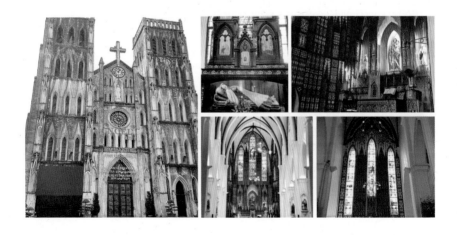

하노이 야경

동쑤언 시장
Cho Dông Xuân

하노이 구시가^{Phô Cô} 중심지에 있는 하노이 최대 규모의 시장인 동쑤언 시장^{Cho Dông Xuân}은 작은 통로로 가득한 동굴 같은 건물에 있다. 19세기 말 프랑스인이 지은 지붕 덮인 시장에는 현재 가정용품과 음식부터 의류와 신발까지 다양한 물품을 판매하는 노점이 있다. 관광객은 쇼핑하기보다는 주로 체험해 보기 위해 시장을 방문한다.

건물을 덮고 있는 아치형 지붕 5개의 면적이 6,500m²가 넘는다. 건물 안에서 이동할 때에는 붐비는 좁은 통로를 지나야 한다. 통로에서 갖가지 의류와 어린이용 플라스틱 장난감, 가전제품 및 베트남 전통 의상을 찾을 수 있다.

매장 주인들이 저렴한 상품을 홍보하는 소리를 듣고 현지 주민들과 이야기를 나누는 모습도 볼 수 있다. 의류나 보석 제품은 진품이 아니고 정가표시가 없는 물건이므로 가격흥정이 중요하다. 웃는 얼굴로 낮은 가격을 이야기하면 흥정이 시작된다. 동쑤언 시장^{Cho Dông Xuân}의 주 고객은 관광객보다 하노이 주민이다. 외국인이 시장을 방문하면 즐거운 경험을 할 수 있지만 판매되는 상품은 하노이 시민에게 실용적인 제품들이다.

주소_ Cho Dông Xuân, Hoàn Kiêm
시간_ 7~18시
（금~일요일 저녁 야시장 24시까지 운영）

호치민 묘
Lăng Chủ Tịch Hồ Chí Minh

거대한 묘에는 방부 처리된 베트남 전 대통령인 호치민의 시신이 안치되어 있다. 1969년, 베트남의 전 지도자가 사망하자 시신을 방부 처리하여 거대한 호치민 묘에 안치했다. 이 묘는 많은 베트남인에게 큰 의미가 있는 장소로, 많은 관광객이 찾는 하노이 명소 중 한 곳이다.

'호 아저씨'라고 부르는 호치민 전 대통령은 베트남의 독립운동을 이끌었고, 남베트남으로 더 잘 알려진 베트남 민주공화국 설립에 기여한 인사였다. 호치민 묘는 1945년 일본이 항복한 후 호치민 전 대통령이 독립선언서를 낭독했던 바딘광장의 한가운데 있다.

묘에 입장하려는 줄이 길게 늘어서 있는데, 묘 안에 들어서면 멈춰 설 수 없기 때문에 줄이 계속 움직인다. 사람들은 방부 처리되어 유리관에 안치된 시신 옆을 줄지어 조용히 지나간다. 무장 경비가 변함없는 추앙을 받는 전 대통령에게 깊은 존경심을 표하도록 지키고 있다.

박물관에서 호치민 전 대통령의 생애를 살펴보거나, 옆에 있는 구 프랑스 궁전 대신 선택한 소박한 관저를 방문하면 깔끔하게 관리된 잔디와 화단이 놓인 광장 곳곳에서 모든 기념물을 찾아볼 수 있다. 밤 9시에 열리는 국기 하강식도 이제는 관광의 핵심이 되었다.

하노이 북쪽의 서호 호수 근처에 자리한 호치민 묘는 버스나 택시를 타고 갈 수 있다. 묘는 아침에 개관하지만 점심시간과 월, 금요일에는 휴관한다. 매년 2달간 러시아로 시신을 보내 유지 관리해야 하기 때문에 방문하기 전에는 호치민 전 대통령의 시신이 묘에 안치되어 있는지 확인하는 것이 좋다.

주의사항

묘 안에서는 대화를 나누거나, 사진을 찍거나, 가방을 들고 있거나, 음식을 먹거나, 주머니에 손을 넣을 수도 없다.

바딘 광장(巴亭廣場)
Quảng trường Ba Đình

광지로 하노이를 상징하는 장소이다. 바딘 광장구역에는 대통령궁을 비롯하여 투자계획성, 베트남 국회, 외무성 등의 주요 시설이 밀집해 있는 지역이다.

하노이의 호치민 묘가 있는 광장이 바딘 광장Quảng trường Ba Đình이다. 1945년 9월 2일 호치민은 바딘 광장에서 독립을 선언하고 베트남 민주공화국을 수립하였다.
호치민이 죽은 뒤 그의 영묘가 세워져 안장되었고 지금은 관광객도 방문하는 관

바딘광장으로 보는 하노이의 역사

1802년
응우옌 왕조의 황제인 자롱제가 옛 수도인 후에(Hue)에서 하노이(Hanoi)로 천도하면서 새 수도의 이름을 탕롱(昇龍 / Thăng Long)이라고 하였다. 1831년 명명제는 수도의 이름을 하노이(河内/Hà Nội)로 바꾸었다.

1894년
프랑스는 베트남을 식민지로 삼고 프랑스령 인도차이나의 일부로 지배를 하였는데, 프랑스 식민정부는 하노이 황성의 북문을 헐고 화원을 조성하여 푸지니네 공원(Le parc Pugininer)라고 이름을 지었다.

1945년
제2차 세계대전 중에 프랑스가 일본에 밀려 물러나면서 하노이는 민족주의 운동으로 독립을 쟁취하려고 하였다. 프랑스 지명이름을 바딘(Ba Đình)으로 바꾸었디.

1945년 9월 2일
호치민은 일본의 무조건 항복을 계기로 바딘(Ba Đình)광장에서 독립을 선언하고 베트남 민주공화국 수립을 선포하였다.

항가이 거리
Hàng Gai Street

동서로 250m 이어져 있으며 서쪽으로는 항 봉^{Hàng Bông} 거리, 동쪽으로는 꺼우고^{Cầu Gỗ} 거리와 만나는 '실크 스트리트^{Silk Street}' 라고도 불리는 항 가이^{Hàng Gai} 거리는 하노이의 유명한 쇼핑지역이다. 실크 천 가게와 맞춤 의상을 만들어 주는 양복점이 많이 있다.

전통과 현대 베트남 건축 양식을 배경으로 좌판, 양복점, 노점상, 미술관 등이 늘어서 있다. 스쿠터들이 지나다니고 전통과 현대 스타일 셔츠와 드레스가 상점 앞에 걸려있고 베트남 모자와 제등이 벽에 줄지어 있다. 활기 넘치는 거리는 빛바랜 노란색 건물들에 진열되어 있는 실크, 맞춤 양복, 다채로운 상품, 수공예 기념품으로 유명하다.

1,000년의 역사를 가진 구시가지에 위치한 거리는 많은 건물들이 19세기 전쟁 중에 파괴되었지만 빛바랜 노란색 외관의 전통적인 건축물들은 남아 있다.

전문가가 48시간 동안 맞춤 제작한 고급 의복도 판매한다. 거리 곳곳을 돌아다니면 형형색색의 다양한 실크를 볼 수 있다. 하노이에서 반푹 마을은 베트남 최고의 실크를 생산한다는 명성을 가지고 있다. 날염 실크, 그림이 그려진 실크, 무늬가 있는 실크 중에 원하는 실크의 사진을 가져오면 수월하게 쇼핑을 마칠 수 있다.

No. 85

코부 마을(Co Vu Village)에 속했던 코부 주민 회관이다. No. 85 밖에는 큰 반얀 나무가 있다. 얽힌 뿌리를 가진 영적으로 상징적인 이 나무에 사람들이 향을 피우고 쌀, 위스키를 바친다.

다양한 수공예품

베트남에는 50개 이상의 서로 다른 민족이 살고 있다. 이곳에서 판매하는 대부분의 수공예품과 의복에는 각 민족의 독특한 디자인과 직조 방식이 나타난다. 현지에서 제작한 가방, 전통 종이 수공예 기념품, 베트남 전통 의상 등도 판매하고 있다. 자개 가구, 유화 및 수채화 그림, 인쇄물, 골동품, 칠기, 도자기 동상, 백단 조각품 등도 있다.

하노이 구시가 중요거리

항가이(Hàng Gai)

항가이 거리는 하노이를 대표하는 실크를 판매하는 거리로 쇼핑거리의 대표적인 이름이 되었다. 기념품도 많이 판매하여 관광객이 많이 찾는다.

항박(Hàng Ba)

귀금속 상점들이 몰려 있는 서울의 종로3가에 해당하는 은이 거래되는 거리로 많은 귀금속을 판매하고 있다.

항마(Hàng Mã)

최초에는 종이 거래되었던 거리였지만 지금은 붉은색 홍등과 불교 용품을 판매하는 거리로 바뀌어 서울의 인사동에서 불교용품이 거래되는 것과 비슷하다.

마머이(Mã Mây)

오래된 집들이 몰려 있는 거리로 지금은 3성급 호텔들이 몰려 있는 거리로 관광객에게 알려져 있다.

항꽈(Hàng Quat)

옛날에는 부채를 팔던 거리였지만 지금은 제주용품을 파는 거리로 바뀌었다. 도장으로 새로운 하노이 관광을 기념하고 싶은 관광객이 찾는다.

항저우(Hàng Dầu)

호안끼엠 호수 북쪽에 있는 신발용품을 주로 판매하는 거리이다.

하노이 맥주 거리, 따 히엔(Tạ Hiện)

낮에는 오토바이와 차, 사람들로 붐비던 거리가 시간 간격을 두고 도로 통행을 제한하여 보행할 수 있도록 맥주거리를 형성하게 한다. 하노이를 대표하는 핫플레이스로 최근에 더욱 인기를 얻고 있다. 여행하는 여행자는 첫날밤에 가장 기다려지는 상상은 일명 맥주거리에서 즐기는 것이다. 일명 36거리를 말한다.
이 36거리에서도, 사진 찍기 좋고 즐기기 좋은 따 히엔Tạ Hiện(謝現)거리로 프랑스 파리 뒷골목 분위기가 나기도 한다. 밤이 깊어지면 '비아허이' 맥주 한 잔을 250원에 마실 수 있는 베트남 하노이 맥주거리에 관광객과 하노이 시민들이 몰려든다. 오후 6시 정도부터 새벽 1시까지 이어지는 거리에서 혼자서 가더라도 옆의 하노이 사람들과 이야기를 나누다보면 어느새 같이 술을 마시면서 외로움을 달랠 수 있다.

더운 하노이 날씨에 힘든 일상을 보낸 시민들과 관광객들이 서로 시원한 맥주를 마시기 위해 모여 들어 인파로 젊은 열기를 느낄 수 있다. 목욕탕 의자에 앉아 다닥다닥 붙어 앉아서 맥주를 마시는 풍경이 인상 깊다. 안주는 2,500원 정도이고 BBQ는 6,000~8,000원 정도여서 2명이 맥주와 아무리 많이 마셔도 2만 원 이상을 지불할 수 없는 곳이다.

오래 전에 TV 프로그램 런닝맨 하노이 편에서 출연진들과 게스트들이 과일을 들고 다니면서 가위, 바위, 보(một, hai, ba...모따이바)하던 곳이고 짠내 투어에서 밤을 즐기는 방법으로 중간 정도에 위치한 푹람Phuc Lam 현지 식당이 나왔다.

분짜 닥 낌(Bún Chả Đắc Kim)
상당히 알려진 베트남 국수집으로 한국인 입맛에 잘 맞는다. 가격은 현지 식당치고는 약간 비싼 편(국수와 '냄'이라고 불리는 게살 스프링롤 포함, 5000원 가량)이다.

폭람
Phúc lâm quán

tvN의 '짠내 투어'에 나와 한국인들에게 인기를 끄는 곳으로 간판 자체가 한글로 되어 있어서 찾는데 어려움은 없다. 관광 객들이 관광객 구경하러 온다는 말이 있 는 맥주거리에 위치해 있을 정도로 사람 들로 혼잡하기 때문에 음식을 음미하면

서 먹기는 힘들다. 불판 위에 호일을 덮고 마가린을 듬북 발라, 각종 고기와 해산물 을 야채와 함께 구워 먹는 마가렛 철판 바비큐가 대표 메뉴이다.

인원수에 맞게 주문하면, 먹기 좋게 준비 를 해준다. 불판의 온도가 올라가면 고기 가 익으면서 불판에 미리 덜어놓은 마가 린이 튈 수 있으니 조심해야 한다. 실내 자리도 있지만 맥주거리에서는 관광객들 구경할 수 있는 실외 좌석에 앉아서 먹는 것을 선호한다. 베트남의 샤브샤브인 '라 우'같은 단품 메뉴도 있다.

주소_ Số 2 Tạ Hiện, Hàng Buồm, Hoàn Kiếm, Hà Nội
시간_ 9시~02시
요금_ 마가렛 철판 바비큐 1인 130,000동
전화_ +84-98-753-73-02

47 마 메이
47 Ma May

맥주거리 근처에 있는 베트남식 불고기 집으로 현지인에게 잘 알려져 있다. 메뉴는 소고기 불고기, 돼지고기, 소고기&염 소고기의 3가지를 인원수에 맞게 주문한다. 자리에 앉으면 라임이 들어간 소금을 주고, 고기를 가져다 준다.

라임을 짜서 섞어주면 소스는 완성되는데, 새콤, 짭짤해서 고기와 잘 어울린다. 빵을 주문해서 고기와 싸먹으면, 즉석 반미를 맛 볼 수 있다. 저렴한 가격으로 맥주와 한 끼로 먹기에 부족함이 없다. 호일과 고체 연료는 필요시 교체해달라고 하면 된다.

주소_ 47 Phố Mã Mây, Hàng Buồm, Hoàn Kiếm, Hà Nội
시간_ 9시~02시
요금_ 소고기 1인분 100,000동
전화_ +84-97-209-09-90

반미 포
Bánh Mì Pho

베트남식 샌드위치인 반미를 맛볼 수 있는 곳이다. 그릴드 치킨, 그릴드 비프에 계란, 치즈, 미트볼을 추가해서 먹을 수 있다. 반미를 좋아 하는 분이라면 이곳과 반미 25를 비교해 보는 것도 좋은 경험이 될 것이다. 맥주거리에 위치해 있어서 동 쑤언 시장 들렸다가 간식으로 방문하는 일정을 계획해도 된다.

주소_ 12 Hàng Buồm, Hoàn Kiếm, Hà Nội
시간_ 7시~02시
요금_ 반미 26,000동~
전화_ 0462-700-622

음식주문에 필요한 베트남 어

매장

커피숍 | QUÁN CÀ FÊ | 관 까페
약국 | TIỆM THUỐT | 뎀 톳

음식

햄버거 | HĂM BƠ CƠ | 함 버 거
스테이크 | THỊT BÒ BÍT TẾT | 틱 버 빅 뎃
과일 | HOA QUẢ | 화 과
빵 | BÁNH MÌ | 바잉 미
케이크 | BÁNH GA TÔ | 바잉 가도
요거트 | SỮA CHUA | 스으어 주으어
아이스크림 | KEM | 갬
카레라이스 | CƠM CÀ RI | 껌 까리
쌀국수 | PHỞ | 퍼
새우요리 | MÓN TÔM | 먼 덤
해산물요리 | MÓN HẢI SẢN | 먼 하이 산
스프 | SÚP | 습

육류

고기 | THỊT | 틱
쇠고기 | THỊT BÒ | 틱 버
닭고기 | THỊT GÀ | 틱 가
돼지고기 | THỊT HEO | 틱 해오

음료

커피 | CÀ FÊ | 까 페
콜라 | CÔ CA | 꼬 까
우유 | SỮA TƯƠI | 스으어 드이
두유 | SỮA ĐẬU | 스으어 더오
생딸기주스 | SINH TỐ DÂU | 신 또 져우

술

생맥주 | BIA TƯƠI | 비아 뜨으이
병맥주 | BIA CHAY | 비아 쟈이
양주 | RƯỢU MẠNH | 르으우 마잉
와인 | RƯỢU VANG | 르으우 반

양념

간장 | XÌ DẦU | 씨 져우
겨자 | MÙ TẠC | 무 닥
마늘 | TỎI | 더이
소금 | MUỐI | 무오이
고추 | ỚT | 엇
소스 | NƯỚC XỐT | 느웃 솟
설탕 | ĐƯỜNG | 드으엉

참기름 | DẦU MÈ | 져우 매
된장 | TƯƠNG | 뜨 응

베트남 로컬 식당에서 주문할 때 필요한 베트남어 메뉴판

베트남에서 현지 식당에서 주문을 할 때 가장 애로사항이 되는 것은 무엇인지를 몰라 주문을 제대로 했는지 잘 모르겠다는 것이다. 사진으로 된 메뉴판을 가지고 있다면 관광객이 오는 완전 로컬 식당은 아니다. 로컬 식당은 저렴하기도 하지만 직접 베트남 사람들이 먹는 음식들을 주문할 수 있고 바가지를 쓰지 않게 되므로 보면서 확인하고 주문하면 이상 없이 현지인들과 함께 식사를 하고 즐거움을 나눌 수 있다. 메뉴판에 직접 표시하여 현지에서 보면서 주문하면 도움이 될 것이다.

Bạch Tuộc (낙지)	59,000
Con Tôm (새우)	59,000
mực (오징어)	59,000
Cá trứng (삶은 계란)	50,000
Ếch (개구리)	60,000
Lòng Non (곱창)	49,000
Ba Chỉ Heo (돼지)	59,000
Sườn Heo (새끼 돼지 갈비)	59,000
Bao Tử Cá Ba Sa (물고기 내장)	59,000
Sụn Gà (닭 연골)	59,000
Mề gà (닭 똥집)	59,000
Vây Cá hồi (연어 지느러미)	49,000
Sườn cá sấu (악어 갈비)	59,000
Heo Tộc Nướng (구운 돼지고기)	59,000
Nai Nuôi Nướng (구운 사슴고기)	59,000
Vú dê (염소 가슴)	59,000

오징어

돼지고기

Bò Luộc (삶은 소고기)	59,000
Bò Nướng Cục (양념 소고기 구이)	59,000
Bò Nướng Tảng (양념 육우 구이)	59,000
Bò Lụi Sả (소고기 레몬그라스 꼬치)	50,000
Sườn Nướng (개구리)	60,000
Bắp Nướng (옥수수 구이)	49,000
Thăn Bò Nướng (소고기 안심 구이)	59,000
Gân Hấp Sả (레몬 그레스 & 힘줄)	59,000
Nấm Sữa Nướng (구운 소세지)	59,000
Bò Lá Lốt Mỡ Chài (소고기 & 물고기 기름)	59,000
Gân Bò Tiềm (소고기 힘줄)	59,000
Lá Sách, Tổ Ong, Thằn Long Hấp	49,000
Lẩu Duôi Bò (소꼬리 전골)	59,000
Lẩu Dụng Bò (암소 전골)	59,000
Lẩu Bò (소고기 전골)	59,000

닭똥집

Cá Viên Ran Củ (야채 생선 꼬치)	59,000
Tôm Viên Saté (새우 꼬치구이)	59,000
Hố Lố Nướng (소세지 꼬치구이)	50,000
Dậu Bắp (오크라)	60,000
Bò Viên Sa Tế (소고기 완자)	49,000
Thanh Cua Nướng (게살 구이)	59,000
Tôm Hùm Viên (바다 가재)	59,000
Chạo Sả (어묵 레몬그라스 꼬치)	59,000
Chạo Thịt Cuốn Mía Lau	59,000
(다진 고기롤 & 사탕수수)	
Xúc Xích Đức (독일 소세지)	59,000
mực Viên (먹물 오징어)	49,000
Ốc Viên (달팽이)	59,000
Bò Muối Ớt (매운 소고기)	59,000
Ba Chỉ Cuộn Nấm (버섯 롤)	59,000

소고기

악어고기

Gà Thả Vườn	+ Hấp Hành (찐 양파)	145,000
	+ Nướng (그릴)	145,000
	+ Tiềm Ớt Sim (삶은 닭)	160,000
Cơm Chiên	+ Trứng (계란 후라이)	145,000
	+ Bò Bằm (암소)	145,000
	+ Gà Xé (닭고기)	160,000
	+ Cá Mặn (생선)	160,000
Mí Xào	+ Xào Bò (소고기 튀김)	145,000
	+ Xào Rau (야채 볶음)	145,000
	+ Salad Trộn Trứng	160,000
	(삶은 달걀 샐러드)	
	+ Salad Trộn Bò	160,000
	(소고기 샐러드)	
	+ Salad Cá Hộp	160,000
	(참치 샐러드)	

염소고기

하노이 쿠킹 클레스

여유롭게 마을 주변을 둘러보면서 친근한 농산물을 직접 만지면서 체험을 하고 하노이의 시골 생활을 느껴볼 수 있다. 아침에 가이드를 만나서 하노이의 농장까지 이동한다. 활기찬 시장을 둘러보고 신선한 고기, 야채, 생활용품에 닭과 오리를 판매하는 것까지 직접 볼 수 있다.

1. 시장에서 쿠킹 클레스 하우스에 도착하여 녹차 한 잔과 신선한 과일을 즐기면서 마을 주변을 산책하면서 준비를 한다.
현지의 생활이 살펴보고 길을 따라 농장을 보게 된다. 손으로 직접 채소밭에서 일하는 농부처럼 긁어 모으고, 물을 뿌리고 야채를 모으는 활동에 참여한다.

2. 본격적으로 집으로 돌아가서 함께 정통 베트남 요리를 만드는 실습을 즐기고 점심을 단계별로 만들어 본다. 하노이의 쌀 종류를 맛보고 함께 맛있는 베트남 음식을 먹기 위해 앉는다.

3. 점심을 만들어 직접 시식을 하면서 서로의 음식을 평가해 본다. 점심 식사 후 현지 유기농 농장을 가서 유기농 방법에 대해 알아본다.

4. 오후에 하노이로 돌아가 투어를 끝낸다.

옛 대통령궁
Dinh Độc Lập

인상적인 식민지 시대의 저택에는 혁명 지도자, 호치민이 기거한 관저와 부지를 볼 수 있다. 하노이의 옛 대통령궁은 세련된 외관과 고전적인 프랑스 스타일을 지니고 있다. 망고 나무가 높이 치솟은 정원을 거닐고, 전 대통령이 10년 이상 살면서 직무를 수행한 기둥 위에 세워진 가옥을 살펴볼 수 있다.

건축가 오귀스트 앙리 빌디외Auguste Henri Vildieu가 설계하고 1906년에 완공된 화려한 대통령궁은 원래 인도차이나의 총독을 위해 지어진 건물이다. 1954년에 프랑스가 베트남 철수한 후에는 혁명 지도자 호치민이 1969년에 생을 마감할 때까지 저택 부지에서 살았다.

현재 공식적인 환영회나 국가행사에만 사용되는 궁의 내부에는 일반인의 출입이 금지되어 있다. 하지만 고요한 저택 부지와 기둥 위에 세워진 유명한 호치민의 집은 관람이 가능하다. 대통령 궁 안으로 들어갈 수는 없지만 곳곳에서 인상적인 식민지 시대의 건물의 모습을 볼 수 있다. 녹색 연철 대문 너머로 빨간색 지붕의 겨자색 건물 외관을 따라 늘어선 예쁜 아치형 창문들이 보인다. 그 아래에 하얀색 돌계단이 관목과 초목이 무성한 현관까지 이어져 있다.

궁 뒤의 산책로를 따라 향기로운 망고 나무가 있는 정원을 조금 걸으면 형형색색의 잉어들로 가득한 큰 연못이 있는 조용한 안뜰이 나온다. 호치민이 거주했던 기둥 위에 세워진 집이 있다. 상징적 이유로 호치민은 호화로운 궁 안에서 살지 않기로 결심했다. 내부로 들어가면 전체가 광택 목재로 꾸며진 단순하면서 편안한 인테리어를 확인할 수 있다.

위치_ 하노이 서부 훙브엉 거리
시간_ 월, 금요일 휴관(겨울)

못꼿 사원
Chùa Mòt Cót

하노이의 가장 대표적인 못꼿 사원 건축물은 한적한 공원 안 연못 위에 자리해 있다. 돌기둥은 작은 호수 위에 높이 솟아 있는 인상적이고 독특한 모습이다. 화려한 신사 안에 들어가 보거나 무성한 나무로 뒤덮인 고요한 공원에서 편하게 쉴 수도 있다.

사원은 1028~1054년까지 통치했던 리 타이 통 황제에 의해 지어졌다. 프랑스가 하노이에서 철수하면서 사원을 파괴했지만 하노이의 상징적 기념물이었던 사원은 1955년에 완전히 재건축되었다. 사원은 전체가 나무로 만들어졌는데, 복원 과정에서 건축 자재가 대부분 그대로 사용된 것으로 추정된다. 사원 건물 중 일부는 천년 가까이 된 셈이다.

수련이 핀 연못가 주변을 걸으면 넓고 굽이치는 모양의 지붕은 사원이 서 있는 연못에 핀 연꽃의 모습을 형상화하여 설계되었다. 연못의 끝까지 걸어가면 사원의 내부로 연결되는 돌계단이 있다.

작은 방 하나로 된 사원 내부에는 반짝이는 황금상 관음보살이 모셔진 작은 제단이 있다. 현지인들은 이곳에서 기도를 한 커플은 결혼과 임신에 성공할 수 있다고 믿고 있다. 관음상의 발밑에는 신도들이 바친 향기로운 꽃과 신선한 과일들이 놓여 있다.

햇살이 비치는 밖으로 나와 예쁜 꽃으로 꾸며진 정원에 놓인 벤치에 앉아 쉴 수 있다. 사원의 바로 뒤에 1958년에 인도에서 선물한 큰 보리수나무가 서 있는데, 부처가 깨달음을 얻은 보리수나무에서 접목한 나무로 알려져 있다.

위치_ 하노이 바딘지역 옹 입 키엠 거리 뒤
시간_ 여름 매일 개장 / 겨울 월, 금요일 휴원

베트남 여행 중에 더위를 쫓기 위해 마시는 음료

무더운 날씨의 베트남 여행을 하면 길을 걷다 보면 달달하고 시원한 음료수를 마시고 싶은 생각이 굴뚝같아진다. 베트남 여행에서 상점이나 편의점, 마트에서 구입하는 음료수를 마시는 것 보다 길거리나 카페에서 맛볼 수 있는 다양한 음료수로 더위를 식히곤 한다.

1. 열대과일 셰이크
베트남에서 20,000~30,000동의 금액이면 길거리에서 열대과일 셰이크를 마실 수 있다. 더운 날씨의 무더위를 날려줄 음료가 1,000~1,500원 정도라니 행복하다. 생과일 셰이크를 즐길 수 있다는 사실만으로도 행복한데 저렴한 가격은 부담이 덜어진다. 망고나 패션 프루트, 코코넛, 파인애플, 수박, 아보카도 등 원하는 과일을 선택할 수 있다. 한 가지 과일만 선택해도 되고, 섞어서 마실 수도 있다. 각 도시마다 열대과일 셰이크 맛집들이 있지만 그보다는 갈증이 다가올 때 길거리에서 마시는 음료가 더 맛있을 것이다.

2. 카페 '쓰어다'
베트남을 대표하는 커피는 전국 어디서나 쉽게 볼 수 있는 베트남 전국민의 음료수이다. 특히 더운 여름날에는 달달한 연유 커피가 제격이다. 쓰어(연유)와 다(얼음)를 넣어 달달한 커피가 목구멍을 넘기는 시원함은 가슴까지 내려오기 전에 무더위를 없애준다. 진한 에스프레소에 연유를 넣어 만드는 아이스커피는 '아메리카노'로 대변되

는 아이스커피보다 진하고 단맛이 강하다. 베트남 커피는 쓴맛과 단맛이 함께 느껴지므로 짜릿함이 더욱 강하게 느껴진다. 다만 양이 적으므로 얼음이 녹아 양이 많아질 때까지 기다려야 할 때도 있다.

3. 코코넛 아이스크림

코코넛을 단순하게 마시거나 얼려서 젤리처럼 만들어서 먹기도 한다. 또는 코코넛 안에 아이스크림을 담아 주기도 한다. 아이스크림 위에 각종 과일과 생크림을 듬뿍 얹어 주기도 하는데 코코넛을 손으로 잡기만 해도 맛있다. 아이스크림 안에는 코코넛 안에 하얀 과육이 더욱 단맛을 내주고 젤리처럼 쫄깃함까지 먹도록 해준다.

4. 사탕수수 주스

사탕수수를 기계로 짜서 먹는 시원한 사탕수수 주스는 단맛이 강하지 않다. 주문을 하면 그 자리에서 사탕수수 즙을 내서 준다. 수분이 강해 더위에 지칠 때 예부터 마시던 주스이다. 시원하지만 밍밍하다고 하는 사람들도 있지만 베트남의 길거리에서 한번은 맛보기를 추천한다.

5. 코코넛 밀크 커피

서울에도 문을 연 콩카페 덕에 핫한 코코넛 밀크 커피는 베트남 여행에서 어느 도시를 가도 빠지지 않고 마시는 커피이다. 진하고 쓴 베트남 커피와 코코넛 밀크가 어우러진 인기가 핫한 커피이다. 특히 다낭이나 호치민, 하노이, 나트랑 등을 여행하면 한번은 찾아가는 코코넛 밀크를 갈아 커피 위에 얹어 주는 커피이다.
스푼으로 코코넛을 떠 먹으며 마치 스무디에 가깝다는 생각이 든다. 얼음을 넣은 커피보다 시원하고 코코넛 특유의 달콤한 맛이 온몸으로 느껴진다. 가장 유명한 곳은 '콩카페^{Cong Ca Phe}'로 베트남 대도시를 여행하면 관광지처럼 찾아가는 곳이다.

하노이 고성 & 문묘지역
Hoàng Thành Thăng Long & Văn Miếu

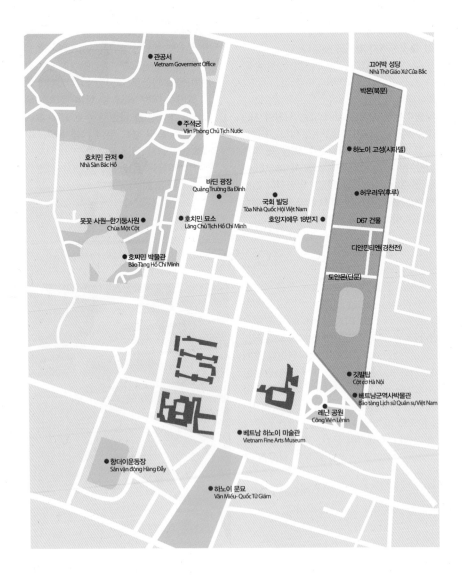

관공서
Vietnam Goverment Office

끄어박 성당
Nhà Thờ Giáo Xứ Cửa Bắc

박몬(북문)

주석궁
Văn Phòng Chủ Tịch Nước

하노이 고성(시타델)

호치민 관저
Nhà Sàn Bác Hồ

바딘 광장
Quảng Trường Ba Đình

허우러우(후루)

국회 빌딩
Tòa Nhà Quốc Hội Việt Nam

D67 건물

호앙지에우 18번지

못꼿 사원-한기둥사원
Chùa Một Cột

호치민 묘소
Lăng Chủ Tịch Hồ Chí Minh

디안낀티엔(경천전)

호찌민 박물관
Bảo Tàng Hồ Chí Minh

도안몬(단문)

깃발탑
Cột cờ Hà Nội

베트남군역사박물관
Bảo tàng Lịch sử Quân sự Việt Nam

레닌 공원
Công Viên Lênin

베트남 하노이 미술관
Vietnam Fine Arts Museum

항더이운동장
Sân vận động Hàng Đẫy

하노이 문묘
Văn Miếu- Quốc Tử Giám

하노이 고성/ 시타델

Hoàng Thành Thăng Long
/Hanoi Citadel(Thang Long Imperial Citadel

중국과 프랑스의 식민지 시대부터 미국과의 전쟁 당시까지 수천 년 동안 하노이 고성 요새는 베트남의 정치적, 군사적 역사의 핵심 역할을 해왔다. 하노이의 옛 이름, 탕롱은 1880년대에 프랑스령 인도차이나의 중심지였다.

하노이 고성의 기념물과 건물은 10세기 넘게 독립을 위해 싸운 베트남의 역사와 함께 했다. 역사가 풍부한 상징적 건축물, 벙커, 군사 구조물은 정치권력과 군사 저항의 세월을 보여준다.

유네스코 세계문화유산으로 지정된 2010년 당시까지 고성은 군사 기지로 사용되었다. 하노이 고성은 문화적 중요성에도 불구하고 비교적 잘 알려지지 않았다.

초기 중국 문화, 남부 참파 왕국, 종교 전통이 황성의 건축 양식에 영향을 미쳤다. 7세기에 세운 중국 성의 잔해 위에 11세기에 건설되어, 기존의 중국 우물과 구조물 일부는 여전히 남아 있다. 응우엔 왕조 8대문 중 하나인 도안몬^{Doan Môn} (단문)을 지나 성 안으로 들어갈 수 있다.

내부 설명

도안몬(Doan Môn / 단문)
용 석상과 킨티엔 궁의 유적, 하우라우 궁을 감상하고 군사 박물관의 깃대에 올라 도시의 전경을 조망할 수 있다.

D67
쿠아 박 북문에 있는 자국은 프랑스 군함이 발사한 포탄에 의해 생긴 것이다. 제1차 독립전쟁 이후인 1954년에는 북베트남의 군사 본부가 자금성에 있었다. 지압 장군(General Giap)이 베트남 전쟁 당시 몸을 숨겼던 지하 D67 지휘 벙커를 볼 수 있다.

베트남 군사 역사박물관
정원을 지나 베트남 군사 역사박물관이 나온다. 중국, 프랑스, 미국의 내정 간섭에 맞서 싸운 베트남의 독립 투쟁에 대해 전시하고 있다.

주소_ Duòng Hoàng Diêu, Quân Ba Dinh
위치_ 호치민 묘 반대편, 바딘광장 옆
시간_ 7시 30분~11시 30분,
13~16시30분(화~일요일 / 월요일 휴관)
전화_ +84-4-3734-5927

하노이 고성 문
Hanoi Old City Gate

1749년에 지어진 고성^{Hanoi Old City Gate}의 문은 한때 구시가지 주변을 둘러쌌던 수많은 문들 중에 마지막 남은 문이다. 베트남어로는 1843년에 이곳에서 프랑스군과 싸우다 전사한 군사 지도자의 이름을 따서 '콴 쯔엉^{Quan Chuong}'이라고 부른다. 이 문은 1946년부터 1947년까지 프랑스에 저항하는 데 중요한 역할을 했다. 미국과의 전쟁 당시에는 대공포를 배치하고 군사 전략 지점으로 활용했다.

하노이 고성 문은 복원 공사를 거쳤지만 본래의 형태와 구조를 그대로 유지하고 있다.

정문은 홍^{Hong} 강을 면한 동쪽으로 이어져 가까이 다가가면 위풍당당한 아치형 입구가 눈에 들어온다. 위를 올려다보면 위층의 회색 탑 위에 3m 높이에 2층으로 전통적인 둥근 지붕이 보인다. 조금 더 가까이 가면 1882년에 세워진 작은 비석을 발견할 수 있다. 비석에는 행인에게 해를 끼치지 말라는 내용의 병사들에 대한 명령이 새겨져 있다.

호안 끼엠 호수에서 정북쪽, 항찌에우^{Hang Chieu}와 다오 쥐 뚜^{Dao Duy Tu} 거리가 만나는 교차로에 위치해 있다.

> **베트남의 역사교육**
> 하노이 올드시티게이트의 아치형 정문을 지나가면서 프랑스나 미국과의 전쟁을 비롯하여 여러 차례 도시가 포위됐던 때 바로 이 지점에서 도시를 방어했던 병사 중 한 사람이 되었다고 상상해 보라고 이야기한다. 매력적인 형태의 하노이에 남아 있는 유일한 도시 입구는 도시가 포위됐던 시기를 떠올리게 만든다고 한다. 고개를 들면 중앙 탑의 둥근 지붕과 바람에 펄럭이고 있는 빨간색과 노란색의 베트남 국기가 보인다.

문묘

(文廟 / Văn Miếu / Temple of Literature)

'공자묘(孔子廟)'라고도 하는 문묘(文廟)는 수세기 동안 이어진 베트남 지성의 전당이다. 원래 공자를 기리는 의미에서 대학으로 세워진 역사적인 사원은 베트남의 학술 문화 구축에 기여한 철학자와 여러 지식인들의 학덕을 기리는 곳이기도 하다.

각각의 고유한 역사, 비석, 잘 꾸며진 정원을 가진 5개의 성스러운 안마당은 공자(B.C. 551~B.C. 479년)와 베트남 최고의 학자들을 기리기 위한 공간이다.

경내의 조용한 분위기를 즐기며 도시의 번잡함에서 벗어나는 시간을 가질 수 있다. 전통적인 건축물을 감상하고 정원에서 휴식을 취하고 유서 깊은 비석의 아름다움을 즐기는 시간을 가질 수 있다.

사원의 간략한 역사

사원은 리 왕조 통치기간이던 1070년에 설립되었다. 처음 설립되었을 당시에는 귀족 자제들만 입학이 가능했다. 1442년에 이 같은 규제를 철폐하고 전국 각지의 재능 있는 학생들을 받기 시작했다. 15세기에 리 탄 통황제는 과거 시험에 합격한 모든 사람의 이름을 비석을 새기도록 했다. 현재 총 1,307명의 합격자 이름이 새겨진 82개의 비석이 남아 있다.

비석이 있다. 연지 곁에서 쉬면서 전당에 있는 비석을 구경해 보자.

공자 사당에는 공자가 봉안되어 있다. 유명한 스승이었던 쭈 반 안의 위패도 봉안되어 있으며 72명의 제자도 확인할 수 있다. 사원 모형과 역사적인 사진들은 다섯 번째 안마당에 있다. 마지막 안마당인 타이 혹에는 베트남 최초의 대학이 있다.

5개의 정원
Five Gardens

각기 다른 시대의 베트남 건축 양식이 반영되어 있다. 높은 8개의 비석을 지나 첫 번째 안마당에 들어서면 문묘문(文廟文)이 보인다. 문묘문(文廟文) 아래를 지나 두 번째 안마당으로 향하면 200년의 역사를 자랑하는 규문각(奎文各)이 서 있다. 규문각(奎文各)은 비석의 정원으로 알려진 3번째 안마당으로 이어진다. 이곳에는 과거 시험 합격자들의 이름이 새겨진

주소_ Dường Quốc Tú Giám
시간_ 7시 30분~18시(4~9월)
　　　　8~17시(10월~다음해 3월), 월요일 휴원
요금_ 30,000동

200

응옥선 사당

Đền Ngọc Sơn / 玉山祠

하노이의 호안끼엠^{Hoan Keim} 호수, 북쪽에 마치 섬처럼 떠 있는 베트남 성인을 모시는 사당이다. 몽고의 침략을 무찌른 13세기 베트남의 영웅인 쩐 흥 다오^{Trun Hung Dao}를 비롯해 문(文), 무(武), 의(醫)의 세 성인을 모신 곳이다.

1968년에 호안끼엠 호수에서 잡혔다는 길이 2m, 무게 250kg의 대형 거북이가 박제되어 있다. 실제로 호안끼엠 호수에는 거북이들이 많이 잡히고 있어서 거북이와 관련한 신화까지 존재한다.

태 훅교^{The Huc}(栖旭橋)라는 빨간 다리를 지나 입장(입장료 30,000동)한다. 다리를 지나면 응옥선 사당으로 들어가는 문이 나온다. 문을 넘어가지 않으면 무료이기 때문에 다리에서 사진을 찍으려는 관광객이 상당히 몰린다. 민소매, 짧은 하의는 입장이 불가하므로 유의하자. 매표소 맞은편에서 가운을 무료로 대여해 준다.

사당으로 들어가면 조경된 정원이 있고, 사당 건물에는 붓탑(筆塔), 득월루(得月樓) 등의 건물과 1968년에 잡힌 거대한 거북이가 박제되어 있다.

이름 변경의 역사

옥산 섬이 세워지고, 유교와 도교의 학자들이 국가 영웅인 쩐 흥 다오(Trun Hung Dao)에게 헌정한 작은 사원은 1865년 확장되었다. 처음에는 응옥선(玉山)이라고 불렸지만 이후에 응옥선 사당으로 바뀌었다. 사원은 문창제군을 주로 모셨고, 13세기 원나라를 물리친 쩐 흥 다오를 봉헌했다. 원래, 리 태조가 수도를 탕롱으로 옮기면서 사당의 이름이 응옥트엉으로 지었는데, 쩐 왕조가 응옥선으로 명칭을 변경했다.

현지인의 문묘 사랑

베트남 캔 커피

'Ca Phe'는 커피라는 뜻이고 'Sua'는 우유, 'Da'는 얼음을 뜻하는 베트남어이다. 600~700원의 가격에 캔 커피가 베트남의 마트에서 판매가 되고 있다. 세계에서 두 번째로 큰 커피 수출 국가인 베트남에서 캔 커피로 대변되는 인스턴트 커피산업은 성장하지 못하고 있다.

베트남 마트에 있는 음료수가 있는 냉장고를 보면 버디Birdy, 네스카페 Nescafe, 하이랜드 커피Highland Coffee, 마이 카페My Café 4가지 캔 커피 브랜드는 다른 음료수 중 하나일 뿐이다. 베트남 사람들은 원두커피를 좋아하기 때문에 캔 커피에 대한 관심은 떨어진다. 하지만 경제 성장이 높아지는 나라들이 인스턴트커피에 대한 관심이 높아지고 소비되는 것을 보면 베트남에서도 관심이 올라갈 것으로 보인다.

버디Birdy 캔커피 브랜드를 일본 기업이 처음으로 베트남으로 가져와 치열하게 경쟁하고 있다. 네슬레는 동나이Dong Nai성에 캔커피 생산공장을 재빨리 세워 인스턴트 커피시장에 진출해 있다. 딴협팟Tan Hiep Phat의 병 포장 커피와 하이랜드 커피Highland Coffee의 캔커피 2가지 제품이 더 있다.

펩시, 하이랜드 커피Highlands Coffee, 네슬레Nestlé, 아지노모토Ajinomoto 등의 상표가 있다. 베트남 친구들에게 물어보면 캔 커피는 단맛만 있고 커피의 풍미는 부족하여 캔 커피를 좋아하지 않는다고 한다. 또한 가격도 로컬에서 마시는 원두커피와 비슷하거나 비싸기 때문에 관심이 없다고 한다.

캔 커피 시장이나 편의점 같은 것들이 대한민국에서는 흔하지만 베트남 시장에 진입을 하고 있어서 베트남 사람들이 친숙하지 않을 수도 있다. 베트남 여행을 하다보면 가끔씩 상점에서 볼 수 있는데, 새로운 캔 커피 제품에 대한 소비 잠재력은 여전히 크다고 한다.

대통령이 찾은 맛 집

분짜 흐엉리엔(Bún Chả Hương Liên)

전 미국 대통령인 버락 오바마 대통령이 다녀간 이후에 전 세계적으로 가장 유명한 분짜 가게가 되었다. 하지만 하노이에서 유명한 대표 분짜 가게로 명성이 자자한 집이어서 손님이 많은 날에는 4층까지 올라가서 먹어야 하는 경우도 발생한다.

대부분 주문하는 것은 분짜, 넴, 하노이 맥주가 포함된 오바마 세트가 최근에 가장 주문을 많이 한다. 소스에 마늘과 고추를 넣어서 다양한 맛을 볼 수 있는 것이 장점이다. 장사가 잘 되다보니 항상 바쁘게 돌아가므로 직원들도 상당히 피곤한 기색이 얼굴에 나타나 있다. 그러므로 서비스에 대한 큰 기대를 하지 말자.

주소_ 10 Lý Quốc Sư, Hàng Trống, Hoàn Kiếm, Hà Nội   **시간_** 6시~22시
요금_ 쌀국수 60,000동   **전화_** +84-0847-225-586

주소_ 10 Lý Quốc Sư, Hàng Trống, Hoàn Kiếm, Hà Nội **시간_** 6시~22시
요금_ 쌀국수 60,000동 **전화_** +84-0847-225-586

포10(Pho 10)

하노이에서 쌀국수로 가장 유명한 맛 집이다. 깊고 깔끔한 국물 맛이 특히 일품이어서, 관광객은 무조건 찾아가야 하는 곳이지만 하노이 시민들에게도 꾸준히 사랑받고 있다. 기다리는 시간에 메뉴를 선택하고, 기다리다가 테이블에 앉으면 바로 가져다주므로 먹는 시간은 오래 소요되지 않는다. 또한 바쁘면 무조건 합석하고 먹어야 할 정도로 인기 있는 쌀국수 집이라는 사실은 알고 당황하지 말아야 한다.

소고기를 익는 상태에 따라 완전히 익힌 소고기(Tai), 반쯤 익힌 소고기(Chin)가 취향에 따라 선택한다. 테이블위에 있는 라임, 고추, 절인 마늘을 적당량 넣어 먹으면 다양한 맛을 즐길 수 있다. 처음에 국물 맛을 보고, 반쯤 먹었다 싶을 때 고추나 절인 마늘을 넣어 먹으면 한 번에 2가지 맛을 볼 수 있다. 최근에 문재인 대통령이 방문한 곳으로 유명하다.

하노이 방송 탄 맛 집들

분보남보(Bún Bò Nam Bộ Hàng Điếu)

길가다 파란색 간판이 눈에 확 띄는 곳이어서 찾기 쉽다. 하노이 시민들과 관광객에게도 인기가 많아 항상 북적인다. 방송에서 소개된 후 대한민국의 관광객들이 하노이 도착과 동시에 방문하는 비빔국수 식당으로 유명하다.

쌀국수를 삶은 숙주, 고수, 야채와 소고기를 새콤한 느억맘 소스와 자작하게 비벼 먹는다. 견과류의 고소한 맛과 새콤달콤한 맛이 매력적이다. 뜨거운 국물 쌀국수에 지칠 때 쯤 먹는다면, 땀 흘리지 않고 편하게 먹을 수 있다. 취향에 맞게 라임 즙, 고추를 넣고 비벼서 먹으면 다양한 맛을 즐길 수 있다.

홈페이지_ www.bunbonambo.com **주소_** 67 Hàng Điếu, Cửa Đông Hoàn Kiếm Hà Nội
시간_ 7:30~22:30 휴무연중무휴 **요금_** 분보 남보 60,000동, 넴꾸아 6,000동 **전화_** +84-39-230-701

예약_ labadiane.booking@gmail.com **주소**_ 10 Nam Ngư, Cửa Nam, Hoàn Kiếm, Hà Nội
시간_ 11시30~22시(일요일 휴무) **전화**_ 024-3942-4509

라 바디안(La Badiane)

tvN '짠내 투어'에서 소개되어 한국인 관광객이 많이 방문하는 프랑스 요리 전문점이다. 미슐랭 투스타의 레스토랑 출신 프랑스인 메인 셰프가 프랑스 코스 요리를 내온다. 메뉴판에 영어로 소개되어 베트남이 아닌 유럽에서 주문하는 것 같은 느낌이 들기도 한다.
점심에 런치 스페셜을 주문하면 한국보다 저렴한 가격에 프랑스 코스 요리를 맛볼 수 있다. 연인끼리 부부끼리 로맨틱한 요리와 분위기를 경험하고 싶다면 추천한다. 저녁시간대는 좌석이 없을 수 있으니 예약은 필수이다.

짜까 탕롱(Chả Cá Thăng Long)

KBS '배틀 트립'에서 나온 하노이 명
물 '가물치 요리' 전문점이다. 베트남
에서 가물치는 보양음식으로 먹기 때
문에 시장에 가보면 흔하게 볼 수 있
는 민물고기이다.
기름에 달궈진 팬에 가물치 튀김을
야채와 볶아주고, 숨이 죽은 야채에다
가물치와 땅콩을 넣은 다음에 같이
나온 새콤달콤한 소스에 쌀국수 면과
함께 찍어 먹으면 된다. 민물고기 요
리지만 미리 반쯤 조리가 되어 나오
기 때문에 비리지 않고 담백하게 먹
을 수 있다. 여행에 지쳐 체력 보충이
필요하면 추천한다.

홈페이지_ www.chacathanglong.com
주소_ 19 - 21 - 31, Dương Thành
시간_ 10~21시 30분 **요금**_ 세트메뉴 160,000동
전화_ 024 - 3824 - 5115

반미 25(Bánh Mì 25)

하노이에서 반미의 대명사처럼 알려
진 집이다. 반미는 부드러운 바게트에
각종 야채와 고기종류를 기호에 맞게
선택하여 먹을 수 있는 베트남스타일
의 샌드위치이다. 질기지 않고, 촉촉
한 고기와 바삭한 바게트 빵이 매력
으로 빵에 민감한 유럽의 여행자를
사로잡아 항상 하노이 대표적인 반미
맛 집으로 유명하다. 관광객은 누구나
찾아 가는 곳으로, 주문하는 곳과 먹
는 곳이 길 양편에 있으니 주문하고
자리를 잡고 앉아 있으면 가져다준다.
하노이에는 다른 반미 맛 집이 많으
므로 비교해보는 것도 좋을 것이다.

주소_ 25 Hàng Cá, Hàng Đào, Hoàn Kiếm, Hà Nội
시간_ 07:00~19:00 휴무연중무휴 **요금**_ 반미 15,000동~
전화_ +84 - 97 - 766 - 88 - 95

주소_ 49 Bát Đàn, Cửa Đông, Hoàn Kiếm, Hà Nội **시간**_ 6:00~11:00, 6:00~7:50
요금_ 쌀국수 40,000동, 45,000동, 50,000동

포짜쭈옌(Phở Gia Truyền)

'백종원' 쌀국수로 유명한 맛 집으로 진한 국물과 담백한 맛이 인상적이다. 고기의 고명 종류에 따라 푹 익힌 소고기(찐), 생 소고기(따이), 덜 익은 안심(따이남)의 종류가 있어서 선택하면 된다. 앞에서 주문과 계산을 같이 하고, 쌀국수도 직접 받아서 자리로 가져가야 한다. 오래 전부터 실제로 유명한 맛 집으로 아침에 문을 열자마자 사람이 길게 줄을 서서 먹는다. 자리가 없으면, 비어있는 자리에 합석해 앉아 빨리 먹고 나오기 때문에 회전률이 높다. 아침 일찍 영업을 시작해, 재료가 떨어지면 가게 문을 닫고, 중간에 쉬는 브레이크 타임이 있으므로 방문 전에 확인하는 것이 허탕을 치지 않는다.

하노이 유명 카페 BEST 4

콩 카페(CÔNG CÀPHÊ)

하노이에만 수 십 여개의 지점이 있는 베트남의 대표적인 콩 카페CÔNG CÀPHÊ는 베트남 여행 중에 가지 않으면 섭섭한 곳이 되었다고 할 정도로 지점이 많아졌다. 하노이의 여행자 거리에도 여러 지점이 생겨서 찾아가기도 편리해졌다.

콩 카페의 대표 메뉴인 코코넛 커피는 호치민에 비해 가격이 조금 저렴하다. 성 조셉 성당 앞 콩 카페는 1층은 흡연 가능하여 비흡연자는 2층으로 가면 된다. 바딘광장의 콩 카페는 커피 메뉴를 주문하면 과자를 준다.

언제부터인지 독특한 인테리어와 저렴하고 맛있는 커피로 유명해진 베트남의 유명 체인이 되었지만 어느새 가격은 저렴하지 않을 정도로 올라갔다. 베트남 전역에 수 십 여개의 지점이 생겨났고, 많은 한국 관광객이 방문하고, 방송에도 노출되면서 더욱 인기를 끌게 되었다. 베트남 사람들은 하이랜드를 가장 유명한 커피 체인으로 생각하지만 관광객에게는 콩 카페가 최고의 커피 체인으로 인식되고 있다.

홈페이지_ www.congcaphe.com **시간_** 8~22시

카페 루남(Café Runam)

하노이 성 조셉 성당 근처에 위치한 유럽스타일의 카페 루남Café Runam은 하노이에서 생겨난 이래 호치민, 다낭, 나트랑에도 지점을 가진 커피 체인으로 성장하고 있다. 3층 규모의 내부는 깔끔하고 유럽 스타일의 고풍스러운 분위기가 특징이다. 샌드위치와 샐러드 등의 간단한 식사가 가능해 브런치를 즐기려는 사람들이 많다. 특히 에그 커피를 맛보고 싶은 대한민국의 관광객이 많이 찾는다.

주소_ 13 Nha Tho Hoan Kiem **시간_** 7~23시 **전화_** +84-24-3928-6697

브이 스튜디오(VUI Studio)

현대적인 깔끔한 도시 분위기의, 베트남어로 'happy' 라는 의미의 브이 스튜디오^{VUI Studio}는 하노이 시민들에게 유명하다. 2층의 카페는 밝은 분위기로 차분하고 도시적인 느낌이다. 디자인 소품이나 수제 비누, 에코백 등의 디자인 제품들도 세련된 분위기로 변화하는 하노이를 반영한다고 볼 수 있다. 관광객은 하노이의 시끄러운 오토바이와 오토바이에서 배출되는 매연에서 지친 몸을 조용하게 쉬면서 커피를 마실 수 있어 좋다.

주소_ 3c Tong Duy Tan, Hoan Keim
시간_ 7~22시
전화_ +84-96-984-1399

카페 지앙(Café Giáng)

골목길을 따라 들어가 허름한 골목 한 틈에 자리한 카페 지앙^{Café Giáng}은 관광객에게 에그 커피를 파는 곳으로 유명하다.

우유가 귀해 우유를 대신해 계란을 넣어 마시면서 생겨난 에그 커피는 지금도 명성이 자자하다. 커피에 우유와 계란 모두 들어간 에그 커피는 시그니처 메뉴이다. 에그 커피를 넘어 에크 초콜릿, 에그 술 등 메뉴가 다양해졌다. 실내는 항상 관광객과 베트남 사람들로 북적인다. 특히 낮은 목욕탕 의자와 에어컨 없이 작게 열린 불편하고 더운 열린 공간이 실제의 베트남을 상징하는 것 같기도 하다.

에그 커피는 사실 호불호가 갈린다. 비린 맛이 난다고 하기도 하고, 달콤하고 부드러운 크림을 먹는 것 같아 색다르고 맛있다는 이야기도 있다.

주소_ 39 Nguyen Huu Huan, Hoan Kiem
시간_ 7~22시
전화_ +84-98-989-2298

하노이 서호호수 주변
Hô Tây

호떠이(서호^{West Lake})
Hô Tây

하노이의 거대한 호떠이^{Hô Tây}(서호)는 도시의 번잡함에서 벗어나 마음의 평화를 찾을 수 있는 장소이다. 보트를 타고 유서 깊은 사원과 시장 안 이곳저곳을 기웃거리고, 호수에서 불어오는 바람을 즐기고, 고요한 분위기 속에서 휴식을 취할 수 있다.

호숫가를 따라 산책을 하거나 조깅을 하거나 자전거를 탈 수도 있고 주변 정원 안을 거닐 수도 있다. 호수의 남쪽에는 해산물 레스토랑이 있고 동쪽에는 쑤언 지에우 거리를 따라 카페, 레스토랑, 부티크

전설

1. 물소 한 마리가 땅 속이 빈 곳을 찾아 호수가 만들어졌다.
2. 용왕인 락 롱 꾸안이 구미호를 빠뜨려 만들어졌다.

호텔이 들어서 있다.

보트 투어

쩐꿔사(Chúa Trán Quôc)가 있는 작은 섬까지 노를 저어 갈 수 있다. 섬까지는 다리로 연결되어 있다. 쩐꿔사는 6세기에 지어진 하노이에서 가장 오래된 불교 사원이다. 수평선을 배경으로 우뚝 솟은 사리탑과 수면에 반사되는 석양빛을 즐길 수 있는 일몰 때가 가장 아름답다. 호수 위로 아름다운 연꽃이 만발하는 5월은 가장 좋은 방문시기이다.

탄 니엔(Thánh Nien) 거리에 자리한 콴 탄 사원(Quan Tanh)도 역사적 건축물이다. 4개의 신성한 사원으로 1010~1028년 사이에 지어졌다. 사원 내 고요한 정원에서 휴식을 취하면서 고대 건축물과 신성한 동물을 묘사한 화려한 목각 세공을 볼 수 있다.

코코넛 열매 안에 담긴 코코넛 아이스크림 등 현지 음식을 맛보고, 물 위에 떠있는 레스토랑에서 점심 식사를 하거나 커피를 사들고 호숫가를 따라 걸어볼 수 있다. 조용한 어촌마을이었던 서호 마을은 부티크와 고급 레스토랑을 만날 수 있는 예술과 패션의 지역으로 재탄생했다.

요금_ 하노이 북서부에 위치 서호는 구시가지에서 차로 10분 거리
전화_ +84-4-3718-4222

콴탄 사원
Dên Quán Thánh Vü

도교 사원으로 아담하고 고요한 하노이의 4대 성전으로 알려진 인상적인 콴탄 사원Dên Quán Thánh Vü의 정문은 흰색 돌로 지은 종탑과 압도적인 용 장식 아래로 조각이 되어 있는 나무문이 나왔다.
내부에는 정교하게 조각된 평판과 거대한 북방 수호신 진무의 청동상이 보인다.

주소_ Thánh Nien
요금_ 10,000동
전화_ +84-4-3823-4378

둘러보는 순서

1. 사원에 가까이 다가가서 보면 정문 앞에 4개의 기둥이 서있다. 봉황과 호랑이의 형상으로 장식된 입구는 11세기에 지어진 그대로 남아 있다. 곡선 모양의 가운데 문으로 들어오면 머리 위로 돌에 새긴 용의 형상과 둥근 종탑을 확인할 수 있다.

2. 오래된 반얀 나무 옆에 앉아 햇볕을 피할 수 있는 작은 정원이 나타닌다. 경내를 거닐면서 화려한 색깔의 물고기가 있는 수조와 작은 분재 나무가 심어진 화분을 볼 수 있다.

3. 본전
들어가면 먼저 글씨가 쓰여 있는 청동 현판과 정교한 문양이 새겨진 뮤직 스톤이 있다. 사원 뒤편에 있는 높이가 4m, 무게가 4t 가까이 되는 진무상이 눈에 들어온다. 베트남에서 두 번째로 큰 청동상으로 17세기에 만들어진 것이다. 동상의 오른손에는 장수를 상징하는 거북이가 있고 힘의 상징인 뱀이 칼을 감싸고 있다.

4. 사원의 맞은 편으로 가면 진무상 제작을 주관한 올드 쫑(Old Trong)의 동상이 있다. 올드 쫑(Old Trong)의 동상은 그의 업적을 기리는 의미에서 사후에 그의 주물 공방 제자들이 제작했다.

5. 쭉 바로 호수 기슭에 있는 딴 니엔(Thanh Niên) 거리와 콴 탄 거리(Quán Thánh)에서 조금 걸으면 콴 탄 사원(Dên Quán Thánh Vü)이 나온다.

쩐꿕사
Chúa Trấn Quốc

쩐꿕사^{Chúa Trấn Quốc}는 서호^{Hồ Tây} 안의 섬에 있으며, 둑길을 따라 올 수 있다. 베트남 불교의 상징물은 장대한 세월과 건축된 장소로 인해 존경을 받고 있다. 수백 년의 세월을 견뎌 온 건축물을 보고, 잘 꾸며진 정원에서 즐거운 시간을 보내고, 조용한 분위기 속에서 휴식을 취하는 장소이다. 박물관 내부의 규모는 작지만 수백 년에

서 수천 년에 이르는 역사를 지닌 갖가지 조각상과 매혹적인 골동품이 전시되어 있다. 일몰 때 사원에 오면 핑크와 오렌지 빛깔이 사원과 사리탑 뒤쪽으로 평행하게 번지는 것을 볼 수 있다.

복장은 노출이 심하지 않은 예의에 어긋나지 않는 복장을 착용해야 한다.

주소_ Thánh Nien
전화_ +84-4-8582-8916

아름다운 쩐꿕사 둘러보기

1,500년 가까이 된 쩐사(Chúa Trấn Quốc)는 하노이에서 가장 오래된 사원으로 불상, 신사, 높은 사리탑, 베트남 예술 작품, 명예로운 비문을 가진 역사적인 비석이 있다. 리 왕조 시대 544~548년 사이에 지어진 사원의 원래 명칭은 '카이 퀀'이었다. 정교한 건물의 세부 장식은 불교 건축물의 규율에 따라 만들어졌다. 여기에는 '티엔 덩'이라고 하는 세 채의 가옥과 향을 태우기 위한 건물이 있다. Công 문자 모양으로 연결된 방 내부를 걸어 사찰의 역사가 담긴 1639년의 비문과 석가모니 부처 열반의 금 조각상을 볼 수 있다.

신성한 보리수나무

정원을 따라 걷다 보면 하트 모양의 잎을 가진 보리수나무를 볼 수 있다. 1959년에 인도의 대통령 라젠드라 프라사드가 사원에 나무를 선물했다. 고타마 싯다르타가 깨달음을 얻은 신성한 나무에서 접목한 나무로 알려져 있다. 나무에 기도를 드리기 위해 전 세계에서 수많은 방문객과 순례자들이 찾아온다.

사리탑

멀리서도 볼 수 있는 높은 사리탑은 1998년에 지어진 것으로, 보리수나무와 나란히 서 있다. 15m 높이의 사리탑은 11층으로 구성되어 있고, 각 층의 여섯 개 문을 아미타불이 지키고 있다. 꼭대기에 조각된 커다란 연꽃은 부처 자신을 상징하고 나무는 궁극적인 지식을 나타낸다.

더 빈 스테이크
The Vin Steak

쉐라톤 하노이 호텔 근처에 위치한 스테이크와 와인 전문점으로 베트남에서 와인과 스테이크를 이렇게 맛있게 먹을 수 있다는 것만으로 행복할 것 같다. 입구 정면에는 와인으로 장식한 인테리어에서 스테이크와 와인 전문점이라는 사실을 알게 한다. 지하에는 와인 저장고도 있어 상당한 양의 와인을 직접 저장하고 준비해 놓고 있다.

코스 메뉴는 스타터, 메인요리, 디저트 메뉴 중에 각각 1개씩 고르고, 쇠고기는 호주산과 미국산 쇠고기 중에 선택한다. 깔끔하고, 정갈한 맛이 와인과 잘 어울리는 맛이다. 평일 런치 스페셜이 가성비가 좋으므로 시간이 되면, 점심에 방문하는 것을 추천한다. 식사 후에 서호 주변을 산책하면서 소화를 시키는 것도 좋다.

주수_ 7 Xuân Diệu, Quảng An, Tây Hồ, Hà Nội
시간_ 10~23시
요금_ 런치 세트 300,000동
전화_ +84-24-3722-4165

더 리퍼블릭
The Republic

하노이의 가장 큰 호수인 서호가 한 눈에 보이는 곳에 위치한 수제 햄버거 전문점으로 현지인뿐만 아니라 외국 여행자들에게도 유명하다. 세련되고 깔끔한 인테리어가 돋보인다.
메인 메뉴는 수제 햄버거지만, 스테이크, 샐러드 등 다양한 요리가 주문 가능하다.

1층에서도 서호가 보이나, 전망은 2층 테라스가 전망이 더 좋다. 시내를 벗어나 조용하게 식사를 하고 싶은 여행자에게 추천한다.

주소_ 12, Quảng An, Tây Hồ, Hà Nội
시간_ 10~24시
요금_ 더 리퍼블릭 버거 220,000동
전화_ +84-24-6687-1773

아름다운 서호 호수 풍경

베트남 라면, 쌀국수

베트남은 500개 이상의 라면 상품이 경쟁하는 라면 소비국이다. 베트남의 총 라면 소비량은 50억 6천만 개로 세계에서 5번째로 라면 소비를 많이 하고 있다. 연간 1인당 라면 소비량은 1위인 대한민국이 73.7개에 이어 53.5개인 베트남이 2위이다. 베트남은 봉지라면 시장이 컵라면 시장보다 압도적으로 높았지만 최근에 편의점 증가로 컵라면 소비가 증가할 것으로 전망하고 있다.

하오하오(Hao Hao)

베트남 사람들에게 가장 사랑받는 라면 브랜드는 하오하오Hao Hao라고 한다. 1993년 베트남 라면시장에 진출한 일본의 에이스쿡 베트남Acecook Vietnam은 하오하오Hao Hao 브랜드를 포함한 라면 브랜드를 만들어내면서 베트남 라면시장의 절대 강자로 알려져 있다.

일본에서 온 기업이 일본의 기술로 안전하고 위생적으로 만든 제품이라는 점을 부각시키면서 베트남 소비자들에게 크게 다가왔기 때

하오하오(Hao Hao)의 다양한 라면들

새우라면
새우 라면은 'Hao Hao Tom chua cay'라고 써 있다. 'Tom chua cay'은 새콤하고 매운 새우 라면이라는 뜻으로 베트남을 여행하는 한국인 관광객에게 가장 인기 많은 라면이다. 라면을 맛보면 고수 맛과 신맛이 느껴지는 전형적인 베트남 라면이다. 국물은 조금 매콤하고 면발은 쫀득쫀득한 느낌이 든다.

돼지고기라면
돼지고기라면은 'Thit bam bi đo'이라고 적혀있다. 잘게 썰어진 돼지고기가 들어가 있는데, 개인적으로 베트남 라면 중에서 가장 좋아하는 맛이다. 투명한 봉지 안에 돼지고기 국물 맛을 내기 위해 들어있는 소스에서 참기름 같은 냄새가 나서 고소한 맛이 느껴진다. 면발이 탱글탱글하게 유지되어 더 맛있게 느낀다. 맵지 않고 돼지고기 같은 진한 국물이 느껴져 무난하게 추천할 수 있는 라면이다.

문이다. 저렴한 제품가격으로 시장경쟁력을 높이고 성공을 거두었으나 48.2%에 달하던 시장 점유율이 최근에 32.2%까지 떨어졌다.

'새우 향이 들어간 시고 매운 맛^{vi tom chua cay}'의 제품을 가장 먼저 출시했고, 변화하는 현지의 라면 트렌드에 맞춰 다양한 맛과 향의 제품을 개발해 현재 7가지 맛의 하오하오^{Hao Hao} 라면이 출시되어 있다.

오마치(Omachi)

프리미엄 라면 시장에는 마산^{Masan}이 코코미^{Kokomi}와 친수^{Chinsu}의 브랜드를 출시했으나, 시장에서 호응을 얻지 못했다. 오랜 연구개발 끝에 오마치^{Omachi}가 성공을 거두었다. 베트남 사람들은 밀가루가 함유된 음식을 많이 섭취하면 신체의 온도가 높아져 피부 트러블이 생기므로 건강에 해롭다는 인식이 라면 소비를 꺼리게 만드는 원인이었다. 감자전분으로 만든 라면 오마치^{Omachi}는 '맛있으면서 열도 나지 않는다^{Ngon ma khong so nong}(응온 마 콤 써 놈)' 문구로 베트남 인들을 사로잡았다.

짝퉁 라면 하오 항(Hao Hang)

기존의 라면보다 작은 크기로 포장돼 나오는 하오하오(Hao Hao) 디자인을 아시아 푸즈(Asia Foods)사가 도용해 유사 라면인 하오 항(Hao Hang)을 만들어 일시적으로 성공을 거두었으나 소비자의 외면을 받으면서 현재 생산을 중단한 상태이다.

쇠고기 쌀국수

비폰(Vifon)

'Thit Bo'는 '쇠고기'라는 뜻으로 비폰^{Vifon}
의 쇠고기 쌀국수는 베트남 마트에서 인
기가 많은 쌀국수로 알려져 있다. 비폰
^{Vifon}의 쇠고기 쌀국수는 베트남 식당에서
파는 쌀국수의 맛과 비슷하게 만들기 위
한 흔적이 보인디.

쌀국수 면과 쇠고기, 분말스프, 소스를 넣
어 국물을 만드는 스프와 칠리소스, 채소
가 들어가 있다. 쌀국수 면이 넓고 두꺼워
골고루 익을 수 있도록 1~2분 정도 더 시
간을 두고 나서 먹으면 더욱 맛이 좋다.

마이 마이 포 보(Nho Mai Mai Pho Bo)

에이스쿡^{Acecook}은 '오래가는 기억^{Nho Mai}
^{Mai Pho Bo}'이라는 문구로 소비자에게 어필
을 하고 있다. 오래 간직할 수 있는 베트
남의 전형적인 쌀국수 맛을 담도록 만들
었다. 비폰^{Vifon}의 쌀국수가 소고기 맛이
진하게 느껴진다면 에이스쿡^{Acecook}의 쌀
국수는 피시소스 맛이 느껴지는 것이 차
이점이다.

포24(Pho24)

포24^{PHO24}는 베트남에서 유명한 쌀국수
체인점이다. 대표적인 베트남의 쌀국수
를 집에서도 간단하게 조리해 먹을 수 있
도록 개발되었다. 포24^{Pho24}의 쌀국수에는
체인점과 동일하게 채소, 쌀국수 면, 국물
을 그대로 담도록 노력했다고 한다.

양념도 4가지나 들어가 있어서 개인적인
입맛에 맞도록 양념을 넣으면 된다. 다른
쌀국수 제품과 비교했을 때 국물과 향은
평범해서 식상해질 수 있는데 면으로 쫄깃
한 맛을 느낄 수 있어 씹는 느낌이 좋다.

하노이 박물관

호치민 박물관

호치민 박물관은 북베트남 전 대통령인 호치민의 삶과 유산, 베트남의 독립 투쟁을 기념하기 위해 설립되었다. 박물관은 베트남이 독립을 쟁취하는 과정에서 호치민 전 대통령이 맡은 역할과 공산주의국가의 역사, 그의 일생과 시대를 알 수 있다.

건물 구조 자체만으로 눈길을 사로잡는다. 박물관이자 기념물로 설립된 박물관은 바딘광장에 자리한 베트남 공산주의국가 설립 기념관의 호치민 묘 옆에 있다. 구소련의 영향력이 두드러지게 나타나는 건물에 가면 프랑스 치하에서 베트남의 자유를 이끌어낸 지도자를 기리는 거대한 호치민 동상이 관광객을 맞이한다.
박물관이 공산당의 선전 도구라고 말하기도 하지만, 많은 사람이 진지하게 생각해 볼만한 진정한 역사가 가득 담긴 곳이기도 하다.

주소_ 19 Ngoc Ha St. Ba Dinh **시간_** 8~12시(점심시간과 월, 금요일 오후 휴관) **전화_** +84-24-3846-3757

하노이박물관 내부

수천 가지 문서와 서신, 역사적 유물을 확인할 수 있다. 프랑스 식민 치하에서 베트남의 독립을 위해 헌신했던 '호 아저씨'인 호치민 전 대통령의 어린 시설과 연구 업적, 프랑스에서 보낸 지원 요청, 공산주의와의 관계를 보여 주는 자료들이 연대순으로 전시되어 있다.

하노이박물관 투어

일부 전시실에는 베트남인들만 아는 정보가 포함되어 있으므로, 가이드와 함께하면 박물관의 모든 전시물을 이해하는 데 도움이 된다. 베트남의 예술가들이 만든 예술품으로 가득한 갤러리를 둘러본다. 입구에서 예약 가능

베트남 국립 역사박물관(Vietnam National Museum of History)

1932년에 지어진 옛 프랑스 극동학원 건물을 개조해 만든 베트남 국립 역사박물관에는 고전적인 건축 양식, 힌두교 조각상과 기원전 10,000년까지 거슬러 올라가는 도구와 식기들이 전시되어 있다. 주황색의 외관은 전형적인 프랑스식 기둥과 아치에 일반적으로 중국 사원에서 볼 수 있는 곡선 모양의 지붕과 육각형 탑이 결합된 형태이다. 건물의 내, 외부는 모두 크메르와 참파 왕국 신들의 조각상으로 장식되어 있다.

주소_ 1 Trang Tien-no25 Tong Dan, Hoan Kiem **위치_** 하노이 동부의 뜨랑 띠엔 거리 위쪽
요금_ 40,000동 **시간_** 매월 첫 번째 월요일 휴관 **전화_** +84-4-3825-2853

관람순서

아름다운 20세기 학교 건물에 자리한 이 박물관은 최상의 베트남 역사 유물들을 소장하고 있다. 다양한 고대 유물이 전시되어 있는 1층부터 박물관 관람을 시작한다.

1층
초창기 귀족 계층들이 착용했던 보석과 초기 신석기 시대에 사냥과 식사에 사용했던 선사 시대의 무기와 금속 도구, 실제 사람의 유해가 들어있는 무덤을 볼 수 있다. 베트남에서 가장 많이 소장하고 있는 동손 청동북이 가장 유명하다.

2층
15세기로 시간을 거슬러 올라온 것만 같은 착각이 든다. 베트남 농촌의 목가적인 풍경을 묘사한 청동 조각이 전시되어 있다. 불교 경전을 만드는 데 사용된 인쇄판은 2층에서 주목해야 할 전시품이다. 19~20세기 중반에 걸쳐 이어진 응우옌 왕조 시절부터 보존되어 온 도자기 예술품도 유명하다.

프랑스와 전쟁 당시
저항 운동 플래카드도 전시되어 있다. 도시의 상점들을 돌아다니면 반미 감정 선전 포스터나 공공 서비스 탄원 등 유사한 플래카드를 볼 수 있다.

베트남 군사 역사박물관(Vietnam Military History Museum)

하노이 중심지에 자리한 베트남 군사 역사박물관은 서양의 역사인식으로는 익숙하지 않은 관점으로 베트남을 휩쓸고 지나간 전쟁을 바라보고 있다. 박물관에는 전쟁 유물과 자유를 향한 베트남의 오랜 투쟁을 기록한 사진을 모은 주목할 만한 소장품이 있다. 중국, 프랑스, 미국과 전쟁을 치르면서 적의 폭격기와 사진, 무기를 파괴한 고대 깃대에서 파란만장했던 베트남의 역사를 엿볼 수 있다.

1959년에 문을 연 박물관 본관은 제2차 세계대전까지 베트남 사람들의 전투지로 사용되었다. 중국, 프랑스 식민지 시대와 일본 점령기 시절 베트남의 모습과 북베트남 베트남의 융성과 1945년에 독립을 선언한 방법도 알 수 있다.

많은 관광객이 본관보다 나중에 건립된 건물로 곧장 이동하는데, 베트남이 미국 군대에 항전할 때 전투지로 사용되었던 곳이다. 베트남인들은 '미국 전쟁'이라 하고, 대다수 사람들은 '베트남 전쟁'이라고 하는 전쟁에서 베트콩이 사용한 전술에 대해 알 수 있다. 1960~1970년대의 전투는 베트남에 지울 수 없는 흔적을 남겼다. 박물관은 베트남 사람들의 관점에서 역사를 전시하고 있다. 죽창, 수제 총기, 장비가 부족한 베트남군이 적을 물리치는 데 도움을 준 다른 무기들도 전시되어 있다.

주소_ 28A Dien Bien Phu St 전화_ +84-0-4823-4264

정원

대규모 전쟁의 잔해가 보존되어 있다. 전시물 사이 길로 올라
가면 거대한 차량의 바퀴 뒤에 있는 기분을 느낄 수 있다. 파
손된 탱크와 격추된 B-52 전투기, 군 차량이 전시되어 있다.
소련군 제트 전투기, 미군 F-111 비행기, 디엔비엔푸에서 격
추된 프랑스군 항공기의 잔해가 유명하다.

하노이 깃대

19세기에 건설된 감시탑은 프랑스 점령기에 파괴되지 않고
남아 있는 베트남 건물과 깃대는 하노이의 군사 역사의 상징
이다. 1986년부터 매일 베트남 국기를 펄럭이고 있는 깃대 꼭
대기를 올려 볼 수 있다. 국기는 베트남의 통일과 세계 경제
참여의 중요한 상징이다. 베트남의 군 역사에 대해 알아보기
전에 탑 꼭대기까지 계단을 올라가 전쟁 박물관과 평온한 레
닌 공원의 전경을 내려다보자.

깃발 탑 아래

탕롱 요새의 잔해를 지나는데, 1805~1812년 사이에 망루로
지어진 탑은 하노이에서 인도차이나 전쟁과 베트남 전쟁에
서 유일하게 살아남은 건물이다. 33m 높이의 탑 꼭대기에는
빨간색 바탕에 노란색 벽이 있는 베트남 국기가 바람에 나부
끼고 있다. 24㎡ 크기의 국기는 2~3주마다 새로 게양된다.

탑 바깥 풍경

구불구불한 돌계단을 올라가면 중간 중간 멈춰서 두꺼운 곡
선 모양 벽을 따라 곳곳에 있는 36개의 꽃 모양 창을 통해 탑
바깥을 내다볼 수 있다. 3개의 전망대가 있지만 가장 좋은 전
망은 맨 꼭대기에 있는 전망대에서 즐길 수 있다.
사방으로 나 있는 8개의 창을 통해 전쟁 박물관의 탱크와 헬
리콥터를 구경하고 정원과 잔디밭을 걸어 다니는 사람들을
볼 수 있다.

호아로 수용소 박물관(Hoa Lo Prison Museum)

메종 센트랄Maison Centrale이라고도 하는 호아로 수용소 박물관은 프랑스의 베트남 식민지 확장에 중추적 역할을 했던 곳이다. 이곳에서 수많은 베트남 정치범이 고문을 당하고 사망했고, 그 후 베트남 전쟁 당시에는 북 베트남인들에 의해 미군 포로를 수용하는 데 사용되었다. 가혹한 프랑스의 식민 지배와 베트남 전쟁의 어두운 역사가 베트남에서 가장 잔혹했던 수용소 안에 고스란히 간직되어 있다.

현재는 가로 1.8m, 세로 1.8m의 작은 감방을 공개하고 있으며 포로가 잠을 잤던 침상과 밀짚으로 만든 깔개가 전시되어 있다. 창에 달린 덧문은 항상 닫힌 상태였고, 감방은 언제나 죄수들로 터질 듯이 붐볐다. 1916년도에 최대 600명을 수용할 수 있었던 감옥에는 점차 늘어난 730명에 이르는 죄수가 수용되었다. 1933년에는 1,430명으로 늘어났고, 1954년에는 2,000명 이상의 포로가 수용되었다.

소름끼치는 족쇄, 여러 전시품들과 사진을 보면 베트남의 죄수들은 나무로 된 헤드로크에 묶인 채 발목에는 족쇄를 찬 상태로 서거나 움직일 수조차 없었다. 수용자들은 일상적으로 배고픔, 고문, 구타에 시달리고 독방에 감금되었다. "죽기는 쉬워도 살아남기는 어렵다."는 한 교도관의 말이 적혀 있다.

감금된 유명 인물

19세기 후반, 프랑스 식민 정부가 설립한 빛바랜 노란색의 건물 외관과 오팔빛 녹색 셔터 뒤에는 안에서 발생한 공포의 역사가 감추어져 있다. 도무어이, 응우옌반끄, 쯔엉찐, 레주언, 응우옌반린 등 이후 공산당의 서기장이 된 5명을 포함해 수많은 베트남의 혁명 지도자들이 투옥되었다.

베트남 전쟁 당시 파일럿이었던 미국의 상원의원 존 매케인은 포로로 잡혀 5년 동안 투옥되었던 것으로 기록되어 있다. 6년 동안 수감되었던 더글러스 피터슨은 1997년에 전후 최초로 주 베트남 미국 대사가 되었다.

베트남 전쟁 당시 미군들은 역설적으로 '하노이 힐튼'이라는 별명을 붙이기도 했다. 수감자들의 체력을 유지하기 위해 사용했던 배구 네트도 전시되어 있는데, 이곳은 존 매케인 의원에게 헌정된 공간이다.

주소_ 1 Hoa Lo St, Hoan Kiem **위치_** 프렌치 쿼터 부근 **시간_** 8~17시 **전화_** +84-4-3934-2253

하노이에서 문화를 즐긴다!

하노이 오페라하우스

하노이 프랑스 지역의 중심인 유서 깊은 건물에는 베트남의 많은 유명 가수와 댄서, 음악가가 펼치는 공연이 개최된다. 하노이 오페라하우스의 건축 양식을 바라보거나, 공연 입장권을 구입해 웅장한 공간의 진가를 제대로 느껴볼 수 있다.

프랑스 식민주의자들이 1901년부터 10년간 하노이 오페라하우스를 지었다. 르네상스 양식의 건물은 파리에 있는 오페라 하우스 중에서 더 오래된 팔레 가르니에를 본떠 만든 것으로, 하노이를 대표하는 건축물 중 하나이다. 지금도 오페라하우스에는 베트남뿐만 아니라 해외에서도 유명한 많은 가수와 댄서를 초청해 공연을 열고 있다.

오페라하우스는 혁명의 시기를 살던 하노이 사람들에게 정치적으로 큰 의미를 간직한 곳이었다. 웅장한 건물은 베트남민주공화국을 수립하는 데 정치적으로 중요한 회합의 장소로 이용되었다. 베트남이 프랑스와 일본에 대항해 독립 투쟁을 벌이던 당시, 오페라하우스 주변에서 많은 전투가 발생했다.

낮에는 눈길을 사로잡는 식민지 건축물인 하노이 오페라하우스의 외관을 감상하고, 길게 뻗은 정원을 거닐며 고딕 양식과 신고전주의 양식이 조화로운 건물을 살펴볼 수 있다.

내부를 보려면 반드시 공연 좌석을 예약해야 한다. 건축 양식도 흥미롭지만 오페라하우스를 제대로 보려면 웅장한 건물에 앉아 공연을 관람해야 한다. 하노이 오페라하우스에는 프랑스와 이탈리아의 고전 오페라 외에 베트남 전통 공연도 열린다. 600석 규모의 공연장에서 발레나 교향악단의 연주, 민속 음악회를 관람할 수 있다. 입장권이 빠르게 매진되므로 오페라하우스를 방문하려면 예약하는 것이 좋다.

오거스트 레보루션 광장에 자리한 하노이 오페라하우스는 공연 입장권을 구입한 경우에만 입장할 수 있으며, 금액은 공연마다 다르다.

주소_ 1 Tràng Tiên Quàn Hoàn Kiêm 전화_ +84-04-3826-7361

탕롱 수상인형극장

1969년에 설립된 탕롱 수상인형극장은 베트남 수상 인형극을 관람하기에 좋은 장소이다. 독창적인 공연 예술은 11세기로 거슬러 올라가 하노이를 가로질러 흐르는 홍강에서 시작되었다. 극장에서는 일일이 손으로 깎은 목각 인형과 형형색색의 용이 수상 무대에 등장해 지역의 전설을 연극으로 보여준다. 베트남의 수상 인형극은 하노이를 여행할 때 놓치면 안 되는 진정한 문화 체험이다. 베트남인들이 손수 공연을 진행하며 음악과 움직이는 꼭두각시 인형을 통해 모두가 이해할 수 있도록 이야기를 풀어 나간다.

탕롱 수상인형극장 아직도 공연 중인 전통 극장으로, 옻칠한 목각 꼭두각시 인형은 전 세계적으로 유명하다. 1990년부터 관광객이 정기적으로 찾는 국제적인 관광명소로 자리 잡았으며 전 세계 예술 축제에 참가해 왔다.

연극은 연못처럼 생긴 무대에서 진행되는데, 인형을 부리는 사람들이 무대 뒤에 숨어 허리까지 차는 물속에 서서 공연을 펼친다. 사람들은 숨겨 놓은 긴 막대로 꼭두각시 인형을 자유자재로 움직인다. 앞좌석은 물이 튈 수도 있지만 수제 꼭두각시 인형의 아름답고 정교한 모습을 볼 수 있는 명당이다. 물속에서 용이나 왕자가 튀어나올 때 관객들이 놀라 비명을 지르는 모습이 재미를 더한다. 오케스트라가 현장에서 연주를 들려주는 탕롱 수상인형극장은 코믹 공연으로도 유명하다.

주소_ 57B Dinh Tiên Quàn Hoàn Kiêm
공연시간_ 최대 60분(1일 6번 공연) / 8시 30분~20시 30분
전화_ +84-24-3936-4335

공연 주제의 변화

탕 롱 수상 인형 극장(Thang Long Water Puppet Theatre)의 대기 줄을 건너뛰고 베트남의 독특한 무대 예술 형태를 경험할 수 있다. 홍 강 삼각주(Red River Delta)에서 1,000 년 전에 시작된 독특한 예술 형태인 수상 인형극은 과거에는 농업, 어업을 영위하는 마을에서의 로맨스와 같은 마을의 일상생활을 보여준다. 지금은 고대 베트남 전설, 신화와 역사에 관한 공연을 보여주고 있다.

공연의 유래

하노이에서 세계적으로 유명한 탕 롱 수상 인형 극장(Thang Long Water Puppet Theatre)은 11세기로 거슬러 올라간 예술 형태에 뿌리를 가지고 있다. 수상 인형 극장의 전통은 논이 침수되고 마을 사람들이 허리 깊이의 물속에 서서 인형을 가지고 물 위에서 연기하는 놀이 문화를 만들어낸 시기에서 유래되었다. 인형을 지지하기 위한 큰 막대를 사용해 스크린 뒤에 숨은 인형 조종자들과 함께 물을 가로질러 움직이면서 쇼를 만든다.

베트남 맥주의 변화

베트남의 맥주 소비량은 31억ℓ로 동남아시아 국가 중 최대로 아시아로 넓혀도 일본, 중국 다음으로 맥주 소비가 많은 국가이다. 베트남은 매년 6%에 가까운 경제성장률을 거두면서 베트남 소비자들의 생활수준이 향상되고 있다.

그래서 저녁의 맥주 소비가 즐거운 저녁시간을 가질 수 있게 되었다. 실제 통계에서도 베트남의 맥주 생산량은 31억 4000만ℓ로 8.1% 성장하여 베트남의 맥주 소비와 생산량은 37억~38억ℓ에 달할 것으로 예상하고 있다.

2018년에 박항서 감독은 베트남 축구의 변화를 이끌고 베트남 사람들의 자존심을 세워주는 역할을 했다. 그런데 베트남의 축구경기를 하는 날에는 맥주를 주문하는 것을 보면서 상당한 변화가 있다는 사실을 알게 되었다.

예전 같으면 저가 생맥주인 비어 허이^{Bia hoi}를 주문해 마셨을 사람들이 비아 사이공^{Bia Saigon}을 주문하거나 베트남에서 고급 맥주로 알려진 타이거 맥주^{Tiger Beer}를 주문해 마시고 있는

것이었다. 병맥주와 캔 맥주 생산량이 증가하면서 저가가 아닌 고급 맥주시장인 병맥주와 캔 맥주 시장이 뜨고 있다. 그래서 박항서 감독은 베트남의 고급 맥주 시장을 열어주고 활성화시킨 장본인이라고 할 정도로 고급 맥주의 소비를 급등시켰다.

비어허이(Bia hoi)

보리가 아닌 쌀, 옥수수, 칡 등의 값싼 원료로 만들어진 생맥주로 거리 노점이나 현지 식당에서 잔이나 피쳐 등으로 판매되고 있다. 잔당 가격이 6,000~10,000동(300~500원)으로 아직 지갑이 가벼운 서민들에게 크게 사랑을 받은 맥주의 대명사였지만 최근에 고전 중이다.

대형 맥주회사에서 비어 허이를 생산하지만 대부분의 비어 허이는 정부로부터 사업 허가를 받지 않은 영세 사업장에서 생산된 것이다. 제조, 운반 과정에서의 위생 상태를 보장할 수 없고 다량생산을 위해 제조 과정에서 충분한 발효기간을 거치지 않고 출고하는 경우가 많았다. 비어 허이를 많이 마시면 두통이나 어지러움 등의 증상이 유발된다고 하는데 충분한 발효과정을 통해 제거되지 못한 맥주 효모 속 독소 때문이라고 한다.

로컬 맥주 비비나 맥주(Bivina Beer)

1997년 10월에 비비나(Bivina) 맥주는 푸꾸옥(Phu Quoc)에서 생산을 하기 시작했다. 아로마 & 곡물 맛이 건조하고 평균적이지만 상쾌한 맛을 낸 전통 맥주이다. 부드럽고 시원한 향을 내지만 맛이 약해서 호불호가 갈린다. 점점 마시는 사람들이 줄어들면서 하이네켄(Heineken) 맥주와 함께 푸꾸옥(Phu Quoc)에서 생산하고 있다. 다만 맥주의 맛은 하이네켄(Heineken)과 전혀 다르다.

타이거(Tiger), 하이네켄(Heineken)과 함께 인기 있는 프리미엄 브랜드로 성장시키기 위해 맥주 생산을 하지만 인지도는 높아지지 않고 있다. 우리가 마시던 '카스'와 비슷한 맛을 낸다고 볼 수 있다.

하노이의 밤 즐기기

하노이의 밤은 구 시가지의 항박^{Hang}
^{Bac}에서 시작한 타 히엔^{Ta Hien} 거리에서
가장 뜨겁다. 오후 7시면 도로는 도로
의 기능을 상실한다. 인산인해를 넘어
목욕탕 의자가 도로를 점령해 조심해
서 걸어야 한다.
가격은 하노이 맥주는 330ml 병맥주가
25,000동(1,250원)으로 수준이다. 비슷
한 수준의 근처 식당에서 450ml 맥주
가 15,000동(750원)인 점을 감안하면 분위기에 취하는 값이라고 위안할 수밖에 없다.

가장 맥주 가격이 저렴한 곳은 마 마이^{MA May} 거리의 노상 생맥주^{bia hoi}이다. 대한민국의 물
가가 고공행진을 하지만 하노이의 마 마이 거리는 물가 걱정은 하지 않는다. 가격은 5,000
동(250원)이다. 단 생맥주의 맛이 매일 변화하기 때문에 항상 맛이 일정하지 않는 단점이
있다. 타 히엔^{Ta Hien} 거리가 현지인과 외국인의 섞여 마신다면 마 마이 거리는 외국인 여행
자가 많다. 처음 마시면 '이것이 비지떡의 맛인가?' 싶다가 다시 마시면 하노이의 진정한
맥주로 손꼽다가 나중에는 단맛까지도 나기도 하는 정체불명의 맥주 맛이다. 하지만 무엇
보다 보는 눈이 즐겁다.

하노이 야시장

항 낭Hang Ngang, 항 다오Hang Dao 거리의 야시장은 신기한 여행지이다. 저렴한 가격으로 이 시장에서 많은 흥미로운 물건을 찾을 수 있다. 작은 거리의 포장마차와 기념품, 장난감 및 많은 다른 제품이 있다. 작은 거리와 포장마차를 통해 베트남 음식을 즐길 수도 있다.

독특한 음식을 즐기고, 다양한 종류의 공연도 볼 수 있다. 전통 음악(Ca Tru, Hau Dong, Quan Ho), 브레이크 댄스, 마 마이Ma May 거리의 라이브 음악까지 야시장은 새로운 하노이의 관광지로 태어나고 있다. 야시장에서 쇼핑을 즐기고 베트남 음식을 즐겨보자.

거리의 음식을 통해 하노이의 구 시가지를 둘러보면 하노이의 문화와 현지의 밤 생활을 알게 된다. 베트남 사람들이 좋아하는 마른 쇠고기 샐러드인 보 코bo kho를 먹고 스프링 롤 같은 넴 란Nem ran을 먹어보자. 마 마이Ma May 거리까지 걸어가면 많은 음식들이 즐비하다. 베트남에서 가장 유명한 음식인 쌀국수 포pho와 베트남 커피와 함께 야시장의 구경을 마친다.

하노이 호텔의 특징

1. 호수의 아름다운 호수 경치를 보면서 잠을 청할 수 있다는 것이다. 하노이 여행에서 관광객에게 가장 좋은 숙소의 위치는 호안끼엠 호수와 서호 근처이고 구시가 근처에 있다면 걸어서 여행이 가능하다. 물론 호안끼엠 호수가 가장 좋지만 비싸다. 구시가에는 많은 호텔과 호스텔이 있다. 어디에 숙소를 잡아야할 지 고민이 된다면 시설보다 호안끼엠 호수 근처에 숙소를 예약하는 것이 좋다. 어디든 걸어서 여행이 가능하고 밤늦게 돌아다녀도 위험하지 않다.

2. 가끔 무더운 여름에 하노이의 숙소에는 에어컨이 없고 선풍기만 있는 곳이 있다. 베트남의 경제가 좋지 못했던 시기에 지어진 오래된 호텔이나 호스텔에 가끔 존재하므로 겨울을 제외하고 다른 계절에 여행을 한다면 확인해야 한다.

3. 대부분의 5성급 호텔들은 호안끼엠 호수와 서호 근처에 있다. 대표적인 호텔은 인터컨티넨탈 웨스트 레이크, 소피텔 하노이, 힐튼 하노이 오페라 등이다. 최근에는 2013년에 오픈한 힐튼 가든 하노이 같은 4성급 호텔도 5성급 호텔 못지않다. 서비스가 좋고 조식은 다양한 메뉴로 만족도가 높다. 많아지는 호텔로 인해서 아직도 6~10만 원대의 4성급 호텔이 많이 있어서 선택의 폭이 높다. 저렴한 호스텔도 위치는 호수 근처에 있으므로 고급 호텔과 위치의 차이는 없고 시설의 차이만 존재한다.

힐튼 하노이 오페라
Hilton Hanoi Opera

하노이 오페라 하우스Hanoi Opera House 근처에 있어서 하노이 관광을 하기 쉽다. 깔끔하고 고풍스런 가구로 장식한 객실, 다양한 기구가 있는 피트니스 센터 등과 업무에 필요한 서비스를 제공하는 비즈니스 센터도 있어 여행은 물론이며 비즈니스 때문에 방문도 많이 하는 호텔로 알려져

있다.
오래전에 오픈한곳이라 최근에 오픈한 호텔에 비해 객실이 오래된 느낌은 있지만. 관리가 잘 되어 있어 지내기에는 불편함이 없다. 로비에 있는 베이커리에는 간단한 베트남 음식도 팔고 있다 호텔 근처에 유명 식당과 쇼핑할 것도 많아서 인기가 많다.

홈페이지_ https://hilton.com
주소_ 1 Lê Thánh Tông, Phan Chu Trinh, Hoàn Kiếm, Hà Nội
요금_ 디럭스 트윈 110$~
전화_ +84-024-3933-0500

2013년에 기존 호텔을 리모델링하여 문을 연 힐튼 가든 인 하노이는 힐튼 하노이 오페라와 500m 정도 떨어진 자매호텔이다. 4성급의 대중적인 호텔이다보니 상당히 많은 투숙객이 오고 나가기 때문에 상당히 북적이는 호텔로 알려져 있다.
시설면에서 5성급 호텔과 다를 바가 없다는 평을 받고 있지만 조식은 힐튼 하노이 오페라와 차이가 있다. 가격이 저렴하고 조식에 큰 의미를 두지 않는다면 추천한다. 무료로 세탁기와 건조기를 사용할 수 있어서 몇 일 묶는 투숙객에게 편리한 서비스를 제공하고 있다.

RENT

소피텔 레전드 메트로폴 하노이
Sofitel Legend Metropole Hanoi

364개의 객실을 갖추고 있는 하노이의 대표적인 고급 대형 호텔이다. 실내는 고풍스러운 인테리어와 최고급의 앤틱 가구들로 깔끔하게 채워져 있다. 하노이 오페라 하우스, 성 조셉 성당, 호암끼엠 호수 등 하노이의 관광지를 도보로 다니기에 최적의 위치에 있다.

전용 다이닝 룸, 풀 서비스 스파, 칵테일바, 프랑스식 레스토랑, 피트니스 센터 등 부족함 없는 부대시설 또한 좋다. 잘 관리되어서 깨끗한 수영장이 특히 가족여행자들에게 인기가 많다.
무료 탁아 서비스도 갖추고 있어서, 어린이가 있는 여행객들에게 호평을 받고 있다.

홈페이지_ http://accorhotels.com
주소_ 15 Phố Ngô Quyền, Tràng Tiền, Hoàn Kiếm, Hà Nội
요금_ 프리미엄 더블 210$~
전화_ +84-024-3826-6919

인터코티넨덜
하노이 웨스트 레이크
InterContinental Hanoi Westlake

하노이 부촌인 서호 호수근처에 위치한 5성급의 고급 호텔이다. 하노이 구시가지의 번잡함을 피하고, 조용하게 하노이를 여행하려는 여행객들에게는 좋은 선택이다. 구시가지 유명관광지는 도보로 가기엔 시간이 소요되니 택시를 타고 이동하면 된다.

클럽 룸에 가면 호수와 시내를 동시에 조망 할 수 있으니 이용해 보기 바란다. 호수 전망을 선택해서 선 셋을 즐겨보기 바란다. 호수가 근처라 모기와 벌레가 있을 수 있으니 주의하기 바란다.

홈페이지_ http://igh.com
주소_ 05 Phố Tử Hoa, Quảng An, Tây Hồ, Hà Nội
요금_ 프리미엄 더블 210$~
전화_ +84-024-6270-8888

팬퍼시픽 하노이
Pan Pacific Hanoi

서호와 쪽박 호수 사이에 아름답게 자리한 호텔답게 야경이 아름다운 곳으로 정평이 나있다. 노란 컬러의 장식된 모던한 스타일의 안락하고 깔끔한 객실을 갖추고 있고, 사계절 이용 가능한 실내 온수 수영장이 있어서, 더운 날에도 편하게 이용할 수 있어 아이들이 좋아하는 호텔이다. 풀 스파와 헬스클럽도 운영하고 있다. 하노이 시내를 전망 할 수 있고, 서 호 주변을 산책하면서 조용하게 일몰 감상이 유명하다. 특히 라운지나 바에서 서호 호수 전체를 감상할 수 있어 조용한 하루를 보내고 싶은 여행자에게 인기가 높다.

홈페이지_ http://panpacific.com
주소_ 1 Thanh Niên, Trúc Bạch, Ba Đình, Hà Nội
요금_ 디럭스 120$~
전화_ +84-024-3823-8888

롯데호텔 하노이
Lotte Hotel Hanoi

하노이 랜드마크인 초고층에 위치한 호텔이다. 하노이 시내 전체를 볼 수 있는 전망과 롯데 백화점, 롯데 마트 쇼핑몰이 1층과 지하에 있어서 마치 여행이 아니고 살고 있는 편리함을 느끼도록 해주는 호텔이다. 특히 여성들은 쇼핑의 편리함 때문에 인기가 많다.

롯데 호텔이라 한국인 매니저도 있으니 대한민국 여행자는 세세한 서비스를 받

을 수 있다. 저녁에는 루프 탑에 꼭 가서 하노이 야경을 감상해보기 바란다. 고층에서 지는 일몰의 풍경은 아름답다. 기념일에는 추가 서비스를 제공해 준다. 하노이 여행 마지막 날 쇼핑 목적으로 투숙하는 관광객도 많다. 다만 하노이 구시가지와 떨어져 있으므로 바쁘게 여행하려는 여행자에게는 추천하지 않는다.

홈페이지_ http://lottehotel.com
주소_ 54 Liễu Giai, Cống Vị, Ba Đình, Hà Nội
요금_ 베이직 130$~
전화_ +84-024-3333-1000

하노이 라시에스타 호텔 & 스파
Hanoi La Siesta Hotel & Spa

구시가지에 있어서 하노이의 관광지를 쉽게 갈 수 있는 접근성뿐만 아니라 깔끔하고 고풍스러운 분위기로 알려진 호텔이다. 아늑하고 넓은 객실과, 친절한 직원이 있어서 더욱 인기가 많다. 직원들이 친절하게 맛 집이나 관광지에 대해서 자세하게 설명도 해준다.

베트남 음식부터 과일까지 나오는 조식도 훌륭하다. 내부에 있는 스파도 깔끔하고 친절한 서비스로 현지의 스파 보다 좋다고 인기가 자자하여 투숙객에게 부여된 스파 할인쿠폰을 이용하는 빈도가 높다. 레드빈 레스토랑의 식사도 외부 유명 레스토랑 못지않게 인기가 많다.

홈페이지_ www.hanoilasiestahotel.com
주소_ 94 Ma May, Hang Buom Ward, Hoan Kiem District, Hoan Kiem, Hanoi
요금_ 디럭스 110$~
전화_ +84-024-3926-3641

243

하노이 골든 레전드
다이아몬드 호텔
Golden legend diamond hotel

조용한 주택가에 위치한 작고 아담한 호텔이지만 관리가 잘되어 있고, 친절한 서비스를 제공하고 있다. 성 조셉 성당, 호암끼엠 호수 등의 관광지와 유명 맛 집이 근처에 있어 위치적으로 좋은 곳이다. 구내 레스토랑에서 아침마다 서양 요리와 베트남 요리로 구성된 조식이 제공된다. 하노이를 처음 방문 하는 여행객들에겐 좋은 선택이 될 것이다.

홈페이지_ http://goldenlegenddiamondhotel.com
주소_ 18 Chân Cẩm, Hàng Trống, Hoàn Kiếm, Hà Nội
요금_ 디럭스 110$~
전화_ +84-024-3828-5168

하노이 글랜스 호텔
Hanoi Glance Hotel

깔끔한 외관과, 넓은 객실은 친절한 직원들의 서비스와 함께 항상 좋은 평가를 받는 곳이다.

하노이 기차 길 사진 찍는 곳에서 5분 정도 떨어진 곳이다. 호텔 옆에 편의점이 있어서 밤늦게 필요한 물품을 살 수 있다. 근처에 유명 맛 집과 성 요셉 성당도 도보로 이동가능하다.

베트남 요리와 즉석요리를 제공하는 조식 뷔페도 있다.

3성급이지만 다양한 룸서비스도 제공하고, 하노이 근처 유명 관광지 투어 상품도 적당한 가격에 취급한다. 새벽시간 체크인이나 공항 이동시 부탁하면 친절히 처리해준다.

홈페이지_ http://hanoiglancehotel.com
주소_ 48 Bát Sứ, Hàng Bồ, Hoàn Kiếm, Hà Nội
요금_ 슈퍼리어 더블 32$~
전화_ +84-024-3923-4568

풀만 하노이
Pullman Hanoi

호치민 묘 근처에 있는 고급 글로벌 체인 호텔로 현대적이고 단순한 스타일의 편안한 객실로 꾸며놓아 젊은 층의 인기를 얻고 있다. 2층 객실은 수영장과 바로 연결되어 있어 수영하기에 편리하다.

조식 뷔페에는 한식 비빔밥 코너도 있어서, 부모님과 함께 여행을 온 가족이 오기에 좋다. 피트니스 센터, 한증탕, 사우나 같은 다양한 편의 시설이 제공된다. 세계 각지의 맛있는 요리를 제공하는 레스토랑과 로비 바가 있어 호텔 안에서 최고의 서비스를 제공하고 있다. 다만 구 시가지에서 거리가 좀 떨어져 있고, 호텔 주변이 공사 중이라 낮에는 소음이 있는 단점이 있다.

홈페이지_ http://accorhotel.com
주소_ 40, Cát Linh, Đống Đa, Hà Nội
요금_ 수페일어 킹룸 100$
전화_ +84-24-3733-0688

서머셋 그랜드 하노이
Somerset Grand Hanoi

호암끼엠 호수에서 한눈에 알 수 있는 호텔로 주변에 높은 건물이 없는 데, 높이 솟은 건물이 특징이다. 아파트처럼 각종 취사도구가 있는 부엌과 세탁실이 제공되어 장기 비즈니스 고객이 많다.
가격에 비해 대비 넓은 객실과 패밀리 룸은 넓은 거실과 방이 3개 있어서 가족 여행자에게 좋다. 자스파 레스토랑에서 다양한 베트남 요리와 세계 유명 요리도 맛볼 수 있다.

홈페이지_ http://somerset.com
주소_ 49 Hai Bà Trưng, Trần Hưng Đạo, Hoàn Kiếm, Hà Nội
요금_ 이그제큐티브 1베트룸 113$, 디럭스 3베드룸 170$
전화_ +84-24-3934-2342

애프리콧 호텔
Apricot Hotel

호암끼엠 호수 바로 옆에 123개의 고풍스러운 객실을 갖춘 호텔이다. 성 조셉 성당, 오페라 하우스 등 주변의 관광지를 쉽게 걸어서 접근이 가능한 최고의 위치에 있다. 호텔의 옥상 수영장에서 호암끼엠 호수와 하노이 시내까지 조망 할 수 있다. 야간에는 루프탑 바에서 복잡한 시내를 벗어나 조용하게 시간을 보낼 수 있다. 호암끼엠 호수가 보이는 방으로 예약하는 것을 추천한다.

홈페이지_ http://apricothotel.com
주소_ 136 Hàng Trống, Hoàn Kiếm, Hà Nội
요금_ 디럭스 더블 140$
전화_ +84-24-3828-9595

스플렌디드 부티크 호텔
Splendid Boutique Hotel

2014년에 오픈한 깔끔하고 가성비 좋은 숙소로 구시가지 고성 문 근처에 있다. 호텔 근처에 동쑤언 시장, 맥주거리, 주말 야시장이 있어서 주위를 걸어서만 여행을 할 수 있어 편리하다. 베트남 전문 레

스토랑에서 제공되는 채식과 비건 메뉴도 있다. 하노이 교외로 이동할 수 있는 투어도 저렴한 가격에 대행해주고 있다.

홈페이지_ http://oyorooms.com
주소_ 13-15 Hàng Chiếu, Hàng Buồm, Hoàn Kiếm, Hà Nội
요금_ 슈퍼리어 더블 31$〜
전화_ +84-24-3710-0629

하노이 근교 여행 개념잡기

대중교통이 불편한 하노이에서 근교를 여행하는 것은 쉽지 않다. 그래서 편하게 여행을 하려면 투어 프로그램이 편리하다. 하롱베이 투어를 제외하면 남쪽으로 3시간 거리의 닌빈 Ninh Binh과 북쪽으로 6시간 거리인 사파sapa를 투어로 다녀오는 것이 일반적이다. 하노이 외곽의 아름다운 풍광을 볼 기회이다. 다만 닌빈은 강가에서의 신선놀음이고, 사파는 산악 트레킹이다. 대중교통으로 하루 만에 다녀올 수 있지만 되도록 1박 2일로 다녀오는 것이 현명하다.

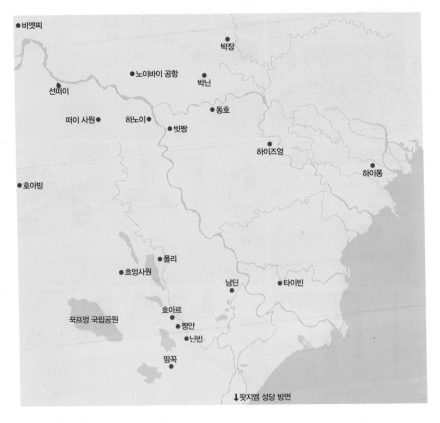

하롱베이
Halong Bay

하롱베이^{Halong Bay}는 하노이 동쪽으로 약 150㎞ 떨어져 있다. 바이짜이 부두까지 버스를 타고 3시간 정도면 도착하게 된다. 가장 편하게 하롱베이^{Halong Bay}로 가는 방법은 투어에 참가하는 것이다.

에메랄드 물 위로 수천 개의 녹색 산봉우리가 솟아 있고 다채로운 색상의 전통 돛단배들로 가득한 하롱베이^{Halong Bay}는 신비로운 매력이 가득한 곳이다. 하롱베이^{Halong Bay}는 경탄을 자아내는 아름다운 자연경관 때문에 베트남에서 가장 유명한 관광지가 되었다.

'정크'라고 부르는 전통 목조 배를 타고 편안하게 하롱베이를 여유롭게 둘러본다. 유네스코 자연 문화유산에 등록된 하롱베이^{Halong Bay}의 절경은 바다에서 솟아오른 수천 개의 석회암 섬들을 보는 것이다.

동굴 속을 구경하고, 작은 섬에서 암벽 등반도 할 수 있다. 가파른 절벽은 높이가 90m에 이른다. 수상 오두막에서 빌려 카약을 즐기고 수상 가옥에 들러 베트남 조개 요리인 응안 요리를 먹을 수도 있다.

배로 지나다니는 행상으로부터 과일과 땅콩을 살 수도 있다. 해질녘과 은색 달빛이 비추는 하롱베이^{Halong Bay}의 모습은 천상의 아름다움 그 자체이다. 안개가 서서히 걷히면서 하롱베이^{Halong Bay}가 모습을 드러내면 솟아오른 산봉우리들이 신비로운 풍경 속에 서 있는 온화한 거인처럼 보이기도 한다.

깟바 섬
Cát Bà Island

깟바^{Cát Bà}는 하롱 만에 있는 가장 큰 섬으로 섬의 절반은 국립공원으로 멸종 위기종인 깟바 랑구르 원숭이의 서식지이다. 섬의 바다와 육지는 모두 다양한 자연생태계가 존재해 높은 생물 다양성을 자랑하고 있다.

깟바 군도에서 발견되는 자연 서식지는 석회석 카르스트지형에 열대 석회암숲이 있고 산호초, 맹그로브 습지, 해초지대, 석호, 해변, 동굴, 버드나무 습지가 포함된다.

사파
Sapa

하노이^{Hanoi}에서 북서쪽으로 약 230㎞를 이동하면 사파^{Sapa}에 도착한다. 휴식이 필요하다고 느낄 때는 꽈잉 뜨응 광장에 가서 여유를 만끽해 보자. 함룽 산에서는 책을 읽거나, 운동을 할 수 있고 한가롭게 벤치에 앉아 여유를 즐길 수도 있다.

해기 지물면 사파 호수의 호수 풍경이 운치 있다. 자연을 사랑한다면 판시판에서 가보고 사파의 종교에 관심이 많다면 사파 성당을 추천한다. 사파 시장은 여행자가 찾는 사파의 매력적인 관광지이기도 하다.

하이퐁
Hài Phòng

닌빈
Ninh Binh

하노이^{Hanoi}에서 동쪽으로 약 90㎞ 정도 떨어진 하이퐁^{Hài Phòng}은 인구 수는 약 60만 명이다. 지친 마음을 충전하고 멋진 바닷가를 찾고 있다면 캣 코 비치에서 짭짤한 바다 냄새와 탁 트인 바다 풍경을 즐기면 된다.

자연 속에서 시간을 보내고 싶다면 쯩 짱 동굴이나 승 솟 동굴을 추천한다. 하이퐁 박물관과 해군 박물관에서 다양한 전시물을 관람할 수 있고, 하이퐁의 종교에 관심이 있다면 두 항 파고다에, 예술을 느낄 수 있는 하이퐁 오페라하우스에 방문하면 된다.

닌빈^{Ninh Binh}에서 베트남의 수도인 하노이까지는 북쪽으로 약 90㎞ 떨어져 있다. 닌빈 만의 독특한 자연을 구경하고 싶다면 호아 루^{Hoa Lu}에서 35㎞ 떨어진 쿡 푸옹 국립공원에 가면 된다.

20㎞ 떨어진 거리에는 투 툭 동굴도 신비롭다. 빅동 사원은 평화롭고 고요한 분위기에 젖어든다.

한국 이름으로 한류를 이용하는 짝퉁 중국기업

동남아시아에서 한류의 인기가 높은데, 베트남에서 한류는 특히 인기가 있다. 대한민국에 대한 관심이 높아지고 한류의 인기도 하늘을 찌를 듯한 것을 이용해 엉뚱한 중국 기업이 마치 한국 기업인 것처럼 행세하고 있다. 지금은 알려져 알고 있는 사람들이 있지만 모르는 사람들도 많아서 지속적으로 알려야 점차 베트남 사람들에게 알려질 수 있을 것이다.

대한민국의 국화(國花)인 '무궁화'를 따서 지은 '무무소MUMUSO'와 '무궁생활'이라는 중국 기업이다. 중국의 회사임에도 대한민국 이미지를 내세워서 홈페이지에도 한국어로 표기하고 홈페이지 주소에도 'kr'을 쓰기 때문에 베트남 사람들은 한국기업이라고 알고 있는 사람들이 많다. 다행히 최근에 조금씩 중국기업이라는 사실이 알려지고 있지만 모르는 사람들이 더 많다.

무무소(MUMUSO)

많은 매장을 보유한 다이소를 따라한 이름에 생필품을 서가로 파는 것도 동일한 컨셉으로 동남아시아에서 20개 이상의 매장을 보유하고 한국 기업을 이용해 대한민국을 이용해 물건을 판매하고 있다.

매장의 판매물품에는 한글로 적힌 물건이 있어 보면 어설픈 문구로 적혀있어 웃음만 나온다. 화장품, 캐릭터 상품, 생활용품 등 베트남 사람들이 관심이 많은 화장품에도 대충 보면 한국의 제품과 똑같다.

정식 명칭도 '무무소 코리아'로 써 놓고, 제품에도 '거품 새수 크림'이라고 표기돼 있다. 한국인이 봤을 때 '세수'가 아닌 '새수'로 적힌 단어를 보면 이상하다고 생각할 수 있다. 필자도 처음에 무심코 들어갔다가 한류의 영향이 크다고 생각했는데, 친구가 알려줘 중국기업이라는 사실을 알았고 제품을 보니 대부분 어설픈 중국제품인 경우가 많았다.

무궁생활

'무궁생활'이라고 한글로 적힌 간판도 볼 수 있다. 가장 기분이 나쁜 것이 손님이 들어오면 "안녕하세요"라고 인사를 한다. 제품도 무무소와 차이가 없다. 생필품을 파는 상점이기 때문에 제품의 품질이 나쁘다면 한국제품은 좋지 않다는 인식을 심어줄 수 있다는 사실이다.

무무소 본점, 중국 상하이

베트남에서는 중국에 대한 이미지는 좋지 않고 대한민국에 대한 이미지도 더 이상 좋을 수 없을 정도이다. 2018년에 박항서 감독의 우승이라는 성과로 더욱 한류 이미지는 공고해졌다. 무무소 본점은 중국 상하이에 있다고 하는데 중국인들도 자신들의 제품과 이미지로 제품을 판매할 자신이 없다는 사실을 아는 것 같다.

문제점

한국 제품과 매우 흡사한 외형을 가진 제품을 판매하기 때문에 쉽게 따라할 수 있다는 점이 문제가 된다. 제품의 질이 따라주지 않는 저가 폼 클렌징, 마스크 팩, 크림 등으로 대표적인 화장품 회사인 이니스프리 상품 '그린티 폼클렌징'을 로고만 살짝 바꾸고 판매하고 있다. 더 페이스샵의 마스크팩, 핸드크림도 마찬가지이다. 필자가 가장 많이 사용하는 네이처 리퍼블릭의 '알로에 수딩 젤'도 외관상으로 거의 같아서 한글로 적힌 것을 보아야 알 수 있다.

오랜 시간 동안 이어온 영토 분쟁과 중국산의 저질 상품으로 인한 피해가 베트남 사람들의 중국인에 대한 나쁜 감정을 키우고 있다. 이런 상황에서 한류의 이미지를 이용해 판매하고 있는 것이라서 피해는 대한민국이 보고 있는 것이다.

중국의 짝퉁 3GROUPS(3GS)

3Concept eyes(3CE)

Ha Long Bay

하롱베이

하롱베이 사계절

해질녘과 은색 달빛이 비추는 하롱베이^{Halong Bay}의 모습은 천상의 아름다움으로 유명하다.

하롱베이^{Halong Bay}를 방문하는 가장 좋은 시기는 3월과 10월이다. 겨울에는 안개가 짙어 시야가 좁아지는데, 스산한 분위기 자체도 볼거리이다. 안개가 서서히 걷히면서 하롱베이 Halong Bay가 모습을 드러내면 우뚝 솟은 산봉우리들이 신비로운 풍경 속에 서 있는 온화한 거인처럼 보이기도 한다.

하롱베이(Halong Bay) 한눈에 파악하기

에메랄드빛 수면 위로 수천 개의 녹색 산봉우리가 솟아 있고 주변은 다채로운 색상의 전통 돛단배들로 가득한 하롱베이Halong Bay는 신비로운 매력이 가득한 곳이다.
하롱베이Halong Bay는 경탄을 자아내는 아름다운 자연경관 덕분에 베트남에서 가장 유명한 관광지 중 하나이다. '정크Junk'라고 불리는 전통 배인 목선를 타고 편안하게 하롱베이Halong Bay를 천천히 따라 올라간다. 유네스코 문화유산에 등록된 하롱베이Halong Bay의 절경은 바다에서 솟아오른 수천 개의 석회암 섬들 때문이다.

하롱베이Halong Bay는 하노이 동쪽으로 약 150㎞ 떨어져 있다. 바이짜이 부두가 하노이에서 3시간 정도 떨어져 있다. 가장 편하게 이동하는 방법은 투어에 참가하는 것이다. 아니면 미니버스나 기차로 하롱베이Halong Bay까지 가서 하롱베이Halong Bay 현지에서 마감 직전의 특가로 나온 범선 관광을 신청하는 방법이 있으나 쉬운 방법이 아니다.

불이 밝혀진 동굴 속을 구경하고, 작은 섬들 위로 암벽 등반도 할 수 있다. 아주 가파른 절벽은 높이가 90m에 이른다. 수상 오두막에서 필요한 장비를 빌려 카약도 즐길 수 있다. 대부분의 관광에는 어부의 수상 가옥에 들러 베트남 조개 요리인 신선한 '응안' 요리를 먹고 배로 주변을 지나다니는 행상에게 과일과 땅콩을 구입할 수도 있다.

야간 크루즈를 타면 좀 더 멀리 떨어진 섬들을 둘러볼 수 있다. 깟바 섬과 투안차우 섬에서는 짜릿하고 신나는 해양 스포츠와 인공 해변을 즐길 수 있다.

하롱베이 투어(Halong Bay Tour)

하롱베이의 석회암 섬들을 그룹 투어로 보는데, 하롱베이^{Halong Bay}의 석회암 카르스트 지형을 가로질러 여행을 떠난다. 하노이에서 버스를 타고 3시간 정도 하롱베이^{Halong Bay}까지 이동하여 선상에서 맛있는 해산물을 즐기면서 전통 목선을 타고 하롱^{Halong}의 역사, 문화적 중심이자 아름다운 자연문화 유산인 하롱베이^{Healong bay}를 둘러본다.

천국 동굴 탐험, 카약, 대나무 보트 등의 활동이 있다. 베트남 점심 식사와 다과를 즐긴다. 하롱베이 중심에 위치한 승솟 동굴을 방문한다. 유네스코 세계 자연 문화유산인 하롱베이^{Halong Bay}에서 크루즈를 즐기면서 헤븐리 팰리스 동굴, 어촌, 유명한 제임스 본드 동굴을 방문하고 선베드에서 휴식을 취하고 선상에서 맛있는 해산물을 즐기게 된다.

하롱베이의 즐거움

1. 승솟 동굴로 향해 가면서 신선한 해산물로 갖춰진 베트남 요리를 점심 식사로 즐긴다.
2. 종유석과 석순이 만들어내는 경이로운 풍경을 가까이에서 바라볼 수 있다.
3. 카약이나 대나무 보트를 타고 항루온 동굴을 둘러본다.

투어 순서

1. 7시 30분~8시 30분까지 하노이에 위치한 숙소에서 픽업을 마친 후 하롱베이Halong Bay로 가는 버스를 타고 이동한다. 버스에서 가이드가 영어로 하롱베이 Halong Bay에 대한 설명을 하고 휴식 시간을 준다.

2. 중간에 휴게소에서 쉬는데 건너편에는 공예품 작업장이 있고 대리석 석재 조각, 플라카 그림, 수공예품 등이 있다.

3. 하롱베이Halong Bay에는 12시 경에 부두에 도착하고 고급 범선 위에 올라 에메랄드 빛 바다 위 항해를 시작한다.

4. 선상에서 간단한 설명을 하고 점심과 함께 전통 목선에서 해산물 점심식사를 한다. 코스요리처럼 시간을 두고 나오기 때문에 어느 정도 식사를 하기 전에는 보트 갑판에 올라가지는 않는다. 식사를 하고 각자 배위의 2층으로 올라가거나 배 안에서 아름다운 하롱베이Halong Bay의 경치를 만끽한다.

5. 목선이 이동하면 바위 섬, 깎아지른 절벽, 백사장 해변과 골짜기가 있는 작은 섬의 전망을 즐긴다. 조각된 만화 캐릭터와 석회암 섬에는 향 버너, 돌 개, 하롱베이Halong Bay의 상징인 파이팅 콕Fighting Cock 등의 이름이 있다. 개, 머리, 오리, 백조와 싸움닭 같은 여러 멋진 형상을 하고 있는 하롱베이의 석회암 카르스트 지형은 신비롭다.

6. 띠엔 꿍Thien Cung(Heavenly Palace Grotto)으로 이동한다. 종유석과 모든 종류의 석순으로 장식된 거대한 공간을 둘러본다.

7. 마지막으로 카약을 타거나 섬과 물 터널 주변에서 대나무 보트를 타면서 45분 정도, 떠있는 마을에서 어부와 가족의 생활을 관찰할 수 있다.

8. 5시 정도가 되면 다시 하롱Halong시 부두로 돌아가서 하노이로 돌아올 버스를 탄다. 저녁 8시 30분 정도에 하노이에 도착하여 각 숙소에 내려준다.

점심과 돌아오는 목선의 메뉴

토마토, 오이 샐러드, 튀긴 감자, 스팀 새우, 계란 튀김, 오징어 튀김, 튀긴 해산물 스프링 롤, 버섯 튀김, 토마토소스를 곁들인 생선 찜, 야채 튀김(계절에 따라 다름), 찐 쌀, 과일 등이 있다.

1박 2일 하롱베이 투어

하롱베이Halong Bay에서 가장 큰 동굴인 승솟 동굴Surprise Cave을 방문하고, 에메랄드빛 물에서 카약을 즐기거나 루온 동굴 지역에서 대나무 보트를 타고, 티톱 섬Ti Top Island에서 만 전체가 보이는 전망은 눈이 호강하는 느낌이다.

1일차 추가 투어, 선상에서 하룻밤

대나무 보트를 타고, 루온 동굴Luon Cave을 설명을 듣는다. 티톱 섬Ti Top Island에서 수영하면서 시간을 보낸다. 해변에서 일몰을 보거나 해변에서 축구나 발리볼, 산책을 즐기다가 저녁 식사를 한다. 특히 닻을 내리기 전에 갑판에서 일몰을 감상하는 특별한 경험을 할 수 있다. 저녁 식사 후 야간 오징어 낚시 모험을 떠나거나 선상의 바에서 편하게 휴식을 취한다.

1일 투어와 다른 점

하롱베이(Halong Bay) 석회암 카르스트 지형을 경험하는 것은 동일하다.
1. 티톱 섬(Ti Top Island)에서 멋진 전망을 즐기기
2. 크루즈에서 신선한 해산물을 즐기고 하룻밤 보내기
3. 만에서 보이는 일출과 일몰 즐기기
4. 야간 오징어 낚시 투어는 선택
5. 더 많은 석회암 카르스트 군도를 방문하고 동굴 설명

2일차 하롱Halong – 하노이Hanoi

하롱베이Halong Bay를 보면서 일어나면 승솟 동굴Surprise Cave의 종유석과 석순을 관찰한다. 싸움닭Fighting Cock, 향로Incense Burner, 돌 개Stone Dogs 섬을 지난다. 점심을 먹고 나서 하노이로 복귀하는 버스에 타고 이동한다.

티톱 섬
Ti Top Island

소련의 우주비행사 이름을 딴 티톱 섬^{Ti} ^{Top Island}은 30m 높이의 티톱 섬^{Ti Top Island}에는 하롱 만을 한눈에 내려다 볼 수 있는 전망대가 있다. 매표소를 지나 티톱^{Ti Top}의 동상이 보인다. 티톱 섬^{Ti Top Island}의 정상 높이는 해발 30m 밖에 안 되지만 428개의 계단을 올라가면 섬 정상에 있는 전망대에 이르게 된다.

정상에 오르면 하롱베이^{Halong Bay}에 있는 아름다운 풍경을 보게 된다. 아기자기한 작은 섬들이 눈앞에 펼쳐지면서 감동을 받게 된다. 베트남의 유명 관광지이자 세계 7대 절경에 속한다는 수식어만 봐도 하롱베이^{Halong Bay}의 대표적인 풍경을 티톱 섬^{Ti Top Island}에서 볼 수 있다.

티톱 섬이라는 이름이 붙은 이유

베트남 섬이 소련의 우주 비행사 티톱(Ti Top)의 이름을 갖게 된 이유가 있다. 호치민이 소련의 법정에 섰는데 이때 티톱(Ti Top)이 보증을 서면서 목숨을 구해주었다. 호치민이 베트남의 초대 주석이 된 이후 감사의 마음으로 티톱(Ti Top)을 초대했다.

호치민과 같이 하노이에 오게 된 티톱(Ti Top)은 하롱베이(Halong Bay)에 관광을 왔다가 섬 위에서 하롱베이(Halong Bay)를 내려 보면서 환상적인 풍경에 취해 호치민에게 이 섬을 자신에게 팔라고 하였는데, 호치민은 이 섬은 자신의 섬이 아니고 국민들의 섬이기 때문에 안 된다. 대신 티톱(Ti Top)이라는 이름을 이곳에 영원히 남기게 해주겠다고 하여 티톱 섬(Ti Top Island)이라는 이름을 갖게 되었다.

About 티톱

인류 최초의 우주 비행사는 유리 가가린이다. 티톱(Ti Top)은 유리 가가린과 함께 우주 비행을 위한 훈련을 같이 받았다. 가가린이 수석 조종사였지만 티톱(Ti Top)은 유사시에 대비한 보조 조종사였기 때문에 인류 최초의 우주 비행사라는 명예는 가지지 못했지만 소련의 우주 계획에는 티톱(Ti Top)이 더 많이 기여를 했다고 한다.

메쿵 동굴
Mê Cung Cave

해수면이 낮아지기 전에는 다슬기의 군락지였다고 하는 메쿵 동굴은 입구가 꽤 크다. 하지만 동굴 안으로 들어가는 곳은 작아서 머리를 숙이고 들어가야 한다. 종류석은 대부분 습하기 마련인데 동굴은 상당히 건조한 편이라 더 이상 종류석은 자라지 않는 것 같다. 제주도의 다양한 동굴에 비하면 규모가 작고 종류석이 다양하지는 않은 편이다.

Đảo Cát Bà

깟바 섬

하노이에서 베트남 북부의 하롱 만의 남동부 가장자리에 깟바^{Cát Bà} 군도를 구성하는 367개 섬 중에서 가장 큰 섬이다. 베트남에서 가장 유명한 산업 도시인 하이퐁 시에 속해 있는 깟바 섬^{Cát Bà Island}은 험한 특성의 산악지대의 특성을 가지고 있다. 하노이에 있는 여행사에서 예약을 하면 1일 투어는 하롱베이^{Halong Bay}만 다녀오지만 1박2일 투어는 깟바 섬^{Cát Bà Island}까지 다녀오는 일정으로 투어를 진행한다.

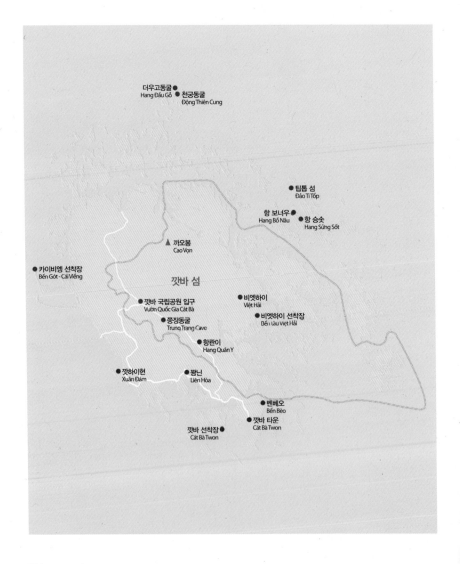

About 깟바(Cát Bà)

깟바 섬^{Cát Bà Island}은 하롱베이^{Halong Bay}에서 유일하게 인구가 많은 섬으로 6개의 다른 지역에 약 13,000명의 주민들과 해안가에 떠 있는 수상가옥에 거주하는 4,000명 이상의 주민들이 있다. 대다수는 깟바 국립공원^{Cát Bà National Park} 남쪽으로 15㎞ 정도 떨어진 곳에 있는 상업 중심지에서 살고 있다. 1997년 이후 깟바 타운^{Cát Bà Town}은 가파르게 성장하면서 섬과 하롱 만의 관광중심지가 되었다.

깟바(Cát Bà) 이름의 전설

깟바 섬^{Cát Bà Island}은 '여자 섬'을 의미한다. 'Cac'은 모두를 의미하고 'Ba'는 여성을 뜻한다. 전설에는 수세기 전 '짠 왕조'의 3명의 여성이 살해를 당했고 시체가 깟바 섬^{Cát Bà Island}으로 흘러들었다고 전해진다. 시체는 다른 해변에서 떠내려갔고, 3명 모두 현지 어부들에게 발견되었다. 깟바^{Cát Bà}의 주민들은 여성들을 위한 사원을 지었고, 그 섬이 깟바^{Cát Bà}로 알려지게 되었다.

사람의 흔적

깟바^{Cát Bà}에는 사람들이 약 6,000년 동안 살았다고 한다. 베트남 북동부를 점령한 최초의 카이베오 족들은 약 4,000년 전인 신석기 말기의 인간으로 알려져 있다.

국경 분쟁

1979년, 크메르루즈 통치를 종식시킨 베트남의 캄보디아 침공에 대응해 중국과 베트남 사이에는 제3차 인도차이나 전쟁이 발발했다. 이어서 베트남 정부는 하롱 만 주변의 중국인 어부 약 3만 명을 추방했다.

깟바 섬 IN

하롱 → 깟바 보트 선착장

깟바 섬Cát Bà Island으로 가는 페리 노선은
하롱Halong에서 깟바 섬Cát Bà Island까지 여행
하는 관광객을 위해 베트남의 유명한 두
해안 도시를 가장 빨리 연결하는 유용한
수단이다.

하롱 시에서 뚜안차우까지 가기 위해서
는 지아루안 부두의 깟바 섬Cát Bà Island에서
뚜안 차우로 이동한다. 페리가 취항하면
서 깟바 섬Cát Bà Island의 관광 개발이 가속
화되었다.

떤부-락후옌 고속도로
Cầu Tân Vũ – Lạch Huyện Expressway

새로 놓인 고속도로는 깟바 섬^{Cát Bà Island}까지 이동하는 시간을 절약해 주었다. 2017년 5월 14일, 동남아시아를 가로 지르는 5.44㎞ 길이의 가장 긴 강을 건너 이동하는 하이퐁^{Hai Pong}과 깟바^{Cát Bà}를 이어주는 고속도로 프로젝트를 완료하였다.

떤부–락후옌^{Cầu Tân Vũ – Lạch Huyện} 대교를 건너면 이전처럼 페리를 기다리지 않고 깟바 섬^{Cát Bà Island}으로 이동하는 데 5분밖에 소요되지 않게 되었다. 깟바 관광객을 유치하기 위해 만들어진 다리는 깟바 섬^{Cát Bà Island}의 개발을 가속화시키고 있다.

깟바 타운
Cát Bà Town

섬 내의 도로, 항구 건설은 1997년 말에 시작된 안정적인 전기 공급으로 기반시설이 정비되면서 시작되었다. 페리와 바지선을 타고 본토에서 깟바 섬^{Cát Bà Island}으로 트럭과 자동차를 운반할 수 있게 되면서 관광객이 쉽게 섬을 방문할 수 있었다.

2001년부터 시작된 깟바 섬^{Cát Bà Island}의 관광과 개발이 급격히 증가하게 되었다. 그 이후로 1박을 하는 하롱베이 크루즈 여행 일정에 깟바 섬^{Cát Bà Island}의에서 1박을 하는 1박 2일 투어 일정이 포함되게 되면서, 연간 35,000명이 넘는 방문객을 수용할 수 있는 호텔들이 해안가에 들어섰다. 현재 깟바 섬^{Cát Bà Island}에는 100개가 넘는 호텔이 있다.

깟바 아만티나 공사

섬의 남쪽 해안을 바꾸고 있는 대규모 프로젝트인 깟바 아만티나 공사가 진행되고 있다. 아만티나 단지는 171.57ha에 이르는 세계적 수준의 마리나, 카지노, 리조트, 테마파크가 있는 거의 6,000명의 관광객을 수용할 수 있다. 7개의 리조트 단지로 800개의 빌라와 3개의 선착장, 1개의 국제 컨벤션 센터, 6개의 5성급 호텔과 1개의 4성급 호텔 (VITC)을 계획하고 있다. 깟바 섬(Cát Bà Island)에 미니 시티를 만들고 전 세계의 관광객을 유치하려고 한다.

깟바 섬 동굴 투어
Cat Ba Island Cave Tour

17세기 이후에는 프랑스와 미국 의 영향을 크게 받았다. 깟바 섬^{Cát Bà Island}은 중국과의 경계 지점으로 중국, 프랑스, 미국과의 전쟁 중 폭격으로 주민들은 많은 동굴

사이에 숨어 살았다. 비참한 전쟁 생활이 지금은 관광 명소로 바뀌었다.

병원 동굴(Hospital Cave)

깟바 타운에서 북쪽으로 10㎞ 밖에 떨어져 있지 않은 곳에 동굴의 병원이 있다. 베트남 전쟁 중 폭격을 막을 수 있는 동굴의 병원은 베트콩 지도자에게는 안전가옥이나 마찬가지였다. 3층짜리 건축물은 1975년까지 사용되었다.

대포 요새

해발 177m 높이에 위치한 대포 요새는 오래된 벙커와 헬리콥터 착륙장을 관광지로 제공하고 있다. 깟바 섬과 해안의 석회암 카르스트지형에 있는 대포 요새는 먼 바다까지 볼 수 있는 요충지였지만 지금은 아름다운 풍경을 볼 수 있어 관광지로 활용되고 있다.

깟바 국립공원
Cát Bà National Park

깟바 섬^{Cát Bà Island}의 중심에는 생태학적으로 다양한 국립공원이 있다. 국립공원의 목표는 보존이며 공원은 주로 열도의 자연과 야생 생물을 보호하기 위해 최선을 다하고 있다.

깟바 국립공원은 깟바 섬^{Cát Bà Island}의 생물권 보호의 핵심지대를 2,000ha를 설정했다. 완충지대는 핵심지대를 둘러싸거나 인접한 지역으로 핵심지대의 보전 목표를 방해하지 않아야 하고, 보호하는 데 도움이 되도록 구성되었다. 외부 이전지대는 보전과 개발에 관련된 연구, 감시, 교육, 정보 교환을 지원하고 있다.

자연의 아름다움 외에도 공원에는 다양한 종들이 서식하고 있다. 공원에는 406종의 나무, 661종의 약용식물, 196종의 식용식물 등을 포함하여 186군의 식물 1,561종이 있다. 23종의 멸종위기 종, 심각단계 멸종 위기에 처한 종을 포함하고 있다.

간략한 국립공원 역사

1986년에 섬 면적의 약 1/30이 베트남 최초의 보호구역인 깟바 국립공원(Cát Bà National Park)이 되었다. 2006년에 국립공원의 경계가 다시 정해졌는데, 공원은 109km²의 육지 면적과 52km²의 연안 해역과 맹그로브 숲이 있는 갯벌지역을 포함하게 되었다. 2004년에 깟바 섬(Cát Bà Island)은 육상과 해양 생태계뿐만 아니라 섬에서 발견되는 다양한 식물과 동물의 생명을 보호하기 위해 유네스코 생물권 예비 지역으로 선언되었다.

깟바 섬 투어
Cát Bà Island Tour

하롱베이 1박 2일 투어에 깟바 섬이 포함
된 투어를 예약하면 된다. 2일차에 아침
식사를 하고 7시 30분에 카약이나 수영으
로 란 하 베이^{Lan Ha bay}의 아름다운 자연을
볼 수 있는 트라 바우^{Tra Bau}부두에 정박해

오전 내내 투어를 진행한다.

하롱베이 + 깟바 섬 투어 2일차 일정

6시 45분 | 아침식사
8시 | 깟바 국립공원(Cat Ba National Park)
　　　랑하베이(Phao Dai Than Cong)
　　　– 카약킹, 수영 등
12시 | 점심식사
15시 | 투어종료 후 버스탑승해 하노이 이동
19시 | 하노이 도착

깟바 섬 액티비티

하이퐁에서 약 50㎞, 하노이에서 약 150㎞ 떨어져 있는 깟바 섬^{Cát Bà Island}은 접근성이 좋고 여름이나 성수기에는 도시의 더위와 미세먼지를 피하기 위해 많은 중국인 관광객이 섬에 방문하여 피서를 한다. 깟바 섬^{Cát Bà Island}은 엑티비티가 많아서 외국인 관광객과 베트남 방문객 모두에게 중요한 여행지가 되었다.

하롱 만^{Halong}과 깟바 섬^{Cát Bà Island}을 따라 카약을 타거나, 보트 크루즈, 국립공원을 따라 하이킹을 하고, 섬 주변으로 산악자전거를 타면서 원숭이 섬을 탐험한다. 1박을 하려면 원숭이 섬 리조트에 머물며 휴식을 취한다. 많은 동굴을 탐험하거나 깟바 타운^{Cát Bà Town}에서 약 3㎞ 떨어진 해변에서 수영을 하거나 석회암 카르스트에서 락 클라이밍^{Rock Climbing}을 할 수도 있다.

▶ 락 클라이밍 순서

1 사무실에서 신청하기

2 클라이밍 신청서 작성

3 장비를 받고 직접 착용해 보기

4 신발을 착용할 때 자신의 발에 꼭 맞는 신발 찾기

5 강사가 설명한 착용법에 맞추어
 직접 착용하면서 준비하기

6 코스별로 체험하면서 락 클라이밍 즐기기

276

▶밧줄 착용순서

1 한 팔을 벌려 다른 손으로 두 번 돌려 8자를 만든다.

2 아래의 구멍부터 위로 넣어 올린다.

3 위의 구멍까지 넣어 올리고 다시 나온 줄을 8자에 맞추어 2겹의 줄 상태를 만든다.

▶코스 소개

▲초급사 코스

▲중급자 코스

▶다양한 락 클라이밍 모습

BTS에 빠진 베트남 소녀들

작년 뉴스에서 방탄소년단과 박항서 감독이 베트남 학교에서 시험문제로 등장해 화제라는 기사를 접한 적이 있다. 현지 고등학교의 문학 시험지에 '베트남 축구 영웅 박항서 감독과 방탄소년단(BTS)의 미국 빌보드 활약상'을 소개하며 '문화 대사'의 역할을 묻고 있다는 문제였다."

학교에서 돌아와 바로 방탄소년단(BTS) 노래에 빠진 소녀팬

베트남에서 20대까지는 방탄소년단에 푹 빠져 있다면 중, 장년층은 박항서 감독에 빠져 있다. 가히 쌍끌이 인기를 누리고 있다. 전 세계의 주목을 받고 있는 K팝의 간판그룹인 방탄소년단은 K팝에 열광하는 동남아시아에서도 가히 압도적이므로 다양한 관심을 나타나게 해준다. 박항서 감독의 베트남 축구대회 성적은 대한민국의 기업들이 베트남 시장을 더욱 깊게 파고들 수 있게 도와주고 있다. 10 · 20대 젊은 층이 향유하던 베트남 한류가 박항서 감독의 축구 시장의 성취로 중장년층까지 인기가 번져가는 중이다. 이들은 자신들도 할 수 있다는 생각을 박항서 감독을 통해 전달받는다고 할 정도니 이해할 수 있을 것이다.

방탄소년단(BTS)의 인기는 몬스타엑스. 더보이즈 등 현재 K팝의 유행을 이끄는 아이돌 그룹들이 베트남에서 폭발적인 인기를 끌도록 진두지휘하는 모양새다. 실제로 베트남에 있으면서 중, 고등학생들을 만나보면 '작은 것들을 위한 시'의 새로운 노래와 함께 '기존의 페이크 러브' 등 방탄소년단의 노래로 아침을 시작하고 TV에서 춤을 따라하는 소녀 팬들이 많다. 베트남에서 K팝의 첨단을 빠르게 흡수하고 있다는 것은 앞으로 대한민국에 대한 인식이 지속적으로 개선되는 효과를 줄 것이다.

호이안Hoi An에서 3개월 이상을 머물면서 가정집의 학생과 그 친구들과 대화를 나누면서 시간을 보내곤 한다. 그런데 그 대화의 50%는 방탄소년단 이야기이다. 반 친구들 대부분은방탄소년단(BTS)의 노래를 부른다. 노래를 몇 번이 아니라 100번 이상은 들었을 것이라고 대답한다. 방탄소년단 멤버 중 특히 베트남에서 인기가 높은 멤버 '지민'의 캐릭터를 본뜬 연등과 달력이 만들질 정도라고 들었다.

베트남에서도 영어는 학교시험에서 중요한 과목이고 대학교에서 영어 전공자나 영어회화를 잘하는 학생들은 취업이 쉽다. 그래서 영어로 대화를 하는 주제와 소재는 방탄소년단(BTS) 이야기를 하게 된다. 베트남은 아직 경제적으로 부유한 국가가 아니다. 하지만 6년이 넘도록 경제 성장이 6%를 넘는 고속 성장을 이어가고 있다. 경제가 급성장하고 있어 현재보다는 미래에 더 중점을 두고 사는 사람들의 행복한 미소는 저성장에 시름하는 대한민국과 대조적이다.

베트남이 아직 1인당 국민소득이 낮지만 앞으로 베트남이라는 나라는 성장하면서 경제적부를 나누고 그 속에서 대한민국이 긍정적인 인식을 받고 있고, K팝의 선두주자 방탄소년단 같은 인기에 앞으로도 대한민국은 베트남에서 중요한 역할을 하게 될 것이라고 생각한다. 여행에서도 베트남과 대한민국 인들이 서로 여행을 많이 하면서 더욱 많은 교류를 하게 될 것이므로 K팝은 더욱 인기를 얻을 가능성이 높다. 양국을 여행하는 여행자가 늘어서로 좋은 파트너로 성장하면 좋을 것이다.

TV에 나오는 방탄소년단(BTS) 뮤직비디오

한류의 봄이 온다

13일 오전(현지시간) 베트남 하노이. 이리저리 도심을 거닐던 중 '빅C^{Big C}' 마트 앞에 정차된 개인택시 한 대가 문득 눈에 띈다. 택시 뒷문 전면에 베트남 축구 대표팀을 맡고 있는 박항서 감독 사진이 큼지막하게 붙어 있었던 것. 멀쑥한 카키색 정장 차림에 엄지손가락을 쭉 내뻗은 광고 사진이었다. 푸근한 미소를 짓

고 있는 박 감독 옆엔 빨간 글씨로 다음 문구가 새겨져 있었다.

그 모습이 친근해 가만히 웃음 짓는데, 택시기사 기앙 씨(46)가 말을 붙인다. "한국인이에요? 박항서 훌륭해요, 박항서 최고예요!" 그는 베트남 축구대표팀 부임 3개월 만에 동남아시아 국가 최초로 아시아축구연맹 U-23 챔피언십 준우승이라는 쾌거를 이뤄낸 박 감독을 모르는 사람이 없다고 했다.

10·20대 젊은 층이 향유하던 베트남 한류가 최근 박 감독 사단의 전에 없던 성취로 중장년층까지 그 인기가 번져가는 중이다. 이날 베트남 현지 음식 '반미'를 팔고 있던 티엔 씨(38)는 딸이 드라마 〈태양의 후예〉의 송중기 사진을 방 구석구석 붙여놓은 게 이해가 안 갔는데, 요즘엔 나도 한국 드라마를 본다며 웃음 지었다.

실제로 베트남 호찌민과 하노이 등 도시권을 중심으로 'K컬처(K팝·K뷰티·K무비·K드라마 등)' 인기는 대단했다. 14일 베트남 하노이에서 만난 푸엉 씨(24)는 '코리안 뷰티' 얘기가 나오자 양손 엄지손가락을 치켜세웠다. "베트남 여자들, 한국 화장품 "진짜, 진짜 좋아해요! 특히 립스틱이랑 아이섀도요(웃음)." 브랜드로는 '3CE' 인기가 최고라고 했다.

푸엉 씨는 하노이 부촌 아파트 로열시티에 사는 베트남 최상류 계층. 원래 집은 사업가인 부모님이 사는 호찌민 선라이즈시티다. 서울로 치면 도곡동 타워팰리스쯤 된다. 매일 오후 2시면 집 근처 학원에서 한국어 수업을 듣는다고 했다. 배우는 이민호를 좋아하고, 가수는 한때 빅뱅을 좋아했는데 이젠 방탄소년단(BTS) 열혈 팬이다. "10월에 한국 가요. 언니가 거기 살아요. 떡볶이, 김밥도 먹고 에버랜드에도 가려고요."

비단 푸엉 씨만의 얘기가 아니다. 한국에서 그날 회차 드라마가 방영되면 2~3시간 뒤에 곧바로 자막 깔린 영상이 온라인에 공개된다고 한다(물론 불법이다).

가수는 단연 방탄소년단(BTS)였다. 어림잡아 열에 일곱은 BTS를, 나머지는 빅뱅을 최고로 꼽았다. 호찌민 타잉록고교 1학년 응우옌타이민 군(17)은 "반 친구들 상당수가 BTS, 빅뱅 노래를 흥얼거린다"고 했다. "저는 오전에만 빅뱅 '판타스틱 베이비'를 스무 번은 들었을 걸요?"

한국어에 대한 관심도 적지 않았다. 하노이대 한국어학과 여학생 링단 씨(21)가 그중 한 명. 한국에서 유행하는 동그란 뿔테 안경을 쓴 그는 전날 만난 푸엉 씨보다 한국어가 유창했다. "전문 통역인이 되고 싶다"고 했다. "한국어 통역가는 보수가 굉장히 세요. 졸업하면 멋진 통역가로 폼나게 살려고요(웃음)."

SaPa

사파

About 사파^{Sapa}

베트남의 북서쪽, 라오까이 성에 있는 고산 지대의 휴양지로 프랑스 지배시기에 개발되었다. 중남부의 고산지대인 달랏과 함께 프랑스 인들에게 휴양지로 사랑받았던 곳이다. 지금도 남부고원의 달랏^{Đà Lạt}과 베트남에서 결혼을 하면 신혼여행으로 가장 가고 싶은 여행지로 손꼽힌다. '샤파^{Chapa}' 라는 프랑스어로도 불리기도 했지만, 이후 베트남어인 '사파^{Sapa}'라고 다시 바뀌었다.

이국적인 휴양지

베트남에서는 가장 위도가 높은 북부에 있고, 고산지대의 대륙성기후를 가지고 있는 사파는 베트남에서 유일하게 눈이 오는 신기한 지방으로 알려져 있다. 눈을 평생 보지 못하고 사는 베트남 사람들은 베트남에서 가장 이국적인 휴양지로 알려져 있다.

선선한 날씨

대한민국에도 여름에는 너무 습하고 더울 때 사파를 찾는 관광객들은 더운 줄만 알았던 베트남에서 새벽의 구름과 함께 신선이 찾아온다고 할 정도로 선선하다. 7~8월의 한여름 아침에도 18도 정도에 가장 더운 낮 시간에 25도를 기록한다. 그렇지만 상대적으로 햇빛이 강하여 선크림은 미리 준비해야 한다.

사파를 꼭 가야 하는 이유

순수의 시대

남들과 다른 베트남 여행을 생각한다면 남부의 바닷가 휴양지가 아닌 하노이 북쪽의 산악지대에 관심을 가져보자. 우리가 생각하는 휴양지는 해변을 끼고 있는 세련된 리조트나 호텔에서 지내는 것이지만 사파Sapa는 산길의 흙을 밟으면서 자연으로 돌아가는 여행이다. 휴양지의 한적함도 여유를 느낄 수 있지만 느긋한 마음으로 산을 따라 올라가면서 옷 사이 구멍을 통해 들어오는 바람을 느끼며 아직은 순박하게 살아가는 현지인과 웃으면서 인사를 나눌 수 있다.

순수한 눈빛의 마을 아이들과 소수민족의 전통의상을 입고. 주말마다 시장에 모여 직접 만든 알록달록한 수제품들을 사고파는 모습은 대한민국의 바쁜 생활에서 지친 몸과 마음이 휴식을 취할 수 있다는 확신을 가지게 한다.

소수 민족과 마을

사파Sapa는 베트남의 북서부 라오까이 성에 위치한 마을로 중국과 국경을 접하고 있기도 하다. 하노이에서 350㎞나 떨어져 있는 해발 1,650m의 고산지대에 있다. 12개의 베트남 소수민족들이 모여 살고 있으며, 수백 년간 일궈온 계단식 논들은 절로 눈을 머물게 만든다. 사파에는 여러 마을이 모여 있다. 깟깟Cat Cat마을은 사파의 중심에서 가까운 마을로 가장 유명하다. 그래서 더 한적한 마을을 원한다면 타핀Ta Phin마을이나 라이차우Lai Chau마을을 찾아간다.

트레킹

계단식 논이 끝없이 펼쳐지고 그 길을 따라 걸으면서 만나는 시골의 사람들과 풍경에 힘들면 커피 한 잔에 쉬어가는 여유는 느리게 살아가는 사람들에게 행복을 느끼게 해준다. 사파 시내에서 걸어서 라오차이Lao Chai와 타반Ta Van 마을까지 이동할 수 있다.

개인적으로 트레킹을 할 수도 있지만 대부분은 투어나 마을 주민을 가이드로 삼아 트레킹을 즐긴다. 여행자는 누구나 트레킹을 원하기 때문에 투어는 숙소나 여행사를 통해 예약할 수 있다. 때로 가이드를 먼저 제안하는 현지인도 보게 된다.

사파 여행 복장 주의사항

사파의 어느 마을을 가도 걸을 수 있는 트레킹코스가 있고, 가이드는 상세히 코스를 알고 있다. 사파를 트레킹으로 여행하는 트레킹여행자는 3일 정도의 일정으로 걷는 여행도 인기가 높다. 아침에 마을의 산책로를 따라 걸어도 머릿속이 맑아지고, 건강까지 좋아지는 자신을 발견할 수 있을 것이다.

1. 트레킹화
서늘한 고산기후이기 때문에 안개가 자주 끼고, 체온 유지를 위한 바람막이나 경량 패딩점퍼 등을 챙기는 것이 좋다. 특히 아침이나 밤에는 춥다고 느낄 수 있어서 보온에 좋은 옷을 챙겨야 한다. 하루에 4~6시간 걷는 트레킹 코스이기 때문에 트레킹화를 신는 것이 도움이 된다.

2. 선크림
고산지역이므로 햇빛이 강해 선크림을 바르고 다니는 것이 좋다. 또한 피부가 쉽게 건조해지므로 수분크림도 미리 준비하자.

3. 긴팔 티셔츠, 경량패딩
일반적인 베트남 여행이라면, 여름복장으로 여행을 해도 된다. 하지만 고산지대인 사파에서 트레킹은 긴팔로 준비를 하고, 출발할 때에 입은 반팔 복장을 가을 복장으로 대체하는 것이 좋다. 비가 올 때를 대비해 경량패딩은 가지고 가는 것이 추울 때 도움이 된다. 비가 오면 막상 걸을 때는 덥지만 보온이 안 되면 바람 때문에 쉽게 체온이 내려간다.

4. 방풍 방수점퍼
방풍 방수점퍼와 폴리스 자켓 정도를 미리 준비해 비올 때 입어야 한다. 우산은 바람이 강해 필요 없다.

사파 여행의 특징

1. 하노이에서 투어를 예약하지 않고 사파로 와서 자유롭게 여행을 해도 어렵지 않다.
2. 가장 저렴한 이동 수단은 2층의 슬리핑 버스로 꽤 흔들리는 버스로 인해서 잠을 자지 못하는 여행자도 많다.
3. 버스가 사파에 도착하면 몰려드는 소수민족의 프리랜서 가이드의 트레킹 권유가 갓 도착한 여행자를 불쾌하게 만들 수도 있다.
4. 사파 트레킹 투어에는 점심식사를 포함해 소수민족 본인이 사는 마을까지 트레킹을 하는 코스이다.
5. 소수민족이 많이 몰려들어도 친절히 거부 의사를 나타내면 물러난다. 트레킹을 하고 나면 가이드가 없어도 되겠다는 이야기를 많이 하지만 마을에 대해 모르는 여행자가 혼자서 여행을 할 수 있는 방법은 거의 없으므로 소수민족인과 같이 투어를 하는 것은 어쩔 수 없는 것이다. 대체로 여행자가 원하는 코스를 이야기하면 같이 트레킹한 후에 종착점인 마을에서 사파 시내로 오토바이를 타고 돌아오면 끝이 난다. 소수 민족은 트레킹 투어로 살아가고 있으므로 이들을 후원한다고 생각하면 소수민족 사람들과의 적절한 직거래가 더 권장할만하다.

사파 여행의 장점

베트남 사파Sapa는 베트남 북부에 위치한 고산 지대의 마을로서 산골과 함께 펼쳐진 계단식 논의 경치가 일품인 곳이다. 후텁지근한 베트남의 다른 도시에 비해 기온이 낮아서 여행하기에 좋다. 소수민족들이 전통 생활 풍습이 남아 있어, 의복과 생활상을 엿볼 수 있기도 하다. 조용한 시골 풍경이 힐링에 좋다.

사파 IN

야간열차

9~10시간 동안 밤새 이동해 다음날 새벽에 사파에 도착한다. 하루의 숙소비용을 아끼고, 시간 절약이 될 수 있는 장점이 있지만 유럽의 배낭 여행자들이 많이 타고 가며, 대한민국 여행자는 선호하지 않는다. 야간열차에서 잠을 제대로 자기 힘들기 때문이다.

완전하게 누워잘 수 있지만, 베트남의 기차가 오래전에 건설된 그대로여서 시끄럽고 덜컹거린다. 기차역에 내려서 더 이동을 해야 하는 단점이 있다.

버스(일반, 우등) / 슬리핑 버스

약 5시간 동안 이동을 하고 휴게소에서 2번 쉬면서 이동을 한다. 산길을 따라 이동하기 때문에 편안하지는 않다. 그래서 대부분의 여행자들은 우등버스를 타고 이동을 한다. 야간에 슬리핑 버스를 타고 이동하는 것도 많이 이용하는 방법이다.

2층 슬리핑 버스로 잠자면서 가는 데, 베트남 여행이 처음인 관광객은 냄새가 나고 불편하다고 하기도 한다.

▶ 요금 : 480,000~640,000동

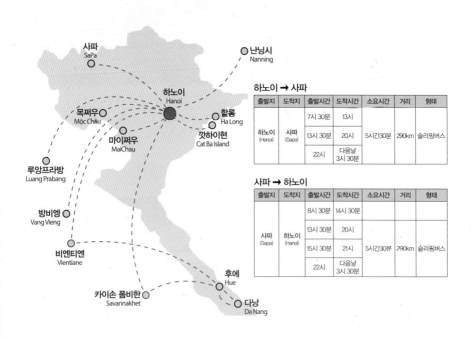

하노이 ➡ 사파

출발지	도착지	출발시간	도착시간	소요시간	거리	형태
하노이 (Hanoi)	사파 (Sapa)	7시 30분	13시	5시간30분	290km	슬리핑버스
		13시 30분	20시			
		22시	다음날 3시 30분			

사파 ➡ 하노이

출발지	도착지	출발시간	도착시간	소요시간	거리	형태
사파 (Sapa)	하노이 (Hanoi)	8시 30분	14시 30분	5시간30분	290km	슬리핑버스
		13시 30분	20시			
		15시 30분	21시			
		22시	다음날 3시 30분			

사파 SaPa
난닝시 Nanning
하노이 Hanoi
할롱 Ha Long
목쩌우 Mộc Châu
마이쩌우 MaiChau
깟하이현 Cat Ba Island
루앙프라방 Luang Prabang
방비엥 Vang Vieng
비엔티엔 Vientiane
카이손 폼비한 Savannakhet
후에 Hue
다낭 Da Nang

사파 오토바이 투어

사파에서 자동차를 렌트하기는 쉽지 않다. 아니 베트남 어디에서도 차량을 렌트하기는 쉽지 않다. 그러나 생활에서 쉽게 사용하는 오토바이는 쉽게 빌릴 수 있다. 사파에서도 마찬가지로 하루에 200,000동(약 1만 원)정도의 가격으로 오토바이를 저렴하게 빌릴 수 있다. 오토바이를 타본 경험이 있어야 도로에서 오토바이를 운전할 수 있을 것이다.

사파의 도로 사정

사파는 현재 개발이 한창 진행되고 있는 중이다. 그래서 도로 곳곳에 군데군데 비포장도로가 있고 포장된 도로도 구불구불한 산악지형이므로 오토바이를 처음 타는 운전이 미숙한 관광객이라면 오토바이는 빌리지 않는 것이 좋다.
멋진 풍경이 끊임없이 펼쳐지는 사파의 높은 고지의 하일랜드는 여행자에게 놓치기 아쉬운 곳이다. 아름다운 풍경을 바라보며 앉아 군불에 바로 구워먹는 버팔로 육포의 맛은 산해진미로 다시 먹고 싶은 맛이다.

오토바이 투어 추천코스

사파Sapa → 타반Ta van(1박 가능) → 수판Supan → 탁킴Takim(또는 반호Banho) 약 3시간 소요.
타반은 사파에서 가까운 편이다. 그래서 보통은 타반을 들려서 수판으로 간다. 수판에서 탁킴으로 가는 도로의 상태가 좋지 않아 조심해야 한다. 특히 비오는 날에는 속도를 줄이고 조심히 이동해야 한다.
수판에서 탁킴으로 안가고 반호 마을까지 갈 수도 있다. 타반 마을에서 1박을 하는 경우도 많은 데 근처에 숙소가 많기 때문이다. 혼자서 사용하는 숙소가 아니고 오픈된 공간에서 함께 잠자는 도미토리 형태의 숙소이기 때문에 사생활이 보장이 안 된다고 할 수 있지만 여행자와 친해질 수 있는 숙소들이 많다.

사파에서 북쪽 이동 코스(약 40분 소요)

실버 폭포를 구경할 수 있는 북쪽 코스도 많이 찾는다. 더 이동하면 트람 통 패스Tram tong pass의 절경을 보게 된다. 반나절로 나누어서 오전에 탁킴을 가고, 오후에 실버 폭포를 보러 가는 것도 좋은 방법이다.

사파 1박2일 투어

하노이에서 출발해 1박 2일 동안 버스로 이동해 아름다운 사파에서 트레킹을 하게 된다. 프랑스는 20세기 초에 사파를 베트남 북부의 여름 휴양지로 생각했다. 하노이에서 사파까지 버스로 여행하면서 투어로 베트남 북부 산악의 아름다움을 느낄 수 있다. 아름다운 자연경관과 다양한 소수민족을 만날 수 있는 사파에 여행자들이 늘어나고 있다. 사파에서 가장 인기가 있는 여행지인 캣 캣^{Cat Cat}, 라오 까이^{Lao Cai}, 타 반^{Ta Van village}, 지앙 타 차이^{Y Linh Ho}를 방문하게 된다.

1일차 (하노이 → 사파)

7시~11시 30분
하노이 숙소에서 픽업하여 버스로 모여 인원파악을 하고 사파로 출발한다. 9시 30분 정도에 고속도로를 타고, 라오 까이^{Lao Cai} 시티로 이동한다. 여기서 각자 주문해 아침 식사를 먹게 된다.

12시 30분~14시 30분
사파 마을에 도착하여 흐몽^{H'mong}, 자오^{Dzao}, 타이^{Tay}족 등의 소수민족 사람들을 볼 수 있다. 계단식 논과 무엉 호아 스트림^{Muong Hoa Stream}을 따라 트레킹하고 다채로운 색상의 전통의상을 보면서 현지 베트남 음식 점심 식사를 즐긴다.

14시 30분~16시 30분 (약 2시간 소요 / 약 2.5km)
블랙 흐몽^{H'mong}족의 고향인 판시판 정상의 깊은 계곡 가까이에 위치한 캣 캣^{Cat Cat} 마을까지 짧게 트레킹을 한다. 황리엔 산^{Hoang Lien Son Mountain}에 둘러싸인 라오 까이^{Lao Chai}의 블랙 흐몽^{Black H'mong} 마을에 도착한다. 타 반 ^{Ta Van}족 마을로 가서 홈스테이를 확인하고 자오^{Dzao} 사람들을 만나게 된다.

현지 가이드가 현지인의 삶에 대해 이야기하고 프랑스가 유압 발전소를 건설한 계곡 바닥의 폭포까지 트

레킹을 하게 된다. 버스를 타기 위해 다시 오르막을 걷기 전에 멈춰서 사진 촬영을 하고 버스에 탑승을 한다.

16시 30분~17시
버스를 타고 사파 시내로 돌아와 숙소에서 휴식을 취한다. 대부분 저녁식사를 위해 레스토랑을 추천받아 식사를 하고 숙소에서 하루를 보낸다.

2일차(사파 → 하노이)

8~9시
숙소에서 아침 식사를 하고 트레킹을 위해 백팩에 짐을 챙긴다. 리셉션 보관함에 수하물을 보관할 수 있다.

9시~12시 30분 (약 3시간 30분 소요 / 9㎞)
와이 린 호까지 차량으로 이동한다. 논을 지나고 뭉 호아Moung Hoa 하천을 따라 라오 까이Lao Chai의 블랙 흐몽Black H'mong 마을까지 트레킹을 한다. 자오Dzao족의 고향인 타 반 마을로 향하기 전에 황리엔 산의 웅장한 풍경을 보면 오전 일정이 끝난다.

12시 30분~13시
타 반 다리에서 픽업하여 다시 사파 시내로 돌아온다.

13~15시
하노이로 돌아오기 전에 숙소에서 샤워를 하고 체크아웃 후에 점심식사를 하고 자유 시간을 갖는다.

15~21시
숙소에서 모든 인원파악을 하고 나서 15~20분 후에 하노이로 돌아가기 위해 버스를 타고 이동한다. 돌아오는 버스에서 대부분 잠을 청하기 때문에 휴식을 위해 휴게소에 한 번 쉬고 하노이로 이동한다.

트레킹

흐멍족의 여인들과 함께 트래킹을 하게 된다. 1박 2일이라면 흐멍족의 집에서 생활체험을 하면서 정으로 살아가는 그들과 함께 식사 등의 생활체험을 하게 된다. 트레킹 할 때에 가끔은 지도를 참고해야 할 때가 있다. 구글 맵을 켜서 자신의 위치를 확인하면서 다니는 것이 좋다.

이동 식당 '누이 반 항 롱'

앉는 자리가 곧 식당이라고 생각하면 맞다. 원뿔 모양 베트남 모자인 '논'을 쓴 아주머니의 이동식 식당을 사파 사람들은 '누이 반 항 롱(nguoi ban hang rong)'이라고 부른다. 매일같이 힘들게 무거운 물건들을 어깨에 이고 돌아다니는 아주머니들은 하루하루 힘들게 살아간다. 그래서 대부분의 관광객들은 애처로움과 자비심에 주문을 한다.

메뉴는 대부분 두부튀김과 스프링 롤 같은 쉽게 상하지 않는 음식을 들고 다니지만 가격을 나중에 알고 나면 적은 양의 가격은 10만동(5,000원)으로 일반 식당의 2배가격을 받는다. 그래서 관광객 중 일부는 화를 내기도 하고 다시 가격협상에 들어가지만 쉽지 않다. 결국 90,000~100,000동을 내고 씁쓸하게 일어나 트레킹을 이어간다.
그래서 씁쓸한 기억이라고 하지만 힘들게 들고 다니는 그녀들의 가격에는 이동가격까지 있다고 생각하면 씁쓸하지는 않다. 그런 생각이 들지 않으려면 사전에 가격을 협상한 뒤 먹는 것이 좋다. 가끔은 '사기당했다'라고 표현하지만 적절하지 않은 표현이다.

계단식 논

사파 타운
Sapa Town

사파^{Sapa}는 작은 마을로 산악 도로를 따라 시내가 형성되어 있다. 사파 타운^{Sapa Town}의 중심부에 시장이 있다. 20세기 초, 프랑스에 의해 건축된 사파 돌 교회^{Sapa Stone Church}까지 걸어서 갈 수 있다.

사파^{Sapa} 시내의 거리에는 사파^{Sapa} 시장으로 향하는 다양한 민족의상을 입은 흐몽족과 레드다오^{Red Dao} 사람들이 가장 많다. 늦은 오후까지 활발하게 영업을 하는 시장과 우리의 5일장처럼 일요일에 열리는 시장은 사교와 친목을 위한 것이기도 하다.

캣 캣 마을 투어
Cat Cat Tour

사파 시내와 가깝기 때문에 대부분의 관광객이 다녀오는 마을이다. 캣캣 마을은 한 바퀴 돌고나면 다시 원위치로 돌아오는 코스로 관광 코스가 준비되어 있다.

사파 시장(Sapa Market)

주중에는 조용한 시장이지만 매주 일요일 광장에서 시장이 형성된다. 시장은 실내와 실외 공간으로 나뉘는데, 밖의 돌계단을 따라 마차에서 꽃, 농산물, 식료품, 음식을 판매하는 동안 2층에 있는 공간에서는 직물을 판매한다.

시장 안으로 들어가면 복숭아, 살구, 배, 매실과 같은 과일을 볼 수 있다. 장신구, 벌꿀과 같은 건강에 좋은 제품을 볼 수 있다. 흐몽H'Mong족의 화려한 의상과 사파Sapa의 다오Dao족에게 사로잡히는 이곳에는 직물을 찾는 사람들에게 유명하다. 또한 자수로 된 스커트, 핸드백, 담요 등이 있다.

마을에는 전통 공연과 물레방아 등의 볼거리가 있다. 실제로 사람들이 살고 있는 마을이지만 기념품을 팔고 있어서 마치 상업적인 마을을 만들어 놓을 것 같다. 아이들과 사진을 찍으면 돈을 달라는 통에 난감해하는 관광객이 많지만 이들을 이렇게 상업화시킨 것도 관광객이라는 사실을 알아야 한다. 너무 나쁘게 생각하는 관광객이 많지만 잘못된 생각이다.

캣 캣(Cat Cat)에 사는 사람들

19세기에 북부 베트남의 산악 지대에는 검은 몽족에 살고 있는 일부 종족이 모여서 살았다. 이들은 산지를 따라 서로 옆에 살면서 고향을 둘러싸고 살았다. 그래서 이들이 재배하는 쌀과 옥수수는 계단식 논에서 자랐고, 아마와 비틀림과 같은 전통적인 수공예품은 잘 관리되었다. 시간이 지남에 따라 캣캣 마을(Cat Cat Village)은 사파(Sapa)의 관광지 중 가장 유명해졌다.

타핀 마을
Ta Phin Village

탄핀 마을은 아직 관광객에게 새롭다. 사파Sapa의 서쪽 약 17km에 위치한 약 30분 정도 버스를 타고 이동해야 한다. 타핀Ta Phin 마을은 아직 관광객에게 덜 훼손된 문화를 가진 레드 다오Red Dao 주민들의 마을이다. 타 핀Ta Phin에 도착해 버스에서 내리면 모여 드는 레드 다오Red Dao 여성들의 보게 된다.

손에 실과 옷감이 화려한 색의 릴을 손에 들고 있다. 계속 바느질을 하고 물건을 판다. 제품은 가방, 스카프, 지갑, 치마, 배낭, 코트에 이르기까지 밝은 색상과 패턴으로 눈길을 끄는 제품들이다. 타 핀Ta Phin 마을은 하노이와 호치민시에 있는 상점에 대한 물건을 공급하기도 하며 외국으로 수출되기도 한다.

흐몽 마을
H'Mong Village

건축물이 흥미로운 마을이다. 그들의 집은 일반적으로 3개의 문과 포목, 나무지

붕이 있는 3개의 방이 있고 벽의 재료는 톱질 목재이다. 제단, 부엌, 음식과 잠자는 장소 등 집에 없어서는 안 될 다른 부분이 있다.

호앙 옌 까오 성(Hoang Yen Chao Castle)

동양과 서양식 건축이 결합한 독특한 성이다. 호앙 옌 까오 성(Hoang Yen Chao Castle)은 동서양의 건축이 혼재되었다. 20세기에 지어졌지만 바하(Bac Ha)지방의 나 호이 상점가(Na Hoi Tho Village)에 속해 있다. 박하 시장(Bac Ha Market)에서 약 300m 거리에 있어 관광객이 많이 찾기도 한다.

성은 호앙 옌 까오(Hoang Yen Chao)에 사는 사람들을 위해 지어졌고, 2층 구조로 요새처럼 증축되었다. 박하(Bac Ha) 계곡 전체를 볼 수 있는 중요한 위치에 있다. 멀리서 보면 푸른 하늘과 라오카이(Lao Cai) 의 푸른 지대를 배경으로 하얀 성곽을 볼 수 있다.

박하 마을
Bacha Town

박하Bacha는 인구 7만의 작은 도시로 해발 900m의 고원지대에 자리하고 있다. 박하Bacha는 사파로 가기 위해 반드시 거쳐야 하는 도시이다.

라오까이라는 도시에서 미니버스와 오토바이를 이용해 갈 수 있다. 최근 몇 년 사이 사파에 싫증난 여행자들의 대안으로 급속히 떠오르고 있는 곳으로 꽃흐몽족, 자오족, 자이족, 한족, 싸팡족, 라찌족, 눙족, 푸라족, 타이족, 투라오족, 낀족 등의 소수민족이 살고 있다. 아편을 많이 재배한 시기도 있었지만 정부가 금지시킨 이후 관광지로 탈바꿈했다.

여행자가 박하(Bacha)를 가는 이유

박하의 일요일 시장을 보기 위해 요일을 맞춰 이동한다. 박하 일요시장은 베트남 최대의 소수민족 재래시장으로 매주 일요일마다 열린다. 꽃흐몽족. 꽃을 수놓은 화려한 치마를 입은 여성들이 물소와 돼지, 말, 닭 등을 판다. 그들이 직접 만든 수공예품이 관광객들이 주로 사는 물건이다.

꽃흐몽족

씨팡족

자오족

자이족

박하 시장
Bacha Market

사파에서 가장 큰 시장인 박하 시장은 매주 일요일에 열리는 시장인데, 인근의 소수 민족이 모여서 물건이나 가축과 채소 등을 파는 장터이다. 소수 민족의 화려한 복장과 소 등의 가축도 거래가 이뤄지는 사파 사람들의 생활터전이다.

버스에서 내려 화려한 전통의상을 입은 여인들을 볼 수 있다. 그녀들의 뒤를 따라가면 시장에 도착한다. 시장에는 흐몽족이 순대와 국수를 먹고 있고, 수공예품을 파는 거리를 지나면 야채와 술을 파는 노점이 이어진다. 물건들은 주로 집에서 만든 빗자루, 땔감 등이다. 시장 아래쪽에는 소를 파는 우시장이 있다.

박하시장으로 직접 이동하는 방법

하노이에서 사파로 가는 야간열차를 타고, 라오까이 역에서 내려 박하시장으로 이동할 수 있다. 라오까이 역과 사파 시내는 걸어가기에는 먼 거리여서 미니버스 같은 작은 차량을 타고 사파 시내로 갈 수 있다.

시장의 모습

시골의 5일장과 비슷하다. 물건 가격을 흥정하고 친구와 이야기꽃을 피우고, 아이스크림을 맛있게 먹는 코흘리개 아이들, 왁자지껄한 술판 등은 흥미를 돋운다. 다들 시장에 가는 목적이 시장을 즐기기 위해 찾는 것 같다.

주의하자. 무조건적인 사진 찍기

시장에 있는 사람들은 사진을 찍는 것에 관대한 편이지만 최근에 시장을 찾아 사진을 찍는 관광객이 늘어나고 있는데 무조건적으로 카메라를 들이대는 행동은 삼가야 한다. 그들에게 불편을 끼치는 사진 찍기는 좋지 않다.

라오 까이
Lao Cai

중국과의 국경지대인 라오까이^{Lao Cai} 지역은 사파에서 북동쪽으로 약 60㎞ 정도 떨어져 있다. 사파 시내의 광장에서 2번 버스를 타고 이동하면 약 1시간 정도 지나 라오까이^{Lao Cai} 기차역에 도착하게 된다. 기차역에서 홍 강을 따라 걸어가면 재래시장이 보인다. 음식이나 과일 등의 가격도 사파보다 저렴하다.

> **촉박한 여행일정이라면**
>
> 라오 까이(Lao Cai)는 하루 동안 시간이 필요하지만 일정이 촉박하다면, 사파에서 하노이로 돌아가는 날에 라오 까이(Lao Cai)에서 반나절정도 둘러보고 기차를 이용해 하노이에 가는 방법이 있다.

함롱산
Ham Rong Mountain

사파 시내를 한 눈에 볼 수 있는 전망대의 역할을 하는 산지만 30~40분이면 오를 수 있는 낮은 산이다. 성당 옆길을 따라 올라가면 티켓을 구입하는 사무실이 있지만 잘 보지 못하는 경우도 있다. 계단을 따라 올라가면 조형물이 있고 더 올라가면 사파시내를 볼 수 있다.

이정표가 잘 되어 있지 않아 길을 잃어버리는 경우가 많으니 조심해야 한다. 하루에도 몇 번씩 안개가 자욱하게 온 산을 덮었다가 사라지기를 반복한다. 기다리면 구름이 걷히고 아름다운 풍경을 볼 수 있다. 올라가는 길에 공원처럼 꾸며놓기도 하고 바위를 이어놓기도 하여 의외로 아름다운 곳이 많다.

판시판 케이블카
Fansipan Cablecar

판시판 산^{Fansipan Mountain}은 해발 3,143m로
인도차이나 반도에서 가장 높은 산이다.
정상까지 걸어가는 데 상당한 시간이 소
요될 수밖에 없다. 그래서 만들어 놓은 것
이 케이블카이다. 단점은 가격(케이블카
왕복티켓 600,000동)이 상당히 비싸고 안
개가 짙게 끼는 경우가 많아 운이 따라야
맑은 시내를 볼 수 있다.

등산을 좋아하고 체력이 받쳐준다면 정
상까지 등반을 해보는 것도 좋다. 걸어 올
라가는 게 힘들거나 시간이 촉박한 여행
자가 케이블카를 이용한다. 케이블카에
서 내리면 약 100m 정도 계단으로 올라
가면 정상에 도착하게 된다.

6292.5m로 세계에서 최장거리 케이블카
로 알려져 있다. 타는 곳과 내리는 곳의
높이의 차이도 1,410m로 세계에서 가장
큰 고도차이의 기록을 가지고 있다. 빠른
속도이지만 판시판 산 정상까지 약 30분
정도 소요된다.

가장 아름다운 풍경을 볼 수 있는 시기

가는 동안 아래를 내려다보면 아름다운 풍
경을 볼 수 있다. 8~9월의 햇빛이 강하지만
사파는 시원한 날씨이기 때문에 더 높이 올
라가는 케이블카는 더욱 시원하고 세상 어
디에서도 보지 못한 경치에 감탄하게 된다.
주의사항
케이블카 외에도 공원, 사원과 탑, 석상, 식
당 등이 있지만 음료수나 식당의 음식 가격
이 매우 비싼 편이므로 올리기기 전에 사파
시내에서 식사를 해결하고, 약간의 간식거
리와 물을 준비해 가는 것이 비싼 음식가격
에 기분이 나쁘지 않게 된다.

Ninh Binh

닌빈

환상적인 난빈 풍경

베트남 하노이를 벗어나 서쪽 해안으로 가면 석회암의 카르스트 지형이 대부분이다. 그래서 이국적인 풍광이 여행자를 끌어들인다. 육지의 하롱베이라고 하는 닌빈은 나룻배를 타고 여유롭게 뱃놀이를 하는 땀꼭^{Tam Cốc}과 베트남의 옛 수도인 호아르^{Hoa Lú}, 최초의 국립공원까지 곳곳에 아름다운 관광지가 많이 있다.

닌빈(Ninh Binh)을 가야 하는 이유

베트남 하노이 여행을 하면서 많은 관광객이 닌빈^{Ninh Binh}을 가지 않는 경우가 있다. 하노이의 오토바이가 지나가는 시끄러운 도시보다 조금 더 낭만이 있는 정취를 느끼고 싶다면 닌빈^{Ninh Binh}을 추천한다.

닌빈(Ninh Binh) 투어 VS 사파(Sapa) 투어

하노이에서 닌빈^{Ninh Binh}으로 가기 위해서 장기여행이라면 버스를 타고 가는 것이 좋겠지만 짧은 여행일정이라면 버스보다는 투어 상품으로 가는 것이 편리하다. 하노이에서 투어로 다녀오는 가장 인기가 높은 하롱베이^{Halong Bay} 투어가 있지만 최근에는 남쪽으로 3시간 거리의 닌빈^{Ninh Binh} 투어와 북쪽으로 6시간 거리인 사파^{Sapa} 투어가 새

롭게 부각이 되고 있다. 하노이 시내 외곽의 쉽게 볼 수 없는 이국적인 풍광을 볼 수 있는 기회이기도 하다.

닌빈Ninh Binh 투어는 여유롭게 강가에서의 신선놀음을 하는 것 같은 느낌을 받고, 사파Sapa 투어는 자신의 강인한 체력을 느끼면서 보는 산악 트레킹이라는 대조적인 여행지이다. 두 지역 모두 대중교통인 코치버스로 하루에 보고 돌아올 수는 있지만 1박 2일로 다녀오는 것이 정신적으로나 육체적으로도 좋다.

닌빈(Ninh Binh)을 하루에 다녀와야 할까?

하노이 여행사에서 닌빈Ninh Binh의 땀꼭이나 짱안에서 전통 배를 타는 1일 투어를 신청하면, 하노이에서 버스를 타고 닌빈Ninh Binh으로 이동하여, 배를 타고 호아루도 가고 자전거도 타는 1일 투어 상품이 있다. 시간이 빠듯하여 전통 배를 타는 시간이 부족하다.

날씨가 너무 더워서 그늘이 없는 전통 배는 여유롭게 오랜 시간을 타고 이동한다. 아름다운 풍경을 1시간 이상 보게 되므로 점점 감흥이 떨어진다. 그래서 다녀오고 마는 느낌으로 다가온다. 하노이에서 닌빈Ninh Binh으로 버스를 타고 이동해 닌빈Ninh Binh에서 1박을 하면서 다양한 지역을 돌아보는 것이 닌빈Ninh Binh을 자세히 알 수 있는 방법이다.

땀꼭, 짱안 보트투어 VS 자유여행

닌빈Ninh Binh 여행은 많은 관광객들이 땀꼭, 짱안 보트투어를 선택한다. 짱안이든, 땀꼭이든 하노이에서 여행사를 통해 가면 정해진 루트에 따라 다니게 된다. 땀꼭과 자전거를 타고 호아루와 바이딘을 보는 일정이 투어를 통해 이루어진다. 특히 바이딘은 사찰 같은 장소라 호불호가 갈린다.

보트투어가 하기 싫다면 닌빈Ninh Binh을 자전거나 오토바이를 타고 돌아다녀도 좋다. 보트 투어를 싫어하는 이유는 둘러보는 풍경이 절경이지만 땡볕에서 너무 오랜 시간동안 보트를 탄다는 것이다. 내가 가고 싶은 관광지를 자유롭게 여유롭게 다니고 싶다면 자유여행을 추천한다.

닌빈 IN

하노이에서 닌빈^{Ninh Binh}으로 버스를 타고 가려면 호안끼엠 호수에서 하노이 짭밧 ^{Ben xe Giap bat} 터미널로 가서 닌빈^{Ninh Binh}행 버스를 타야 한다.

약 2~3시간이 지나면 닌빈 터미널에 도착한다. 하노이의 호안끼엠 호수에서 짭밧 터미널까지는 택시(택시비 69,000동)나 그랩을 이용해 가면 편리하다.

교통

짭밧의 닌빈 터미널 → 닌빈 시내

닌빈^{Ninh Binh} 터미널 건물 안으로 들어가지 않고 닌빈 터미널 정문에서 길을 건너 맞은편에 버스정류장이 있다. 짭밧 → 닌빈^{Ninh Binh}이라고 적힌 미니버스가 지나가면 차에서 "닌빈! 닌빈!"이라고 부르면 올라타면 된다.

차 안에서 70,000동(약 3,500원)의 버스비

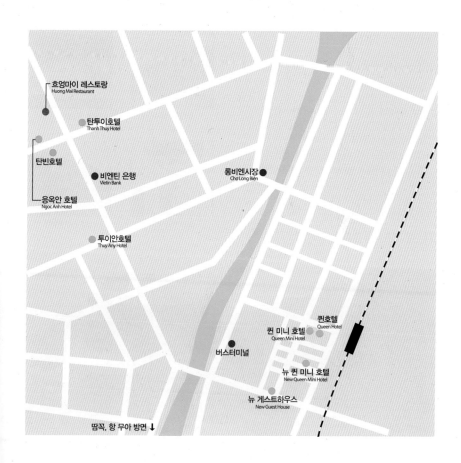

흐엉마이 레스토랑
Huong Mai Restaurant

탄투이호텔
Thanh Thuy Hotel

탄빈호텔

비엔틴 은행
Vietin Bank

롱비엔시장
Chợ Long Biên

응옥안 호텔
Ngoc Anh Hotel

투이안호텔
Thuy Any Hotel

퀸호텔
Queen Hotel

퀸 미니 호텔
Queen Mini Hotel

버스터미널

뉴 퀸 미니 호텔
New Queen Mini Hotel

뉴 게스트하우스
New Guest House

땀꼭, 항 무아 방면 ↓

를 받고 이동을 본격적으로 시작한다. 미니버스는 덜컹거리는 시골버스로 승차감은 나쁘지만 때로는 정겨운 느낌을 받는다.

닌빈 시내 → 숙소 이동
택시를 타는 것이 가장 현명한 방법이다. 그랩Grab은 잘 잡히지 않으므로 택시를 타고 이동해야 한다.

터미널 밖에서 타는 이유
짭밧 터미널 안에서 닌빈(Ninh Binh) 행 미니버스를 올라탈 수 있지만, 시간이 지체되어 출발하는 경우가 많아서 빠른 시간에 출발하는 방법은 밖에서 타는 것이다. 짭밧 터미널 안이 아니고 밖에서 기다리면 차에서 기사가 닌빈(Ninh Binh)이라고 하면서 부른다. 버스 앞 유리창에 크게 "짭밧–닌빈"이라고 적혀 있으므로 걱정하지 않아도 된다.

추천 코스

닌빈에서는 오토바이를 타고 자유여행을 다니는 관광객이 많다. 도로는 넓지 않지만 차량의 양이 많지 않고 쉽게 배워서 탈 수 있다.

닌빈(Ninh Binh) ▶ 땀꼭(Tam Coc)

짱안(Tràng An) ◀ 무아 동굴(Mua Cav)

호아루(Hoa Lu) 닌빈(Ninh Binh)

호아루
Hoa Lu

하노이로 수도를 옮기기 전까지 베트남의 수도로서 역할을 해왔던 곳이다. 968년에 딘 왕조Dinh Dynasty의 수도로 도시를 설계했다. 베트남 북부를 통일한 딘 보린이 약 3㎞를 연결해 성을 쌓았다. '딘 띠엔 호앙'이라는 국호를 써서 오랜 기간을 통치하고 싶었지만 12년만 이끌게 되었다. 딘 띠엔 호앙 사원이 동상과 사원을 모시고 있는 가장 유명한 사원으로 3명의 아들을 함께 모시고 있다. 사당은 17세기에 재건축된 마연산 사원은 동상을 중심으로 3명의 아들을 모시고 있다.

2대 왕조를 세운 '레 다이 한' 황제의 사원이 있다. 넓은 터에 건물 몇 채만 덩그러니 놓여 있어서 쓸쓸하지만 외세의 침입을 막으려고 쌓은 성의 흔적과 석회암산에 둘러 쌓여 천연 요새 같았을 옛 흔적을 찾아 볼 수 있다.

덴Den 다리를 건너면 성 입구가 나온다. 걸어서 들어갈 것 같지만 오토바이를 타고 들어갈 수 있다. 매표소 옆에 오토바이 주차장이 있다.

딘 띠엔(Dinh Tien) 왕조와 베트남의 역사

과거 중국의 지배를 받던 베트남은 고왕(吳王)부터 중국으로부터 독립을 하게 되지만 얼마 지나지 않아 죽고 만다. 이후 베트남은 내전에 휩싸이게 되면서 총 12개의 마을이 베트남을 두고 전쟁을 하게 된다. 전쟁에서 최후의 승리자는 딘보린(Dinh Bo Linh)이라는 대장이 이끌던 마을이었다.

이 딘보린(Dinh Bo Linh)이 훗날 딘 띠엔(Dinh Tien) 왕으로 불리게 된다. 역사적으로 최초로 베트남을 통일한 인물로서 역사에 남아있다. 베트남의 길 이름 중에 딘 띠엔 호앙(Dinh Tien Hoang) 이라는 길이 많다. 호앙(Hoang)은 황제의 '皇'의 베트남식 발음이다.

교통이 불편한 호아루에 수도를 두었던 이유

호아루(Hoa Lu)는 과거 베트남의 딘 띠엔(Dinh Tien)왕조의 수도였던 곳이다. 딘 띠엔(Dinh Tien)왕은 과거 중국의 침략을 피하고자 수도를 호아루(Hoa Lu)에 둔 것이 첫 번째 이유였다. 또한 오랜 시간 중국에 지배를 받아서 하노이에는 중국의 영향아래에 있고 싶은 기득권층 편을 드는 베트남 사람들이 많았기 때문이다.

항무아
Hang Mua

전설에 따르면, 트란 왕이 호아 루Hoa Lu지역을 돌아다니다, 항무아Hang Mua에서 여인이 춤추고, 노래하는 것을 보고, 이곳을 춤추는 동굴Dance Cave이라는 뜻의 '항무아'로 했다는 전설이다.

항무아Hang Mua 정상까지 이어지는 486 돌계단은 중국의 만리장성을 모방하여 만들었다고 한다. 정상으로 올라가면 닌빈Ninh Binh의 유명한 명승지인 탐 꼭Tam Coc지역의 전체를 조망 할 수 있다.

주소_ Khê Hạ, Hoa Lư District, Ninh Bình Province
요금_ 100,000동
시간_ 6~19시
전화_ 0229-3619-679

올라가기 전 확인하기
1. 선선한 아침이나, 해질 무렵에 올라가는 계획을 하는 것이 좋다.
2. 계단으로 된 산이기 때문에 등산화나 운동화를 신고 가는 것이 편하다.
3. 자전거나 오토바이로 가게 된다면 항무아(Hang Mua) 입구 보다 티켓 오피스가 있는 곳까지 와서 주차를 해놓는 것이 하산하고 이동하는 데 편리하다.

땀꼭
Tam Coc

호아루^{Hoa Lu}는 산이 많은데, 반대로 땀꼭 Tam Coc은 산으로 둘러싸인 강을 보트로 여행한다. 수심은 약 170m으로 낮은 강이지만, 보트를 타고 관광을 하면 하롱베이 Halong Bay에 온 것 같아서, 육지에 있는 '하롱베이^{Halong Bay}'라고 불린다.

땀꼭^{Tam Coc}은 아직 개발이 덜 된 자연풍경이 아름다운 곳이다. 호아루^{Hoa Lu}부터 땀꼭^{Tam Coc} 관광은 보트를 타고 이동하면서 풍경에 취해 땀꼭^{Tam Coc}에 도착하게 된다. 보트를 타고 강을 따라 가며 중간에 짧은 동굴을 지나게 된다.

짱안
Tràng An

하노이에서 남쪽으로 93km가량 떨어진 닌빈 성, 짱안^{Tràng An}이 있다 '베트남의 숨겨진 보석'으로 불리는 짱안^{Tràng An}이 개발되기 시작한 것은 2007년부터이다. 고대 베트남의 딘(丁)왕조, 띠엔 레(前黎)왕조, 쩐(陳)왕조의 수도인 닌빈 성, 중심에서 자동차로 20분 정도면 도착하는 짱안^{Tràng An}은 경치로는 땀꼭^{Tam Coc}을 능가한다. 짱안^{Tràng An}은 유네스코가 자연유산으로 지정한 베트남 북부 최대의 생태 자연 습지와 기암절벽, 9개의 석회 동굴 등으로 새로운 관광지로 부상했다.

짱안^{Tràng An}은 아름다운 베트남의 자연을 즐길 수 있는 좋은 방법이다. 베트남 최대의 사원인 바이딘으로 이동해 가장 큰 청동 불상을 감상할 수 있다. 보트를 타고 밝은 동굴이라는 뜻의 '상 동굴'과 어두운 동굴이라는 뜻의 '또이 동굴'을 탐험하면 자연의 신비에 감탄하게 될 것이다.

바이딘 사원

바이딘 사원은 베트남 최대 사원으로 2010년에 수도 하노이 1,000년을 기념하기 위해 세워졌다. 큰 규모와 잘 꾸며진 정원을 지나 사원의 입구부터 이어진 긴 회랑을 따라 암석으로 만든 500개의 나한상이 늘어서 있다. 가장 인기 있는 황금색의 천수 관음상은 거대하다. 하지만 눈에 띄는 것은 옆의 관음보살상이다. 나무 하나를 그대로 깎아 만들어서 나무뿌리까지 그대로 살려놓은 모습에 인상적이다.

는 바이딘 사원^{Bái Đính Pagoda}의 전체 전망을 볼 수 있다.

바이딘 사원^{Bái Đính Pagoda} 안에는 석가모니 부처님과 관세음보살이 모셔진 탐 테^{Tam The}사원이 있다. 열반에 드신 부처님을 기리기 위해 지어진 탐 테^{Tam The}사원들을 둘러보면 베트남 국민들의 불교에 대한 사랑을 느낄 수 있다.

바이딘 사원
Bái Đính Pagoda

바이딘 사원^{Bái Đính Pagoda}은 닌빈^{Ninh Bình}에서 12㎞ 정도 떨어진 지아^{Jia} 신사에 위치해 있다. 베트남 최대의 불교 사찰일 뿐만 아니라, 동남아시아에서도 타의 추종을 불허할만한 크기를 자랑한다. 700ha 넓은 부지에 500개에 이르는 아라한 상, 12층 높이의 불탑과 36톤의 청동 범종 등 큰 규모의 사원답게 다양한 불교 유물이 자리 잡고 있다.

입구부터 이어지는 아라한상은 무릎과 손, 발을 만지면 행운을 가져다준다는 속설이 있어서, 관광객들이 너무 많이 만지고 가서 그 부위가 반들반들 윤이 난다. 입장료를 내고 엘리베이터를 타고 올라가는 12층 불탑은, 탑 꼭대기 정중앙에 자리 잡은 황금빛 불상과 탑 전망대에서 보

축제

바이 딘 사원(Bái Đính Pagoda)에서는 음력 1월6일부터 3월까지 축제가 열린다. 사원이 넓고 볼 것이 많기 때문에 그늘아래서 중간 중간 충분한 휴식을 취하는 것이 좋다.

주소_ Xã, Gia Sinh, Gia Viễn, Ninh Bình
요금_ 전기 자동차 편도 30,000동(키 1m이상),
　　　 20,000동(키 1m 이하), 불탑 입장료 50,000동
전화_ 0229–3868–789

모나리자 바 & 레스토랑
Monalisa Bar & Restaurant

항무이 전망대에서 짱안 가는 마을 골목길에 위치하여 찾기가 쉽지 않지만 짱안 투어를 마치고 점심을 먹으로 가는 관광객들이 많이 찾기 때문에 따라가면 나오므로 의외로 쉬울 수도 있다. 좁은 골목길을 가다가 확 트인 가게에서 편하게 쉬고 있는 여행자를 보면 호기심에 꼭 한번 메뉴라도 보게 된다. 다들 식당 바로 옆에 있는 화덕을 눈여겨본다.

화덕으로 피자를 구워주는 레스토랑으로 항상 좋은 평점을 유지한 가게이다 보니, 현지인 보다 유럽 여행자가 많다. 직접 화덕에 구운 다양한 맛의 피자와 큼직한 베이컨 앤 에그 버거도 인기가 높다.

주소_ Ninh Xuân, Hoa Lư, Ninh Bình
요금_ 마르게리따 피자 140,000동
시간_ 24시간 영업
전화_ 097-663-68-16

쭝 뚜엣
Restaurant Trung Tuyết

닌빈 버스 터미널에서 5분 거리에 있는 버스를 기다리면서 알게 되는 레스토랑이다. 다들 식사시간이 지나 허기를 달래기 위해 찾는다. 여행 프로그램 '짠내 투어'에서도 나와서 최근에 '짠내 투어 메뉴'가 생겨났다. 기차나 버스를 기다리는 관광객들이 찾으므로 현지인이 있지 않다. 달콤 새콤한 Sweet and Sour fried Pork(베트남의 탕수육)과, 양이 푸짐한 계란 볶음밥을 주문해 먹으면 2명이 배불리 먹을 수 있다.

기본으로 바나나와 과자가 무료로 무한으로 제공되므로 편하게 먹어도 된다. 계산하고 나갈 때는 디저트로 과자까지 챙겨주기 때문에 고마움까지 느끼게 된다. 식사시간이 되면 음식이 늦게 나오는 경우도 있으니, 기차나 버스시간에 임박해서 가면 미리 기다리는 시간을 물어보고 주문하는 것이 좋다.

주소_ 14 Hoàng Hoa Thám, Vân Gia, Ninh Bình
요금_ 100,000동
시간_ 8~21시 30분
전화_ 094-935-88-85

관 반세 옷
Quán Út (Bánh Xèo Nem Lụi)

중 뚜엣 대각선 방향에 있는 가성 비 좋은 반세오 전문 식당이다. 가성비가 좋아 부담 없이 추가 주문을 할 수 있어서 주머니가 가벼운 여행자들에게 인기가 많다. 가성비가 높다고 불친절하지 않고 친절한 부부가 웃으면서 서빙을 해주니 기분까지 좋아진다.

대부분 반세오 세트 메뉴를 주문하기 때문에 메뉴판의 사진으로 보고 몇 인분인지만 알려주면 된다. 반세오, 야채, 파파야 샐러드, 넴 루이, 소스가 있는 세트메뉴가 깔끔하게 나와 기분까지 좋아진다. 반세오는 먹기 좋게 잘라서 나오므로 편하게 먹을 수 있고, 야채와 샐러드는 리필이 되지만 풍족하게 주기 때문에 리필을 요구하는 경우는 많지 않다. 후식으로 요거트가 들어간, 쫄깃쫄깃한 젤리 빙수는 현지인들이 좋아한다. 버스나 기차 시간이 얼마 남지 않았다면 포장을 해서 갈 수 있도록 빠르게 싸준다.

주소_ 25 Hoàng Hoa Thám, Vân Gia, Ninh Bình, 베트남
요금_ 반세오 20,000동, 넴루이 10개 50,000동
시간_ 9~21시
전화_ 91-162-19-87

냥향궤브
Nhà hàng Quế Vũ

항무아 산에서 짱안으로 가는 큰 도로를 가기 전에 있는 호수가의 식당이다. 음식은 생각보다 늦게 나오고 맛은 없다. 유일하게 야외 테라스에서 호수를 보면서 차나 밥을 먹을 수 있어서 관광객에게 인기가 높다. 식사보다 차나 음료를 마시면서 풍경을 여유롭게 즐기는 관광객이 많다.

주소 tràng an, Ninh Xuân, Hoa Lư, Ninh Bình
요금 쌀튀김과 토마토 소스 78,000동
시간 9~22시
전화 94-772-84-86

샤오케 레스토랑
Sao Khe Restaurant

마을에서 항무아 산으로 가는 포장도로
모퉁이에 있는 카페이자 레스토랑이다.
샤오케 강 바로 옆에 나무 그늘에 앉아서
쉬었다 가기 좋기 때문에 더위에 지친 관
광객들이 더운 날씨에 나무 그늘 아래서,

강바람을 맞으며 코코넛을 마시면서 쉬
어간다. 채식주의자를 위한 식사도 제공
되고, 닌빈의 관광지도도 비치되어 있으
므로 닌빈 여행에 대해 물어볼 것이 있다
면 찾아도 좋다.

주소_ Khê Hạ, Hoa Lư, Ninh Bình
요금_ 코코넛 40,000동, 소고기 쌀국수 45,000동
시간_ 24시간
전화_ 90-475-61-40

SLEEPING

함롱 홈스테이
Ham Rong Homestay

닌빈 시내와는 좀 떨어진 곳에 위치한 온전한 자연에서 조용히 휴식취하기에 좋은 숙소다.

숙소 객실 창문에서 논밭에 우뚝 솟은 산을 볼 수 있다. 길 끝에 위치한 집이기 때문에 주위가 조용해서 힐링을 원하는 여행자에겐 최적의 숙소다. 오토바이나 자전거를 빌려서 항무아, 땀꼭, 호아루를 둘러보기에 좋은 위치이다. 정갈한 아침 조식도 제공되고, 식당도 영업을 하니 이용해 보기 바란다. 기차역이나 버스터미널에서 택시를 타고 가면 100,000동 정도예상 하면 된다.

홈페이지_ http://hamronghomestay.com
주소_ Hoa Lư, Ninh Xuân, Hoa Lư, Ninh Bình
요금_ 트윈 17달러
전화_ +84-94-330-74-48

닌빈(Ninh Binh) 투어

닌빈Ninh Binh의 속살은 호아 루Hoa Lu와 탐 꼭 Tam Coc이다. 하노이에서 버스를 타고 닌빈 시내에 도착해 다시 숙소로 이동하고, 지속 적으로 이동방법을 생각해야 하는 닌빈Ninh Binh 여행은 쉽지 않아서 닌빈Ninh Binh 투어를 선택하는 관광객이 대부분이다. 베트남의 최초 수도인 호아 루Hoa Lu와 탐 꼭Tam Coc의 뜻의 동굴 3개를 통과하면서 여유를 즐기는 뱃놀이가 닌빈Ninh Binh 투어의 핵심이다. (점 심과 자전거 투어 포함)

호아루(Hoa Lu), 탐꼭, 무아 동굴(Mua Cave) 포함된 투어
환상적인 절경을 자랑하는 호아루Hoa Lu, 탐꼭Tam Coc, 무아 동굴Mua Cave을 모두 보는 투어로 노를 젓는 독특한 전통 배를 타고 3개의 동굴을 둘러본다. 점심식사를 뷔페로 즐기고, 전 통 마을을 저전거로 둘러본다. 고대 수도인 호아루Hoa Lu와 무아 동굴Mua Cave을 방문하고, 응 오동Ngo Dong 강의 멋진 파노라마 경관을 볼 수 있다.

탐꼭으로 가는 독특한 배를 타볼 수 있는 기회를 갖고 전통 마을인 탐꼭 마을을 방문한다. 고대 수도인 호아 루를 둘러보고 무아 동굴의 정상까지 올라가 시골마을과 응오동 강의 멋 진 파노라마 전경을 감상한다.

하노이 올드 쿼터에 있는 호텔에서 오전 7시 30분에 픽업하여 투어를 시삭해 탐꼭Tam Coc 으로 출발합니다. 오전 9시 30분쯤 땀꼭Tam Coc에 도착해 나무 배인 삼판을 타고 응오동Ngo Dong 강을 따라 탐꼭Tam Coc의 3가지 동굴을 방문합니다. 땀꼭Tam Coc 부두로 돌아와 자전거 를 타고 전통 마을과 탐꼭Tam Coc 타운을 둘러봅니다.

한낮에는 현지 식당에서 베트남 요리로 구성된 런치 뷔페를 즐깁니다. 점심을 다 먹고, 다 시 밴으로 돌아와 베트남의 고대 수도인 호아루Hoa Lu를 방문합니다. 중국 전쟁에서 활약한 두 왕의 위대한 역사를 따라가며 10세기에 지어진 딘 왕 사원Dinh King Temple과 레 왕 사원Le King Temple을 방문합니다.

여러 흥미로운 이야기로 방문객들을 사로잡는 무아 동굴Mua cave을 방문해보세요. 돌계단 500개를 올라가 땀꼭의 풍경도 바라보고, 시골과 응오동Ngo Dong 강의 멋진 파노라마 경치 를 감상하세요. 오후 4시쯤 하노이로 출발해 오후 6시 30분에서 7시 사이에 도착합니다.

호아 루 & 무아 동굴 순서

7시 30분~8시	숙소에서 투어 버스를 타고 호아루Hoa Lu로 출발
8~10시 30분	호아루Hoa Lu 도착
10시 30분	베트남 고대 수도인 호아루Hoa Lu에 도착
	중국 전쟁에서 활약한 두 왕의 위대한 역사를 찾아보며 10세기에
	지어진 딘 왕 사원Dinh king Temple과 레 왕 사원Le king Temple을 둘러본다.
12~13시	점심식사
13~15시	버스를 타고, 땀꼭Tam Coc으로 이동 / 동굴 투어
	나무배인 삼판을 타고 응오동Ngo Dong 강을 따라 3지 다른 동굴을
	탐험한다.
15~15시 30분	땀꼭Tam Coc 마을을 자전거를 타고 둘러본다.
15시 30분~16시 30분	무아 동굴Mua Cave 방문
	돌계단 500개를 올라가 땀꼭Tam Coc의 풍경을 바라보고,
	시골과 응오동Ngo Dong 강의 파노라마 경치를 감상한다.
16시 30분~19시 30분	버스를 타고 하노이로 돌아온다.

Hai Phòng

하이퐁(海防)

About 하이퐁^{Hải Phòng}

베트남 북부의 대표적인 항구도시이자 공업도시인 하이퐁^{Hải Phòng}은 베트남에서 3번째로
큰 도시이다. 베트남의 사회, 경제, 안보와 북부의 전략적 요충지이다. 내륙에 있는 하노이
에서 바다로 나가기 위한 베트남의 주요 항구도시이다. 수도 하노이에서 약 120㎞ 떨어진
하이퐁은 해안 도시로 껌 강과 홍 강 하구에 위치해 있다. 빈대교가 껌 강을 가로질러 투
이 응우옌현과 연결된다.

베트남 북부의 주요 경제 지역으로 중국과의 무역을 위해서도 중요한 역할을 하는 하이퐁
은 삼성전자의 핸드폰 생산의 50%를 담당하고 있어 대한민국과도 연관이 있는 도시가 되
었다. 깊은 바다가 있는 무역과 공업의 중심인 하이퐁은 선박이 드나들기가 좋아 북부의
경제, 과학, 기술의 중심지로 성장하고 있다. 지역과 북부 베트남 연안 지역의 서비스, 관
광, 교육, 의료 그리고 수산물의 중심이다.

사계절

하이퐁은 온난하고 습한 기후로 더운 여름
과 따뜻하고, 건조한 겨울이 특징이다. 겨울
과 여름은 16.3 ℃이다. 비교적 습한 계절은
4~10월까지로 도시의 연간 강수량의
90%(1600㎜)가 이 시기에 집중된다.

한눈에 보는 하이퐁 역사

10~15세기
해상교통이 시작하고 외국의 선박들이 왕래하기 시작했다.

1870년
베트남 왕조는 하이퐁에 부두를 건설하면서 외국과 교역을 할 수 있는 상관을 설치하였다.
동시에 해안경비를 위해 병력을 주둔시키면서 '하이퐁(海防)'이라는 이름의 유래가 시작되
었다.

1888년 7월
프랑스령 인도차이나 식민정부에서 시로 승격하여, 극동 최대의 해군기지이자 석탄의 수
출항구로 발전하였다. 2차 세계대전이 끝난 후 베트남이 독립을 선포하면서, 하이퐁은 프
랑스 군이 처음으로 군사작전을 벌인 곳이다.

1955년 5월
프랑스의 마지막 부대가 하이퐁을 철수하면서 식민지 시대는 종결되었다.

1964년
베트남 전쟁이 시작되면서 북 베트남의 주요 항구로 미국의 B-52기에 의해 수시로 폭격을
당했다. 전쟁이 끝난 후, 베트남의 공업 중심지로 성장하였다.

1993년
베트남 최초의 수출가공 지역으로 투자를 유치하여 수출기지로 발전하였다.

하이퐁 IN

하노이에서 하이퐁 시내까지는 105㎞ 정도이고 택시로 약 2시간 정도 소요된다. 하이퐁은 서부에서 하노이로 가는 5번국도와 남부에서 남딘으로 향하는 10번국도의 2개국도가 연결된다. 37번국도, 하노이-하이퐁 고속도로, 닌빈, 하이퐁, 꽝닌을 연결하는 고속도로가 지나가는 물류의 중심 도시이다.

2017년, 떤부 – 락후옌 고속도로와 딘부 – 깟하이 대교가 개통되면서 교통 접근성을 높이는 인프라 건설이 완성되었다. 타이빈 강 전체 하위 지류가 바다로 흘러들어가는 하이퐁은 다리와 도로 건설로 새로운 제조업 도시이자 물류도시로 성장을 계속하고 있다.

교통

항공

하이퐁의 깟비 국제공항은 비엣젯 항공이 하루에 3편을 호치민으로 운항하고 있으며, 베트남 항공이 다낭을 주 5회 운항하고 있다. 하이퐁은 다양한 외국 제조업이 공장을 지어서 많은 물류량을 채우기 힘들어지면서 북베트남에서 가장 큰 국제공항을 계획 중이다.

항만

하이퐁 항은 베트남과 동남아 전체에서도 손꼽히는 규모의 항구이다. 깜 강에 있는 하이퐁 항은 3개의 주요 부두를 가지고 있다. 호앙 디에우 부두(중앙 터미널)은 시의 중앙에 위치해 있고, 추아베 부두와 딘부 부두는 모두 동쪽으로 먼 하류에 위치해 있다.
페리 터미널은 깟바와 하롱베이의 주변 섬을 연결한다. 벤빈 페리터미널은 시내 중심에 있고, 딘부 페리터미널은 해안의 곶에 위치해 있다.

기차

1901~1902년에 프랑스에 의해 건설된 하노이-하이퐁으로 이어진 하이퐁 역을 이어주는 기차 노선을 아직 사용하고 있다.

한눈에 하이퐁 파악하기

아시아와 유럽문화의 조화가 된 도시는 우아하고 견고한 분위기를 느끼게 된다. 홍방은 프랑스가 지은 빌라가 있는 많은 거리이다. 하노이의 초론 지역과 동일한 특성을 지닌 판 보이 차우 거리와 중국 거리, 현재 리 트엉 끼엣 거리라고 불리는 삿 시장근처에 차이나타운이 있다.

실버시티는 탐박 강의 선착장에 있어서 많은 예술가들이 방문하고 있다.

하이퐁 도심으로 여러 개의 강이 흐르고 가로지르는 다리가 있다. 하이퐁에는 크고 작은 20개의 다리가 놓여 있다. 가장 큰 다리는 빈 대교이며, 동남아 최대의 현수교 중 하나로 알려져 있다. 하이퐁은 껌 강, 탐박 강, 락짜이 강과 같은 역사적인 건물을 따라 개발 중이다.

봉황목
Cat Cat Tour

하이퐁 항구 도시의 상징으로, 도시 내 도로변에서 많이 볼 수 있다. 도시의 상징성을 지닌 찬란하고 아름다운 봉황 제품도

하이퐁의 꽃집과 오페라하우스 광장 근처에서 볼 수 있다.

매년 5월에 5번 국도를 타고 봉황나무를 볼 수 있는 시내로 들어가면 봉황 꽃이 붉게 핀 모습을 볼 수 있다. 여름에 하이퐁으로 가기 위해 길을 지나가는 누구든, 다른 곳에선 만나 볼 수 없는 봉황 꽃의 아름다운 풍경을 볼 수 있다.

하이퐁 오페라하우스
Haiphong Opera House

시립극장이라고도 부르는 하이퐁 오페라하우스는 시내에 자리하고 있는 오래된 건축물이다. 하노이 오페라 하우스와 사이공 오페라 하우스와 함께 인도차이나 시절에 지어진 3대 프랑스 극장이다.

베트남 사람들이 해산물을 저렴하게 즐기는 방법

베트남은 남북으로 길게 뻗어 해안을 끼고 있는 국토를 가지고 있는 나라이다. 그래서 베트남의 해산물과 생선요리는 저렴할 것이라고 생각하지만 실제로 해산물 요리를 먹으려고 레스토랑에 가면 비싼 가격에 놀라게 된다. 그런데 관광객에게만 해산물 요리가 비싼 것이 아니다. 베트남 사람들에게도 해산물 요리는 매우 비싼 요리로 쉽게 먹을 수 있는 요리는 아니다. 그래서 해안에 사는 베트남 사람들이 해산물과 생선요리를 저렴하게 먹는 방법이 있었다. 그들과 함께 오랜 시간을 보내면서 어촌 마을의 하루를 알 수 있었다.

매일 새벽 해안에서 잡은 해산물은 작고 동그란 배들이 다시 싣고 바닷가로 가지고 온다. 그 전에는 TV타큐멘터리에서 이런 장면이 베트남 중부의 무이네Muine에만 나와서 무이네의 고유한 것들이라고 알고 있었지만 베트남의 해안에는 어디를 가든지 비슷한 장면이 어촌 마을에는 보인다. 무이네Muine, 나트랑Nha Trang, 푸꾸옥Phu Quoc 등의 어촌에서 비슷하다.

해안에 도착한 생선들과 해산물은 많은 여성들이 받아서 경매를 하기 시작한다. 크고 신선한 생선과 해산물은 인근의 유명하고 인기 있는 레스토랑과 음식점에서 매일 판매를 해야 하므로 경매로 구입을 한다.

다음으로 작은 식당에서 다시 해산물을 구입하고 나면 아침의 판매는 끝이 난다. 여성들은 빠르게 집으로 돌아가 아침을 자식에게 먹여야 하기 때문에 집으로 돌아간다. 이때가 처음으로 저렴하게 해산물과 생선을 구입할 수 있는 때이다. 잘 흥정을 하면 그냥 돌아가느니 저렴하게라도 팔고 싶은 판매자에게 해산물을 구입할 수 있다.

그렇게 끝이 나는 아침의 경매시장에도 남아 있는 사람들이 있다. 이들은 결혼하지 않은 여성들이 대부분으로 조금 늦게 일어나서 아침을 먹고 나온 여성들이다. 남아있는 생선과 해산물은 계속 판매를 한다. 아직은 크고 신선한 해산물과 생선요리가 필요한 상인들과 레스토랑이 있기 때문에 판매를 한다.

시간이 지나면서 판매를 하고 남아있는 생선과 해산물은 신선도가 떨어지면서 가격이 떨어지고 점심식사를 하고 나면 거의 해산물과 생선은 없어진다. 오후가 되면 해산물을 먹고 싶은 근처에 살고 있는 사람들이 오면서 남아있는 조개나 크랩 등을 구입하게 된다. 생선은 대부분 오전에 판매를 하고 오후에는 상할 수 있으므로 판매를 하지 않는다.

남아있는 해산물은 모두 떨이로 판매를 하므로 커다란 바구니에 담아 판매를 한다. 신선도는 떨어지고 크지도 않은 해산물이 같이 있지만 바구니채로 판매를 하므로 양이 많고 저렴하다. 대부분 현지에 사는 사람들에게 판매를 하기 때문에 저렴하게 빨리 팔고 돌아가려는 판매자들도 가격을 비슷하게 부르기만 하면 주게 된다. 흥정이 많이 필요하지 않다. 왜냐하면 여기서 못 팔게 되면 어차피 상하여 버리게 될 수밖에 없기 때문이다.

100,000~200,000동(약 5,000~10,000원)에 엄청난 양의 해산물을 먹을 수 있다. 구입한 해산물은 인근 레스토랑에서 요리를 해 온다. 오후가 되면 인근의 레스토랑은 저녁 장사를 하기 위해 판매를 준비하고 요리를 할 수 있도록 불도 피워놓기 때문에 저렴하게(30,000~50,000동) 요리를 해준다. 그렇게 요리까지 되면 가족들이 모두 모여 해산물을 먹으면서 이야기꽃을 피운다. 내가 이들과 같이 흥정하기도 하지만 베트남어를 못하는 내가 이 장소에 있다는 것만으로 현지인들은 신기해하고 원하는 가격에 해산물이 가득 찬 바구니를 주었다. 오히려 나에게 더 저렴하게 주기 때문에 내가 흥정에 나서는 것이 더 저렴할 때도 많아지는 신기한 경험을 할 수 있었다.

베트남 도착 비자

베트남은 마지막 출국 일부터 30일 이 지나고 15일 이내 체류일 경우 무비자로 입국할 수 있다. 이 경우 가 아니면 비자가 있어야 입국할 수 있다. 베트남 비자에는 상용비자, 도착비자, 전자비자 등이 있다. 상 용비자는 일반적으로 대사관을 통 해서 발급받을 수 있지만 발급비용 도 비싸고 소요기간도 7일 정도로 오래 걸린다. 도착비자는 사전 신청

베트남공항 비자사무실 앞

후 베트남 도착한 공항에서 발급받는다. 대부분, 대행업체를 통해서 신청하기 때문에 대행 수수료가 있다. 보통 18,000~70,000원까지 업체마다 가격이 다르다. 소요기간은 3일 정도 걸리므로 사전에 출국하기 1주일 전에는 신청하는 것이 좋다.

공항에 도착하면 이민국 심사 받기 전에 도착비자를 먼저 발급받아야 하는데 비행기에서 내린 승객 중에 비자를 발급받으려는 관광객이 많으면 1시간까지 걸리기도 한다. 도착비자 는 30일 이내는 $25의 추가 비용, 90일 복수 비자는 $50까지 현금으로 필요하다.

전자비자는 웹사이트에서 직접 신청하기 때문에 대행수수료가 들지 않는다. 다만 결제수수료 $0.96가 추가로 발생한다. 승인이 완료되면 비자승인서를 출력해서 가져가면 되는데, 간혹 비자 승인이 안 나는 경우도 있다. 승인이 거절되더라도 비자비용은 환불되지 않는다.

베트남비자가 필요한 경우

베트남은 무비자로 입국하여 15일까지 체류할 수 있다. 그러나 이후 30일 이내에 재입국 하려면 베트남 비자(초청장)가 반드시 필요하다. 또는 15일 이상 체류하고 싶다면, 외국 국적을 소지한 한국인이나 미국인, 캐나다인, 중국인, 호주인, 뉴질랜드인 등은 반드시 베트남 도착비자를 발급받아야 베트남입국이 가능하다.

베트남 도착비자는 사전에 미리 비자승인서를 받아 베트남 공항에서 비자를 발급 받는 방법으로 관광비자나 상용비자 등을 받을 수 있다. 관광 비자는 급할 경우 급행으로 긴급비자 발급을 받아 입국을 할 수 있다. 여행은 관광비자, 비지니스는 상용비자 발급하면 베트남 상용비자나 긴급비자 발급을 받을 수 있다.

항공권 리턴 티켓은 필요한가?

베트남은 항공기 리턴 티켓이나 다른 나라로 출국하는 증빙이 있어야 입국힐 수 있다. 인천 공항에서 체크인할 때부터 리턴티켓이 있는지 물어보고 확인한다. 비자를 받았다면 항공권 리턴티켓이 없어도 입국할 수 있다. 베트남 각 도시의 공항 이민국 심사 때 비자를 제출하면 리턴티켓이 있는지 물어보지 않는다. 다만 모든 경우에 해당하지는 않을 수 있다. 만약의 경우를 대비해 항공권 리턴티켓을 당일 구매하는 것이 좋다.

신청 웹사이트 이동해 베트남 이민국에서 운영하는 https://evisa.xuatnhapcanh.gov.vn/en_US/web/guest/khai-thi-thuc-dien-tu/cap-thi-thuc-dien-tu 신청하면 된다.

사전 준비사항
1. 여권정보 사진과 여권사진 준비
2. 비자신청료는 $25,
   결제수수료 $0.96까지 $25.96가
   필요하다.
3. 결제는 카드로 해야 하므로
   신용카드를 준비한다.

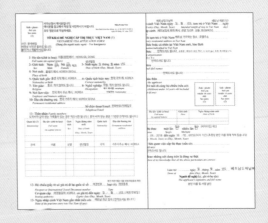

베트남 입국시 도착비자 받는 방법 / 준비물

1. 비자승인서(초청장) 출력 전에 영문명, 생년월일, 비자타입, 비자기간 등을 확인한다.
   본인 영문 이름 위에 비자기간이 있다.
   미확인 후 발생되는 책임은 본인에게 있다.

2. 이메일로 받은 비자승인서(초청장) 출력은 칼라, 흑백이 상관없으며 출력해 가거나 1페이지와 본인 영문이름이 있는 페이지를 출력해 간다.

3. 여권사진 2장 (1장은 제출 +1장은 여유분)이 필요하다.

4. 비자신청서는 베트남공항 비자사무실 앞에 구비되어 있다.
   출력 후 예시 문을 참고하여 작성해 가면 편리하다.
   베트남 비자발급 사무실 앞에서 작성 후 제출해도 된다.

5. 비행기 착륙 후 입국심사대에 가기 전, 위치한 'LANDING VISA' 펫말이 있는 곳에서 서류를 제출한다.

6. 비자발급 공항은 단수 $25, 복수 $50가 필요하다.

Vườn quốc gia Phong Nha-Kẻ Bàng

퐁냐케방 국립공원

베트남의 수도인, 하노이 남쪽으로 450㎞ 떨어진 곳에 위치한 퐁냐케방 국립공원^{Vườn quốc} gia Phong Nha-Kẻ Bàng은 석회암 지역인 2,000㎢에 걸쳐 있다. 그 길이는 라오스 영토의 또 다른 석회암 지역인 힌남노에 이르는 2,000㎢ 지점에 국경을 형성하고 있는 큰 지역이다. 퐁냐 케방 국립공원^{Vườn quốc gia Phong Nha-Kẻ Bàng}은 2003년에 유네스코 세계자연유산에 등록되었다. 퐁냐케방 국립공원^{Vườn quốc gia Phong Nha-Kẻ Bàng}은 세계에서 2번째로 큰 카르스트 지형이며 퐁냐 동굴의 지하 강은 라오스로부터 시작 되는 데 멕시코의 어느 지하 강 다음으로 긴 강이라고 한다. 그런데 2009년에 발견되어 3곳의 출입구를 가진 동굴은 세계에서 가장 긴 동굴로서 여러 곳에 형성된 넓고 높은 지하광장의 규모와 경관은 세계에서 최고라고 알려져 있다.

About 국립공원

국립공원의 핵심지역은 857.54㎢이며, 나머지 완충지대는 1,954㎢이다. 국립공원은 300개 이상의 동굴과 석굴을 가진 세계에서 2번째로 큰 카르스트 지형을 보존하고, 베트남의 북, 중부에 있는 안남 산맥 지역의 석회암 숲을 보호하기 위해 만들어졌다.

퐁냐케방^{Phong Nha-Kẻ Bàng} 지역은 300개 이상으로 된 총 길이 70㎞의 동굴과 석굴로 유명하다. 그 중 20개만 베트남과 영국의 과학자에 의해 탐사가 이루어졌다. 이들 중 17개는 퐁냐 ^{Phong Nha} 지역에 있고, 3개는 깨방^{Kẻ Bàng} 지역에 있다.

퐁냐케방 IN

하노이에서 동허이까지 약 1시간이 소요되는 비행기를 이용하는 것이 편리하지만 대부분 약 10시간이 소요되는 하노이역의 기차나 미딩 터미널에서 출발하는 버스를 이용한다.

1일 투어 일정

동허이에서 약 30㎞ 정도 떨어진 퐁냐케방 국립공원Vườn quốc gia Phong Nha-Kẻ Bàng 여행은 전문 관광회사가 운영하는 다양한 패키지투어를 활용하는 것이 편리하며 동허이Donghai에 있는 호텔이나 여행사에서 예약을 할 수 있다. 전날까지만 예약을 하면 이용이 가능하다. 가장 대표적인 띠엔등 동굴 관람을 하면 점심시간이 된다.
점심시간 후 용 보트를 타고 오가는 퐁냐 동굴 관광은 오후에 관람을 하게 된다. 아침 8시에 호텔에서 픽업차량에 탑승하여 오후 5시 정도에 호텔로 돌아오는 일정이다. 투어 중간에 빈 시간에는 계곡에서 카약을 즐길 수 있고 해변에 위치한 식당에서 신선한 해산물 요리를 제공하고 있다.

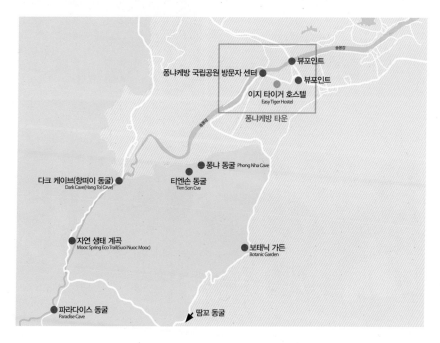

퐁냐 동굴
Phong Nha

높은 천정에서 종유석 폭포수가 쏟아지고 곳곳에 백만 군병과 천만 미물이 꿈틀거리며 천지의 모든 것들 보다 더 많은 것들을 표현해서 마치 천지창조를 보는 듯하다. 곳곳에 산재한 형상들을 향해 느낌대로 불러주면 각자의 다양한 이름이 된다. 아직 이곳에는 한국인 관광객들이 잘 보이지는 않는다.

뱃사공이 젓는 용 보트를 타고 관람하는 퐁냐 동굴은 동굴 내부에 쌓인 모래톱과 색색의 조명으로 영롱하게 표현되는 만물상들은 현실을 초월하는 듯해 경외감마저 든다.

퐁냐 동굴 투어

1. 퐁냐Phong Nha 동굴은 케방산 아래 자리한 동굴로 거센 물줄기로 인해 생긴 수상동굴과 지상동굴로 이루어져 있다. 1992년에 한 동굴협회에서 잠수설비를 이용하여 7,700m까지, 1994년에는 지하로 14km까지 이동해 탐사했다.
탐사는 끝이 나지 않아 앞으로 탐사를 이어나갈 예정이라고 한다. 2003년 7월, 유네스코 세계자연유산으로 등재된 퐁냐케방 국립공원Vườn quốc gia Phong Nha-Kẻ Bàng의 최대 볼거리는 지하 강에 형성된 퐁냐 종유동이다.

2. 약 4억여 년 전에 형성된 것으로 추정되며 발굴된 깊이만 약 8km에 달해 아직까지 정확한 동굴의 깊이는 알 수 없다. 동굴의 끝은 손Son강의 발원지이며 관람이 허락된 구간은 600m까지이다.

3. 퐁냐 동굴 투어는 배를 타고 동굴로 들어가며 보는 퐁냐케방 국립공원의 절경을 보게 된다. 콩 강을 따라 30분가량 배를 타고 동굴로 향하는 길에는 퐁냐케방 국립공원Vườn quốc gia Phong Nha-Kẻ Bàng의 산자락이 펼쳐져 있다.

4. 강을 양쪽에서 감싸고 있는 산 속으로 길게 난 동굴에 들어가면 배는 동력을 끄고, 뱃사공이 손으로 노를 저어 지하 동굴로 들어간다. 뱃사공의 노 젓는 소리와 관광객들이 탄성을 지르는 지하 동굴은 대부분 수십 미터 높이이지만 고개를 숙여야 할 정도로 천장이 낮은 곳도 있다. 다. 1㎞ 남짓 안으로 들어가고, 배는 고운 모래 위에 올라선다. 동굴 밖 선착장으로 나가는 길이 나타난다.

5. 지하 강에서 첫 번째로 만나는 지하광장은 동굴탐험을 마친 관광객들이 강과 연결된 땅속의 동굴을 둘러보기 위해 하선하는 선착장 역할을 한다.

6. 보트를 타고 20분쯤 들어가면 막다른 동굴이 나온다. 지하강의 길이는 4㎞이지만 보트 탐사가 가능한 구간은 700~800m 남짓하다. 갔던 길을 되돌아 나와 첫 번째 광장에서 하선하면 동굴 입구까지 200여m 구간에 20m 높이의 석주를 비롯한 동굴생성물들이 전시장을 방불케 한다. 베트남전쟁 당시 북베트남군의 은신처와 무기고로 이용된 종유동은 신비롭다 못해 꿈속을 거니는 느낌이다.

About Feeling

'신비롭다'는 표현만으로는 미안할 풍광이 끝도 없이 눈앞에 펼쳐진다. 수십 미터가 넘는 길이의 석주가 동굴 안을 화려하게 장식했다. 눈감고 셔터만 눌러도 모든 사진은 엽서가 될 것 같다.
지하광장의 명물은 물 위에 우뚝 솟은 5m 높이의 석순. 수억 년 동안 석회석 성분의 물방울이 떨어져 생성된 짙은 황토색의 석순이 검은 수면에 반영을 드리우고 있다.
노 젓는 처녀뱃사공의 호흡이 거칠어질수록 지하동굴의 생김새는 더욱 기기묘묘해진다. 천장에는 종유석과 박쥐들이 과일처럼 주렁주렁 매달려 있고, 회색 동굴 벽을 빼곡하게 채운 석주는 은은한 조명으로 더욱 신비롭다.
웅장하고 거대한 석주도 떨어진 한 방울의 물에서 시작됐을 테니 억겁의 시간이 아득한 꿈만 같다. 물 한 방울이 천장의 종유석이 되고, 그것이 바닥에 떨어져 석순이 되고, 수백만 년 이 과정을 반복해 석주가 됐으리라. 광활한 자연의 품 안에 일상의 만사는 한없이 작게 느껴진다.

파라다이스 동굴
Paradise Cave

광빈Quang Binh성 보짝현huyen Bo Trach, tinh Quang Binh 선짝에 있는 티엔등 동굴은 유네스코 (UNESCO)의 세계자연유산으로 인정된 국립공원이다. 티엔등Thien Duong동굴은 세계에서도 손꼽힐 만한 아름다운 동굴로 여행자들에게 황홀감을 자아내는 곳이다.

중부지방의 뜨거운 태양아래, 동호이시에서부터 북서쪽 방향으로 60㎞를 더 달리면 인간의 손길이 닿지 않은, 푸른 숲과 논밭 해변, 산줄기에 이슬이 맺혀있는 그곳 티엔등 동굴이 나온다.

동굴의 우연한 발견

2005년, 호칸 이라는 현지인은 우연히 이 동굴을 발견하게 되었다. 이후로 동굴 최고의 전문가인 하워드 림버트Howard Limbert 사에 의뢰하여 호왕지아안Hoang gia Anh 회사(BCRA) 를 통해 실질적인 연구가 시작되었다. 인간의 상상을 넘어서는 아름다움에 그들은 동굴 이름을 파라다이스(티엔등Thien Duong – 천국) 동굴이라고 이름지어졌다.

2010년, 발표에 따르면 31.4㎞의 길이를 자랑하는 파라다이스 동굴(:티엔등 동굴)은 아시아에서 가장 긴 동굴이라고 밝혀졌다. 그 해에 파라다이스 동굴은 공식적으로 조사를 마치고 여행객들에게 개방을 했다. 풍냐 동굴에 이어 발견된 파라다이스 동굴은 가난한 광빈 지역에 경제적으로 도움이 될 만한 동굴이 되었다.

파라다이스 동굴 관람 순서

1. 우리는 시원한 바람과 원시림 사이의 햇볕을 쬐었다. 입장료를 내고 들어가면 2㎞ 정도의 산길에 잘 만들어둔 전차를 이용해 관광을 할 수 있다.

2. 여기서부터 마치 천국에 들어가는 관문을 통과하듯이, 여행객들은 524개의 돌계단을 지나야 한다. 밑을 보면 얽혀있는 넝쿨들과 큰 뱀들이 기어 다니며 평탄하지만은 않은 산길들이 사람을 맞이한다.

3. 마지막에는 아주 작은 문 하나가 버티고 있다. 두 개의 돌로 만들어 진 4㎡ 크기의 작은 문을 지나면 굉장한 궁전이 눈앞에 펼쳐진다. 그것은 예상치 못했던 굉장한 웅장함과 거대한 단위의 바위들이 놓여있다. 100m 높이의 큰 동굴 안, 가로길이는 200m에 달하는 그 동굴안의 익숙하지 않은 크기의 종유석 천장에, 천명의 사람이 들어가고도 남을 만한 규모의 홀이 드러난다.

4. 동굴 안의 종유석들은 3～4억 년 진부터 탄소가 변하는 과정을 지나 만들어진 것들이며, 이 티엔둥 동굴은 베트남 국민을 위해서 자연이 준비해둔 훌륭한 걸작과 같은 선물이다.

About Feeling

세계에서 인정되고 있는 파라다이스 동굴의 아름다움은 동굴 중에서도 '제일' 이라 손꼽을 수 있으며 베트남 정부 문화기록에서도 세계에서 '가장 긴 나무다리' 기록과 '동굴 중에 가장 아름다운 종유석' 을 볼 수 있다.
아시아 전체에서 베트남의 파라다이스동굴은 멋지고 웅장한 동굴 중 단연 돋보이는 동굴임에 틀림없다고 말할 수 있다. 아마 누구든지 이 동굴을 볼 수 있게 된다면 그 웅장하고 신비한 아름다움에 경악을 금치 못할 것이고, 화려한 채색의 보석 덩이와 같은 종유석 매력에 빠져 헤어 나오지 못할 것이다.

다크 케이브
Dark Cave

풍냐 동굴은 짱안이나 땀꼭처럼 배를 타고 동굴 안을 들어가는 코스가 마련되어 있다. 전체 3시간 정도 동굴 안을 탐험하는데 신비로운 경관은 말로 표현이 안 된다. 규모도 매우 크고 아름다운 석회석 석주와 석순이 이어진다. 바위마다 기둥마다 특별한 이야기를 붙일 수 있을 만큼 무언가를 닮기도 하고 세상에 없는 모양이기도 한 자연이 만들어낸 작품들을 눈에 담기 바쁘다.

다크 케이브는 1990년에 발견되었으며 동굴 길이가 5,258m이다. 다크 케이브는 입구부터 특별한 이벤트가 기다리고 있다. 동굴 입구까지 가려면 짚-라인을 타고 가야 하는 것이다. 400m 나 되는 짚라인을 타고 수영으로 강을 건너 동굴로 이동한다. 빛 하나 들어오지 않는 어둠 속을 헬멧에 랜턴 하나 달고 가이드의 인솔하에 더듬거리며 간다.

동굴 속 1㎞쯤 갔을 때 진흙으로 이루어진 머드 바쓰가 만들어져 있다. 밀도가 높아서 몸이 저절로 진흙 위에서 뜨는 상상도 못한 경험을 하게 된다. 헬멧에 랜턴 불빛을 끄고 어둠 속에서 머드 파이팅을 한 기억을 잊지 못할 추억거리가 된다.

Central VIETNAM

베트남 중부

다낭

-

호이안

-

후에

베트남 중부 사계절

다낭, 호이안, 후에는 베트남 중부에 위치하고 있다. 베트남 중부이지만 베트남 남부의 몬순 기후와 비슷한 특징을 보인다. 몬순 기후는 계절풍이 불어 1년 동안 건기와 우기로 구분되는 기후이다.

다낭의 겨울인 12~2월까지 기온이 20~25도를 보이는 데 대한민국의 초여름이나 초가을과 비슷하다. 이때가 건기이고 서늘한 날씨로 관광객이 가장 좋아하는 계절이다.

다낭,호이안,후에 사계절

여름은 25~34도 사이로 대한민국의 여름과 비슷하지만 더 덥다고 생각하면 된다. 다낭의 날씨에서 가장 중요한 것은 건기와 우기의 구별이다. 다낭의 우기는 9~12월까지이다. 8월 말부터 비가 자주오기 시작하면서 우기가 시작된다. 우기에는 스콜과 같이 비가 오기 때문에 매일 비가 오는 것은 아니다.

건기에는 날씨가 맑고 기온이 높아 휴양을 즐기기 좋은 계절이다. 건기가 시작되는 1월에는 날씨가 선선하여 해수욕을 즐기기에 쌀쌀할 수 있다. 2월부터 기온이 올라가는 데 3~4월이 기온이 23~28도로 가장 관광과 휴양을 즐기기에 적당하다.

▣ 다낭의 변화

18세기까지도 다낭은 호이안의 배후 도시에 지나지 않았다. 조선술이 발달해 선박을 크게 건조하면서 수심이 깊어 큰 배가 드나들기 쉬운 다낭으로 해상무역의 중심이 옮겨왔고, 이후 베트남 중부 지역을 대표하는 도시로 발전하기 시작했다. '큰 강의 입구'라는 뜻을 가진 도시 다낭, 지금 다낭은 베트남 최고의 휴양도시로 변화 중이다.

▨ 다낭의 개념잡기

한 강Song Han을 사이에 두고 손짜 반도와 시가지로 나뉜다. 손짜 반도에는 미케 비치가 있고, 해안을 따라 고급 리조트가 늘어서 있다. 도둑·마약·성매매가 없는 도시로 만들겠다는 정부의 의지 때문인지 베트남의 다른 어느 지역보다도 안전하고 조용한 분위기를 만끽할 수 있다.

다낭의 조망

해가 진 후, 밝은 네온 조명이 켜진 다리에 다시 찾아오면 다리의 그림자가 어두운 수면 위에 비쳐 어른거린다. 저녁 늦게 다리 옆에는 네온사인이 빛나는 아름다운 모습을 구경할 수 있다. 한 밤중에 몇 시간 동안 배가 지나갈 수 있다.

다낭의 다리들

2013년에 용 다리가 새로 건설되었지만 한 강Han River 다리는 여전히 도시와 해안가 사이를 오가는 주민과 관광객의 중요한 관문 역할을 하고 있다. 다리의 동쪽으로 잠깐만 차를 달리면 팜반동 해변의 부드러운 모래와 따뜻한 푸른 바다가 펼쳐진다. 도시적인 즐거움을 찾는다면 다낭의 중심가로 가면 쇼핑과 다양한 즐거움을 경험할 수 있다.

다낭 & 호이안, 후에에 끌리는 6가지 이유

대세 관광지

베트남은 이제 관광대국으로 유명해지고 있다. 다낭을 선두로 나트랑, 달랏, 푸꾸옥 등 많은 장소들이 유명하지만 아직은 다낭을 따라올 관광지는 별로 없다. 순수한 사람들과 자연이 있는 다낭의 시내와 미케 비치 등을 관광객들은 원하고 있다.
몇 년 전부터 새롭게 떠오르는 새로운 베트남의 천연 관광지인 다낭으로 사람들은 발길을 옮기더니 이제는 대세 관광지로 입지를 굳히고 있다.

■ 아직은 순박한 사람들

다낭으로 여행 온 관광객들은 번잡함을 잊고 조용히 지내고 싶은 여행자들이 많다. 하지만 일본 등의 관광지는 사람들이 많이 다녀왔기 때문에 식상해졌다. 하지만 다낭의 아름다운 비치부터 번잡한 시내, 새로이 뜨는 빈펄랜드 등 조용한 여행과 화려한 관광지가 섞여 있는 다낭의 관광지에 빠져 들게 된다.

친절한 사람들

현지 사람들과의 교감이 생기면 다낭 여행은 더욱 재미있어진다. 다낭은 불교, 유교 등이 섞여있는 독특한 장소이기도 하다. 다낭 사람들은 대한민국의 관광객에게 상당히 친절하고 호의적이다. 밤에도 길을 잃어버려도 찾아주는 친절함이 다낭을 더욱 밝혀주고 있다.

안전한 다낭, 호이안, 후에

아직 순수한 사람들이 사는 곳이 다낭이기 때문에 당연히 안전하다. 다낭 여행을 하다보면 안전에 민감해지는 장소도 있지만 다낭은 밤길도 두렵지 않다. 대부분 길을 따라 숙박업소들이 운영 중이기 때문에 외진 장소의 숙박 장소도 많지 않다.

■ 다양한 즐거움이 있다.

다낭은 관광지이자 휴양지로 성장하고 있다. 다낭 여행이 처음에는 걱정이 될 수는 있지만 다낭이 떠오르는 이유는 다른 장소에서 즐길 수 있는 다양한 해양 엑티비티를 비롯해 수많은 즐거움이 있기에 떠오르고 있는 것이다.

도시여행과 휴양을 동시에 즐길 수 있는 지역은 동남아시아에서도 찾기가 쉽지 않다. 만들어진 즐거움이 아니라 순순한 즐거움이 당신을 빠져들게 할 것이다.

🔲 편리한 여행서비스

다낭은 베트남의 중부 지역에 속해 있어 대부분의 엑티비티와 투어는 숙소에서 예약을 하고 기다리면 숙소로 데리러 오기 때문에 너무 편리하다. 어디서든 투어와 엑티비티의 예약이 가능하고 쉽게 예약이 가능하므로 편리하다. 또한 숙소와 레스토랑에서 편리한 인터넷 연결이 어디든 가능하다.

Da Nang

다낭

다낭 IN

대한민국의 여행자는 까다롭게 여행지를 선택한다. 여행지를 선택하는 것에 있어서 여행 경비가 중요한 선택 요소로 작용하기 때문에 최근 베트남여행을 선택하는 여행자들은 더욱 늘어나고 있다. 현지 물가만 저렴하다고 선택하지 않는다.

관광지와 휴양지가 적절하게 조화가 되어야 여행지로 선택되고 여행을 떠나게 된다. 그 중에서도 소개할 다낭Da Nang은 베트남을 선도하는 휴양지로 굳건한 입지를 굳혀가고 있다. 1월부터 8월까지가 여행하기에 좋은 건기, 9월부터 12월까지가 우기이기 때문에 대한민국이 추운 겨울일 때 따뜻한 베트남으로 떠나는 관광객은 계속 늘어나고 있다. 베트남에서도 아름다운 비치로 전 세계 여행자들을 유혹하는 베트남 다낭 여행자는 대한민국을 넘어 전 세계로 확대되고 있다.

비행기

인천에서 출발해 다낭까지는 약 4시간 30분이 소요된다. 다낭으로 출발하는 항공기는 30분마다 출발할 정도로 노선이 다양하다. 하지만 대부분의 항공기는 저녁에 출발해 다낭에는 밤에 도착한다.

비엣젯 항공Vietjet Air은 새벽에 출발하는 노선도 있으므로 직장인도 퇴근하고 바로 공항으로 이동해 출발할 수 있는 일정이지만 다낭에 도착하면 23시 45분, 1시 35분, 5시 25분으로 밤 늦거나 새벽에 도착

하여 공항에는 아무도 없을 때에 도착하는 단점이 있다. 그래서 공항버스를 이용하는 경우가 거의 없고 택시나 그랩Grab을 이용하거나 차량 픽업서비스를 이용할 수밖에 없다. 다낭 국제공항은 시내와 멀지 않아서 150,000동(Dong) 이상을 지불하는 숙소는 없으므로 택시를 타도 그랩과 큰 차이가 없다.

피곤한 시간에 도착하므로 최근에 미리 연락을 해두고 차량픽업서비스를 이용하는 관광객이 많기도 하다.

국내에서 베트남 다낭Da Nang으로 가는 비행기는 일본을 제외하고 가장 많은 노선이 운항을 하고 있다. 그래서 경쟁이 치열해 저가항공이 인기를 끌고 있다. 베트남 저가 항공사로 비엣젯 항공Vietjet Air이 가장 저렴한 노선이지만 짐을 추가하면 항공 전체 비용은 차이가 없을 수 있다. 저가항공은 합리적인 가격을 무기로 계속 항공 비용을 줄이는 항공사가 늘어날 것으로 보인다.

베트남 항공(Vietnam Airlines)

대한항공이 대한민국의 국적기라면 베트남항공은 베트남의 국적기이다. 베트남 전역의 19개 도시와 아시아, 호주, 유럽, 북미 등 19개국 46개 지역에 취항하고 있는 항공사이다. 의외로 기내식이 맛있고 좌석도 넓은 편이라서 편하다는 느낌을 받는다. 새벽 6시 10분에 출발해 9시 20분에 도착, 밤 21시 40분에 출발해 새벽 4시 30분에 도착하는 노선을 운항하고 있다. 오전에 도착하는 유일한 항공편이다. 하노이나 호치민을 거쳐서 1회 경유하는 항공편도 매일 운항하고 있다.

비엣젯 항공(Vietjet Air.com)

베트남의 저가항공사인 비엣젯 항공은 베트남의 경제성장과 함께 무섭게 동남아시아의 저가항공의 강자로 부상하고 있는 항공사이다. 2007년 에어아시아의 자회사로 시작해 2011년 에어아시아에서 지분을 매각하자 비엣젯(Vietjet)으로 사명을 변경하고 난 후에 베트남을 대표하는 저가항공사로 성장했다. 에어아시아와 로고와 사이트, 빨강색의 '레드'컬러를 강조하는 것도 비슷하다.

다낭 국제 공항(Sân bay quốc tế Đà Nẵng / Da Nang International Airport)

다낭 국제공항^{Sân bay quốc tế Đà Nẵng}은 다낭 시내 중심부에서 서쪽으로 2㎞ 떨어져 있으며 택시로 약 15분~20분이 걸린다. 2017년에는 1,100만 명의 승객을 수용할 정도로 성장하였지만 추가 활주로가 필요할 정도로 급성장 중이므로 성수기에는 항공기가 지연 출발되는 경우가 많다.

베트남 전쟁 때, 북베트남을 폭격하기 위해 미군이 건설하면서 공항이 시작되었다. 밀림을 제거하기 위하여 폭격기에 실어 나르기 위한 고엽제가 비축되어 지금도 제거가 되지 않을 정도로 다량이었다고 한다. 다낭은 베트남 중부를 대표하는 도시로 성장하면서 2017년 5월 9일에 국제선의 제2터미널이 문을 열어 준비하였다. 이 터미널은 48,000㎡의 면적에 연간

600만 명의 승객을 수용할 수 있도록 설계되었다.
다낭 국제공항은 2개의 터미널을 보유하고 있으며, 하나는 국제선으로 사용되고, 나머지 하나는 국내선으로 사용하여 2018년에는 전체 규모 연간 1,100만 명의 승객을 처리할 수 있는 규모가 되었다.

택시

다낭 국제공항은 다낭 시내와 가까워 15~20분이면 다낭의 어디라도 도착할 수 있다. 그래서 시내까지 이동비용이 저렴하므로 그랩Grab을 이용해 이동하지 않는 관광객도 많다.

보통 100,000~150,000동 정도 금액을 택시기사들은 부르고 있다. 호치민이나 나트랑에 비해 절반 정도의 금액이다. 그러므로 바가지만 쓰지 않는다면 공항에서 숙소까지 이동하면서 화가 날 경우는 거의 없다. 그러므로 사전에 택시비를 준비하고 그 금액에서 택시를 탑승하면 된다. 또한 잔돈을 주지 않으려는 택시기사가 가끔씩 있으므로 사전에 준비하여 택시기사에게 정확한 금액을 주는 것이 좋다.

차량 픽업 서비스

다낭 국제공항은 다낭 시내와 상당히 가까운 공항이다. 그렇지만 밤에 도착한 공항에서 택시를 흥정하면서 타는 것이 내키지 않을 수 있다. 인원이 3명 이상이라면 차량픽업 서비스가 상당히 편리하다. 차량이 미리 와서 대기를 하고 있기 때문에 기다리지 않는 장점이 있다. 가격도 보통 1만원 안팎이므로 비싸지 않다. 다낭에 늦게 도착하여 피곤할 것 같다면 미리 예약을 하고 이용하는 것도 좋은 방법이다.

공항 픽업 서비스는 택시보다 저렴하면서 동시에 그랩Grab보다 안전하다는 장점이 있다. 늦은 밤이나 새벽에 도착하는 여행자는 피곤하여 숙소로 바로 이동하고 싶을 때에 기다리므로 쉽고 편안하게 이용이 가능하다는 장점이 있다.

다낭 & 호이안, 후에 여행 잘하는 방법

1. 도착하면 숙소로 바로 이동하자.

어느 도시가 되도 도착하면 해당 도시의 지도를 얻기 위해 관광안내소를 찾는 것이 좋다. 하지만 다낭 공항은 시내까지의 거리가 가까운 편이다. 또한 공항에 나오면 택시를 타면서 택시 사기를 조심해야 한다. 환전은 미국 달러를 가져와서 소량의 금액만 환전을 해서, 심 카드를 구입하여 택시를 타고 바로 이동하는 것이 좋다.

2. 심카드나 무제한 데이터를 활용하자.

공항에서 시내로 이동을 할 때 택시를 이용하려면 구글 지도를 이용해 거리를 확인하는 것이 좋다. 또한 그랩Grab을 이용해야 바가지를 쓰지 않는다. 시내까지의 거리가 가까운 다낭 공항은 호이안Hoi An까지 이동하지 않는 한 택시비로 100,000동 이상이 거의 나오지 않는다. 또한 저녁에 숙소를 찾아가는 경우에도 구글맵이 있으면 쉽게 숙소도 찾을 수 있어서 스마트폰의 필요한 정보를 활용하려면 데이터가 필요하다. 심카드를 사용하는 것은 매우 쉽다. 매장에 가서 스마트폰을 보여주고 데이터의 크기를 보고 선택하면 매장의 직원이 알아서 다 갈아 끼우고 문자도 확인하여 이상이 없으면 돈을 받는다.

3. 달러를 '동Dong'으로 환전해야 한다.

공항에서 시내로 이동하려고 할 때 택시를 가장 많이 이용한다. 이때 베트남 '동(Dong)'이 필요하다. 공항에서 필요한 돈을 환전하여 가고 전체 금액을 환전하기 싫다고 해도 일부는 환전해야 한다. 시내 환전소에서 환전하는 것이 더 저렴하다는 이야기도 있지만 금액이 크지 않을 때에는 큰 금액의 차이가 없다.

4. 그랩Grab에 대한 간단한 정보를 갖고 출발하자.

공항에서 시내로 이동하려고 할 때 택시를 가장 많이 이용한다. 이때 베트남 '동(Dong)'이 필요하다. 공항에서 필요한 돈을 환전하여 가고 전체 금액을 환전하기 싫다고 해도 일부는 환전해야 한다. 시내 환전소에서 환전하는 것이 더 저렴하다는 이야기도 있지만 금액이 크지 않을 때에는 큰 금액의 차이가 없다.

그랩 금액을 준비하여 탑승하는 것이 좋다. 같이 여행하는 인원이 3명만 되도 택시를 활용해도 여행하기가 불편하지 않다.

5. '관광지 한 곳만 더 보자는 생각'은 금물

다낭은 쉽게 갈 수 있는 해외여행지이다. 물론 사람마다 생각이 다르겠지만 평생 한번만 갈 수 있다는 생각을 하지 말고 여유롭게 관광지를 보는 것이 좋다. 한 곳을 더 본다고 여행이 만족스럽지 않다. 자신에게 주어진 휴가기간 만큼 행복한 여행이 되도록 여유롭게 여행하는 것이 좋다. 서둘러 보다가 지갑도 잃어버리고 여권도 잃어버리기 쉽다. 허둥지둥 다닌다고 다낭 & 호이안, 후에를 한 번에 다 볼 수 있지도 않으니 한 곳을 덜 보겠다는 심정으로 여행한다면 오히려 더 여유롭게 여행을 하고 만족도도 더 높을 것이다.

6. 다낭은 최근에 유행하는 호캉스가 가장 많이 이용되는 도시이다.

다낭은 항공편이 20분마다 있다고 할 정도로 항공편이 많은 도시이므로 상대적으로 항공편도 저렴하게 이용할 수 있다. 또한 최근 2~3년 안에 문을 연 호텔이나 리조트 등이 많아서 숙소 금액도 상대적으로 저렴하고 시설도 좋은 편이다. 해외여행자의 호캉스를 저렴하게 이용할 수 있는 기본적인 시설이 많아서 다낭을 몇 번씩 여행하는 관광객도 많아지고 있다. 그들은 많이 관광지를 보려고 하지도 않고 숙소에서 대부분을 지내면서 맛있는 음식을 먹으려고 한다.

7. 아는 만큼 보이고 준비한 만큼 만족도가 높다.

다낭은 아무런 정보 없이 본다면 재미도 없고 본 관광지는 아무 의미 없는 장소가 되기 쉽다. 1박2일이어도 기본적인 여행정보는 습득하고 다낭 & 호이안, 후에 여행을 떠나는 것이 좋다. 현지에 대한 에티켓을 지키지 않든지 몰라서 대한민국 관광객이 늘어나고 있지만 대한민국에 대한 인식이 좋지 않아지고 있다.

공항 미리 보기

다낭 국제 공항 입구 모습

베트남의 다른 도시에서 출발해 다낭 국내공항에 도착한다면 젯스타 항공기와 비엣젯 항공기가 대부분이다.

다낭에 온 것을 환영한다는 문구가 크게 씌여져 있다.

공항에 도착하면 밤에도 도착한 관광객들이 줄을 서서 천천히 입국심사를 받는다.

입국심사를 마치고 짐을 찾으면 심 카드를 구입해서 하는데 경쟁적으로 심 카드를 판매하므로 필요한 기간에 맞춰 구입하면 된다.

입국 심사를 일찍 마치면 항공기에서 짐이 나오지 않을 수 있다.

한밤 중에 도착하면 마일린 택시나 비나선 택시를 타 베트남의 대표적인 비나선 택시
는 것이 안전하다.

한 밤 중에 관광객을 기다리는 택시들

다낭 & 호이안, 후에 여행을 계획하는 5가지 핵심 포인트

다낭^{Danang} 여행은 의외로 한번에 모든 관광지를 다 보려고 해서 여행을 계획하기가 쉽지 않다. 시내는 둘러봐도 고층빌딩에 많은 사람들은 왔다 갔다 하지만 어디를 가야할지는 모르겠다. 숙소에 물어보니 역사유적지는 시내에서 떨어져 있다는 답변에 "그럼 어디를 가야하나"는 물음에는 투어를 소개하는 팜플렛을 내민다. "어떤 것이 좋아요?"는 질문에 "다좋다"라는 답만 온다. 어떻게 다낭^{Danang}을 여행해야 하는 것일까?

베트남의 중부는 베트남을 통일한 응우옌 왕조의 수도인 후에^{Hue}, 17세기부터 무역항으로 이름을 날린 호이안^{Hoi An}이 유명했던 도시였다. 보잘 것 없던 다낭^{Danang}은 베트남 전쟁에서 미군들의 휴양지로 개발하기 위해 미군이 주둔하면서 본격적인 개발이 이루어지면서 해안가는 하루가 다르게 변하게 되었다. 밀레니엄 시대를 맞아 중부 휴양도시로 개발을 시작하여 초기에는 러시아 관광객이 많았지만 지금은 대한민국의 관광객이 가장 많이 방문하는 도시이다. 다낭^{Danang} 시내에 있는 고층 빌딩에는 호텔과 오피스, 쇼핑센터들이 들어서 있다. 이 많은 건물들이 모자를 정도로 다낭^{Danang}은 발전을 거듭하고 있다. 2000년을 맞아하며 허허벌판인 해변에 도시를 만들기 시작한 것이 다낭^{Danang} 도시개발의 시작이다. 그래서 한 강^{Han River}의 주위에 자리를 잡은 시내에는 쇼핑이나 옛 건물이 있고, 베트남 중부의 아름다운 비치인 미케 비치는 최근에 다양한 형태의 숙소들이 들어서 해안을 따라 들어서 있다. 호텔이나 리조트 앞에 보이는 비치를 즐기는 것이 호캉스와 휴양이다.

역사유적지는 다낭 북부의 대부분 베트남 통일 왕조인 후에^{Hue}에 있다. 호핑 투어는 다낭뿐만 아니라 호이안^{Hoi An}의 잔잔한 파도에 깨끗한 휴양지로 개발된 포인트에서 즐기게 된다. 최근에 이곳은 현재 빈펄 랜드^{Vinpearl Land}가 들어서 있어 빈펄 랜드^{Vinpearl Land}에서만 즐기다가 나오는 관광객도 상당히 많다.

1. 시내 관광, 쇼핑

도시, 다낭을 기준으로 북쪽에는 역사 도시인 후에^{Hue}가 있고 남쪽에는 옛 해상 무역도시인 호이안^{Hoi An}이 있다. 야경과 아기자기한 아름다운 옛 분위기를 느끼려면 남부의 호이안을 다녀오고 베트남 역사를 알고 싶다면 북부의 후에로 이동하면 된다. 후에, 호이안 다 다낭에서 50㎞이내에 있어 당일치기로 다녀올 수 있다.

다낭은 한 강^{Han River}과 미케 비치가 동서를 나누는 구분이라고 생각하면 된다. 시내는 한 강 양 옆으로 형성되어 있고 해안은 미케 비치를 따라 다양한 건물이 들어서 있다. 휴양을 즐기고 싶다면 미케비치를 따라 있는 고급 호텔이나 리조트에서 호캉스를 즐기는 관광객이 많다.

다낭에는 유명호텔이 미케 비치 해변을 중심으로 자리를 잡고 있고 한 강 주위를 따라 시내가 형성되어 있다. 시내에서 한 시장을 중심으로 다낭 시민들이 살던 지역이었지만 최근에는 관광객을 위한 마사지나 상점들이 들어서 있다. 대표적인 야시장은 한 강 주위에 있고 쇼핑센터인 한 시장이나 빈콤 플라자는 한 강에 있어서 접근이 쉽지만 롯데마트는 시내 외곽에 있다.

대부분의 관광객은 다낭에서 2일을 지내는데, 시내에서 1일, 미케비치에서 1일 정도 여행일정을 계획한다. 일정의 여유가 있다면 다낭 시내에서 쇼핑을 하거나 마사지를 받으면서 하루정도 더 머물 수도 있다.

2. 다낭 미케 비치 즐기기

대부분의 숙소는 해변과 가깝게 형성되어 있어서 숙소와 가까운 해변에서 즐기는 것이 좋다. 다낭의 미케비치는 대단히 길다. 호이안으로 이동하는 남부 도로까지 이어지는 해안에는 최근에 고급 리조트들이 들어섰고 지금도 공사를 계속하고 있다. 미케 비치에서 서핑이나 카이트 서핑을 배우는 여행자도 늘고 있는 추세이다. 또한 빈콤 플라자에서 미케 비치로 이동하는 지점이 미케비치의 중심부로 다양한 해산물 레스토랑과 카페들이 많다.

다낭의 미케비치는 끝없이 펼쳐진 백사장과 푸른 바다로 매년 이곳을 찾는 여행자들이 늘고 있다. 때 묻지 않은 공기를 만날 수 있는 신비로운 도시, 다낭Danang에서도 미케 해변은 빼놓을 수 없는 필수 코스로 알려져 있다. 약 30m 길이의 미케비치 중심부의 백사장을 가진 해변은 맑은 모래와 코코넛 나무가 선사하는 그늘 아래에서 달콤한 휴식을 취할 수 있다. 신비로운 분위기와 천혜의 자연환경을 자랑하는 다낭 해변은 헤엄치기에 딱 좋은 물 온도를 가지고 있다. 또한 근처 로컬 식당과 바, 카페 등이 많이 생겨 휴식하기에 그만인 곳이다.

3. 역사 도시, 후에(Hue)

응우엔 왕조의 수도였던 후에^{Hue}는 황궁부터 황제들의 무덤인 황릉까지 다양한 유적이 있다. 다낭에서 가장 멀리 떨어진 곳이기에 택시나 그랩^{Grab}을 이용해서 다녀올 수도 있지만 대부분은 투어를 이용해 다녀온다. 날씨가 무더운 특성상 오후에는 이동하는 것이 힘들어서 오전에 가서 보는 것이 가장 좋다.

4. 호이안(Hoi An) 올드 타운

호이안^{Hoi An}에서 사람들의 발길이 가장 많이 이어지는 곳은 규모 약 30ha의 대지 위에 조성된 유서 깊은 구 시가지이다. 유네스코 세계 문화유산으로 등재되어 있다. 16세기에 처음 세워진 지붕 덮인 목조 건축물인 내원교를 건너보자. 내원교 안에는 날씨를 관장하는 것으로 알려진 신, 트란 보 박 데^{Tran Vo Bac De}를 위한 작은 사원이 있다.
중국 이민자를 위해 세워진 구 시가지의 화랑 5곳에 사용된 건축과 호이안 민속 박물관에 가서 현지의 관습과 일상적인 삶의 모습이 담긴 물건도 구경해 보는 것도 좋다.

5. 다양한 놀거리(투어, 바나힐, 빈펄 랜드)

자녀나 부모님과 함께 가는 다낭 가족여행에서 가장 선호되는 바나힐Banahill과 빈펄 랜드Vinpearl Land는 다낭의 인상을 바꾸고 있는 곳이다. 워터파크와 놀이동산에서 하루 종일 즐기는 관광객이 대부분이기 때문에 오전에 이동해 저녁이 돼서야 돌아온다. 아니면 1박2일이나 2박3일 동안 바나힐Banahill과 빈펄 랜드에서만 머무는 관광객도 많다.

해변에서 15㎞ 떨어진 곳에 여러 개의 작은 섬들로 이루어져 있는 바다에서, 아름다운 산호 사이에서 스노클링과 다이빙 등을 즐길 수 있다. 정크선을 타면 75분이 소요되고, 쾌속선을 타면 30분 정도 걸린다.

다낭을 파악하기 위한 중요한 장소 BEST 5

녹음이 무성한 산꼭대기로 올라가면서 야생동물을 찾아보고 웅장한 불교 기념물을 살피며 멋진 광경을 즐길 수 있다. 선짜 산의 숲으로 덮인 산등성이를 올라가면서 바라보면 다낭 만과 동해의 장관이 눈앞에 펼쳐진다. 696m에 이르는 산 정상이 자리한 선짜 반도는 희귀한 붉은 얼굴 원숭이의 서식지이기도 해서 몽키 마운틴이라는 별명이 붙었다.

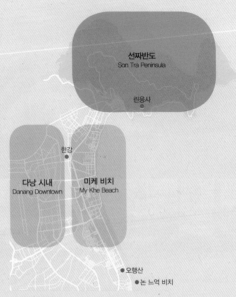

렌터카나 오토바이, 지프 투어를 예약해 산 정상에 올라간다. 산 정상에 오르면서 린웅 사원에 들러 조각상이 가득 늘어선 웅장한 정원을 걷게 된다. 이곳은 베트남 불교도에게는 중요한 성지이다. 연 모양 기단에 서 있는 자비의 여신상을 바라보면 높이가 무려 67m에 이른다. 다음으로 구조물 안으로 들어가 층마다 놓인 21개의 부처상을 둘러보면 된다. 밤이 되면 우뚝 솟은 산이 밝게 빛난다.

산에서 시간을 보내면서 산책로를 따라 거닐며 붉은 얼굴 원숭이를 찾아볼 수 있다. 쏜짜 숲에는 멧돼지, 사슴, 파충류, 흰 꿩 같은 동물 들이 서식하고 있다.

베트남 전쟁 중에 미군이 사용하던 레이더 돔 2개도 볼 수 있다. 지금은 베트남군에서 사용하고 있다. 미국에서 지상군에게 보급품을 제공하기 위해 사용했던 헬리콥터 이착륙장도 있다.

선짜 반도의 많은 부분이 울창한 밀림으로 덮여 있기는 하지만, 바이 백 해변처럼 아름다운 해변도 많다. 선짜 산을 둘러보면서 모래 해변 중 한 곳에 들러 일광욕과 수영을 즐길 수 있다. 능숙한 '다이버'라면 해안선을 따라 산호초 사이에서 스쿠버다이빙하는 즐거움에 빠져들게 된다. 초보자 코스를 비롯해 모든 수준에 적합한 스노클링/다이빙 장소를 찾을 수 있다.

선짜 반도는 다낭에서 북동쪽으로 약 19.3km 떨어져 있고, 자동차로 약 30분 걸린다.

미케 비치

수영과 일광욕을 즐기고 숲길 사이로 산책을 나설 수 있는 아름다운 백사장에서 여유를 즐겨보자. 미케 비치는 다낭에서 가장 유명한 해변으로 백사장에 깨끗한 바닷물이 아름답게 펼쳐진 곳이다. 고요한 바다가 흐르고 산들거리는 바람이 부는 비치에는 아이를 동반한 여행객이 수영하기에 최적의 장소이다.

베트남 전쟁 당시 미군이 미케 비치를 오락 공간으로 활용하여 전 세계의 이목을 끌었는데, 미군은 '차이나 비치'라는 별명으로 불렀다. 베트남 전쟁이 끝난 후 현지인과 방문객 모두의 사랑을 받게 되며 수많은 최고급 리조트가 터를 잡았다.

선 베드에서 파라솔이 만든 그늘 아래에 누워 여유를 만끽하고 해안과 산이 만드는 아름다운 경관이 여행자를 사로잡는다. 해안가를 따라 산책에 나서거나, 다소 힘이 들지만 해변과 경계를 이루는 숲을 통해 하이킹을 떠나도 좋다. 바다에서 수영 이외의 수상스키와 스쿠버다이빙에 도전하는 관광객도 많다.

피크닉 준비를 해 오지 않았다면 해변을 따라 늘어선 가게 중 한 곳에 들러 간단한 스낵을 구입할 수 있고 근처의 카페와 레스토랑에서 휴식을 취할 수도 있다.
도심에서 남동쪽으로 약 6.4㎞ 떨어진 미케 비치는 미안 비치와 논 누옥 비치 사이에 있다.

마담 한

12번 시내버스 종점

뮤전 스위트 다낭 비치

얼라카르드 호텔

송한교

투언퐁교

수언지에우 시내버스 터미널

다낭 정부청사

다낭 박물관

한 시장(째한)

신 투어리스트

포스 아(2호점)

까오다이교 사원

미술 박물관

콘 시장

비나

386

프리미어 빌리지

틀란 다낭 비치 리조트

푸라마 리조트

푸라마 빌라

숭어 포구장 & 사랑의 다리

롱교(용 다리)

쩐티리교

참 박물관

반다 호텔

나짜

5군구 박물관

스시 바

냐항 피로

포유 팰리스

골든 피닉스

킹스 팰리스

퀸스 팰리스

홍안미 병원

387

논 누옥 비치

따뜻하고 깨끗한 물과 정글, 산을 배경으로 황홀한 경치를 자랑하는 해변은 시간을 보내기에 좋다. 논 누옥 비치는 대리석산 기슭에 자리한 다낭의 멋진 해안선 중 5km에 이르는 구간이다. 한 켠에 목마황 속 나무가 숲을 이루고 있는 아름다운 백사장에서 여유를 즐길 수 있다. 근처 동굴과 고대 사원, 석상도 둘러볼 수 있다.

날씨가 너무 더운 날에는 나무 그늘 아래에서 휴식을 취하거나 바다에 들어가 열기를 식혀야 한다. 논 누옥은 유명한 서핑 장소인 만큼 서핑 보드를 가져와 파도에 몸을 맡길 수도 있다. 서퍼들이 파도를 타는 모습을 지켜보기만 해도 즐거움이 넘친다. 논 누옥 해변은 노출되어 있어 파도가 상당히 일정한 편이다.
해변 레스토랑에 들러 갓 잡은 싱싱한 생선을 즐기고 해변 근처에서 마사지를 받으며 여행의 피로를 풀 수 있다. 리조트에는 테니스 코트와 수공예품 매장이 마련되어 있다. 논 누옥 해변을 방문할 때 논 누옥 남쪽 끝에서 조금만 걸어가면 보이는 대리석산도 들러 보자. 동굴과 사찰, 불교의 성지를 둘러볼 수 있는 기회이다.

저녁에 논 누옥으로 다시 돌아와 해안가를 따라 늘어선 벤치 중 하나에 앉아 일몰을 감상해 볼 수 있다.
다낭 도심에서 약 10.5km, 미케 비치와 미안 해변의 바로 남쪽에 있다.

한 강

광활한 강은 상징적인 다리와 더불어 다낭에서 가장 잊을 수 없는 풍경을 선사한다. 저녁에 잔잔한 한 강을 따라 크루즈를 타고 흘러가며 강 너머의 반짝이는 도시 스카이라인을 바라보자. 아름다운 강가의 바에서 음료를 마시면서 손트라 반도로 흘러가는 한 강을 가로지르는 아름다운 다리들을 볼 수 있다.

한 강의 경치를 가장 잘 감상하실 수 있는 장소는 선상이다. 한 리버는 다낭의 동쪽 끝을 따라 흐르는 강으로 대부분의 보트 크루즈는 용다리 근처에 있는 박당 부두에서 출발한다. 도심의 소음에서 벗어나 매일 저녁 경치를 보면서 맛있고 신선한 해산물을 즐길 수 있는 디너 크루즈를 예약해 즐길 수 있다.

관광에 관심이 더 많다면 낮부터 저녁까지 관광을 할 수 있는 투어 보트도 좋다. 강의 수원지까지 이동하여 한 강에 방대한 물길을 대는 지류를 찾아볼 수 있다. 강을 따라 이동하면 가이드가 베트남 전쟁 당시 미군이 전략적 거점으로 사용한 장소를 알려 준다. 하지만 무엇보다도 강을 따라가며 곳곳에서 강물 위를 가로지르는 환상적인 다리들을 감상하는 것이 가장 큰 즐거움이다.

한 강의 다리들

한 강다리
가장 유명한 다리는 다낭 북부에 1997~2000년 사이에 건설된 한 강 다리는 베트남에 건설된 첫 선개교였다. 밤에는 아름다운 네온 조명이 반짝인다. 한 강다리에서 박당 부두를 따라 남쪽으로 이동하면 인상적인 다리 2개가 걸어서 금방 닿을 수 있는 거리에 놓여 있는 것을 볼 수 있다.

용 다리(DragonBridge)
다낭을 대표하는 특색있는 다리이다. 거대한 노란색 용이 다리를 세로로 휘감고 있고 어둠이 내린 후에 2,500개의 LED 조명이 불을 밝힌다. 주말 오후 9시에는 용의 입에서 불꽃과 물이 뿜어져 나오는 광경을 볼 수 있다.

트란 티 리 다리
이동하기 전에 활기 넘치는 남쪽 지역의 바에 들러보자. 2013년에 개통된 건축학적 걸작인 다리길이는 731m이다.

위치_ 다낭 공항에서 차로 10분

훙부엉 거리(Hung Vuong Street)

다낭에서 가장 활기 넘치는 거리가 다낭의 중심이다. 그리 길지도 크지도 않은 거리에는 콩카페를 비롯해 다낭의 볼거리가 밀집해 있다. 다낭 대성당과 한 시장, 꼰 시장도 바로 이 거리에 모여 있다. 거리를 따라 각종 의류 매장과 레스토랑, 카페가 밀집해 있어 여행의 시작점으로 삼기 좋다. 마사지 & 스파들이 최근에 미케 비치에 몰려있지만 현지인들이 운영하는 상점들과 함께 마사지 & 스파와 로컬분위기의 커피전문점도 같이 있으므로 다낭의 분위기를 느낄 수 있는 장소이다.

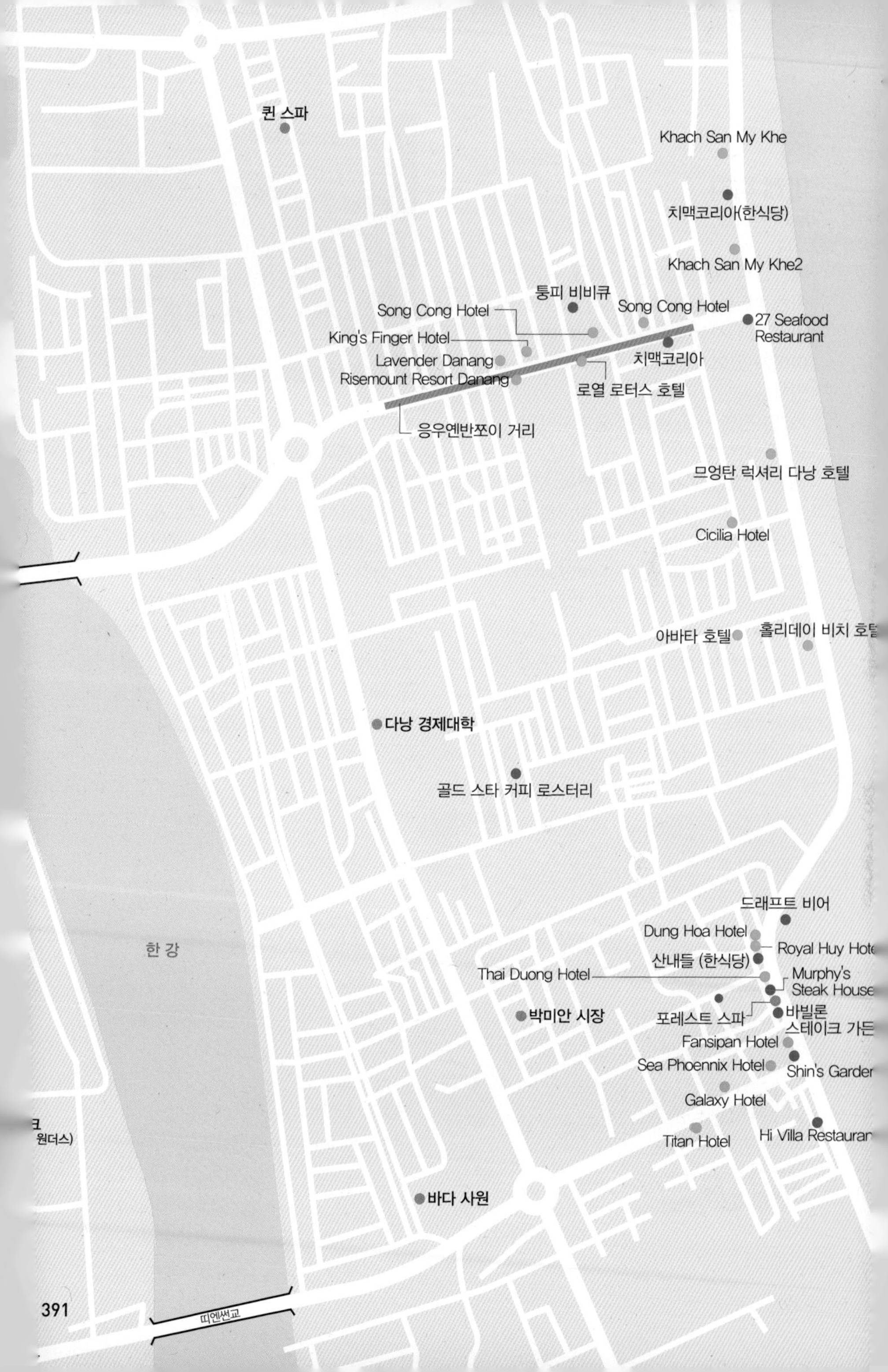

퀸 스파

Khach San My Khe

치맥코리아(한식당)

Khach San My Khe2

통피 비비큐

Song Cong Hotel

Song Cong Hotel

King's Finger Hotel

Lavender Danang

Risemount Resort Danang

치맥코리아

27 Seafood Restaurant

로열 로터스 호텔

응우엔반쯔이 거리

므엉탄 럭셔리 다낭 호텔

Cicilia Hotel

아바타 호텔

홀리데이 비치 호텔

다낭 경제대학

골드 스타 커피 로스터리

드래프트 비어

Dung Hoa Hotel

산내들 (한식당)

Royal Huy Hotel

Thai Duong Hotel

Murphy's Steak House

한 강

박미안 시장

포레스트 스파

바빌론 스테이크 가든

Fansipan Hotel

Sea Phoennix Hotel

Shin's Garder

Galaxy Hotel

Titan Hotel

Hi Villa Restaurar

크 (원더스)

바다 사원

띠엔썬교

미케 비치
My Khe Beach

베트남의 중부지방에서 가장 유명한 비치는 다낭의 미케비치이다. 다낭의 미케비치부터 시작해 호이안의 안방비치까지 이어져 있어서 긴 하나의 비치로 볼 수도 있다.

100년 전만 해도 베트남 중부지방의 무역의 중심은 호이안 이었지만 점점 커지는 배들이 접안할 수 있는 해변이 부족해지기 시작했다. 그 대안으로, 안으로 들어가 있는 만이 크게 해변이 형성된 다낭이 부상하기 시작했다. 하지만 식민지배와 지속된 전쟁으로 개발은 되지 않았다.

다낭이 본격적으로 알려지기 시작한 것은 1970년대 베트남 전쟁 때, 미군의 휴양소로 사용되면서 부터였다. 베트남의 개방이후에도 개발은 더뎠지만 2000년대부터 개발이 본격화되 비치 근처에는 듬성 듬성 호텔과 고층 빌딩이 있었다. 하지만 밀려드는 관광객으로 인해 미케비치의 해안선을 따라 빌딩들이 빠르게 채우고 있다. 미케비치의 중심에는 해안선을 따라 형성된 고층 빌딩과 호텔 앞으로 비치 파라솔이 늘어서 있고, 파라솔 아래는 태닝을 즐기는 관광객이 가득하다. 현지인들은 해가 정말 따가운 낮에는 나오지 않고 해 질 무렵에 나와 강렬한 햇빛을 피해 수영을 즐기고 휴식을 취한다.

다낭은 서핑을 즐기는 서퍼들이 해변을 매웠지만 점차, 카이트 서핑과 다양한 해양 스포츠를 할 수 있는 해변으로 변화하고 있어서, 그들이 쉴 수 있는 장기 숙소들도 같이 들어서고 있다. 고층의 호텔 뒤편으로 2, 3성급 호텔과 게스트하우스가 채워지면서 한 달 살기 이상의 장기 여행자와 호캉스를 즐기는 단기여행자들이 동시에 늘어나고 있다.

위치_ Vo Nguyen Giap Street, My Ward,, My An, Da Nang

다양한 모습을 보여주고 있는 미케 비치

다낭 시내

야시트
루남 비스트로
유람선 선착장
러시아영사관
콴 란베오
퍼 홍
다낭 수비니
& 카페
Song Han Danang Hotel
노보텔
해피 하트 카페
꽁안(경찰청)
다낭시 정부 청사
다낭 박물관
콴 흐엉
미꽝 바무아
하노이 쓰아
Danang Petro Hotel
나항 랑응에
롱 카페
미아 커피
아바 초콜릿 & 티
롱 카페
분짜까 109
힐튼호텔(공사중
Chua Tan Ninh
하일랜드커피(2호점)
Dana pearl Hotel
우체국
까오다이교 사원
미꽝 1A
미술 박물관
미술 박물관
머이 커피 & 바
쭝응우옌 레전드
다낭 백패커스 호텔
꽁 카페
한 시장
사누바 호텔
다낭 수비니어 & 카페
다낭 성당
Orient Hotel
콴 후에 응온
Pacific Hotel
불라바드 젤라또 & 커피
껌가 아하이
분짜까 바피엔
밤부 그린 센트럴 호텔
라퓨 카페
압사라 레스토랑
그린 플라자
레드 스카이
뭄타즈 레스토랑
엄 특 쎄오
피자 포피스
반다 호텔
참 박물관
원 오페라 호텔
봉빠 베이커리 & 커피

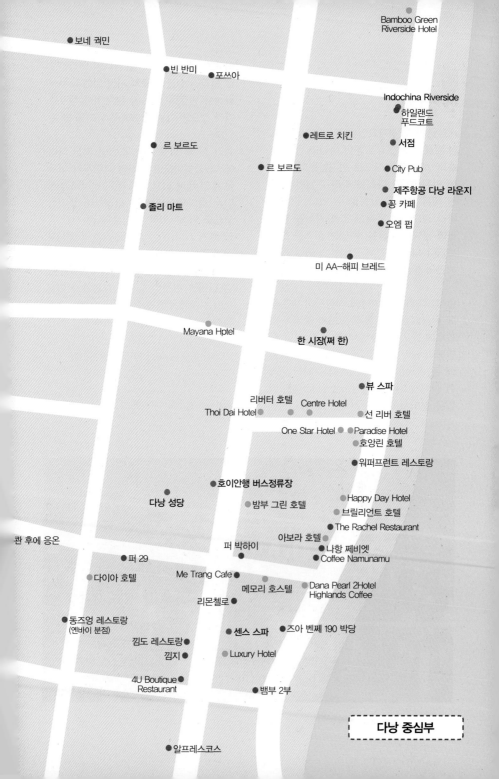

Bamboo Green
Riverside Hotel

● 보네 꿕민

● 빈 반미   ● 포쓰아

Indochina Riverside

● 하일랜드
푸드코트

● 레트로 치킨   ● 서점

● 르 보르도   ● City Pub

● 르 보르도   ● 제주항공 다낭 라운지

● 꽁 카페

● 졸리 마트   ● 오엠 펍

미 AA-해피 브레드

Mayana Hptel

한 시장(쩌 한)

● 뷰 스파

리버터 호텔   Centre Hotel
Thoi Dai Hotel   ● 선 리버 호텔

One Star Hotel ● Paradise Hotel

● 호앙린 호텔

● 워퍼프런트 레스토랑

● 호이안행 버스정류장

다낭 성당   ● 밤부 그린 호텔   ● Happy Day Hotel

● 브릴리언트 호텔

● The Rachel Restaurant

● 아보라 호텔
퍼 박하이   ● 나항 쩨비엣
콴 후에 응온   ● Coffee Namunamu
● 퍼 29
Me Trang Cafe ●   ● Dana Pearl 2Hotel
● 다이아 호텔   메모리 호스텔   Highlands Coffee

● 동즈엉 레스토랑   리몬첼로
(엔바이 분점)
껌도 레스토랑 ●   ● 센스 스파   ● 즈아 벤쩨 190 박당
껌지 ●   ● Luxury Hotel

4U Boutique ●
Restaurant   ● 밤부 2부

┌─────────────┐
│ 다낭 중심부 │
└─────────────┘

● 알프레스코스

한 강 다리

베트남의 첫 선개교인 한 강 다리는 중요한 교통적 연결로일 뿐만 아니라 현대 건축적, 예술적 걸작으로 평가받는다. 저녁에 멋진 한 강 다리를 따라 거닐면 눈부신 네온 불빛을 감상할 수 있다. 강변을 따라 걸으면서 독특한 건축 양식을 카메라에 완벽하게 담을 수 있는 장소를 찾아보거나 다리를 건너 도시를 벗어나 동부 해안의 황금빛 해변에 닿을 수 있다.

한 강 다리는 1997년에 착공하여 3년 후에 완공되었다. 손트라 반도의 호텔과 리조트에 빨리 갈 수 있기를 비린 다낭 주민들이 공사에 큰 자금을 지원했기 때문에 큰 주목을 받았다. 한 강 다리의 화려한 설계적 특성을 감상하는 가장 좋은 방법은 걸어서 다리를 건너는 것이다. 천천히 486m 길이의 다리를 건너면 대각선으로 올라간 철골이 중앙 지점 위에 나무의 형상을 만들어낸다. 강 양쪽의 산책로를 따라 걸으면 다른 각도에서 다리를 볼 수 있다.

해가 진 후 밝은 네온 조명이 켜진 다리에 다시 찾아오면 다리의 그림자가 어두운 수면 위에 비쳐 어른거린다. 저녁 늦게 다시 돌아와서 다리가 회전하며 열리는 모습도 볼 수 있다. 한밤중에 몇 시간 동안 배가 지나갈 수 있도록 다리의 중심부가 수평으로 회전한다.

2013년에 용 다리가 새로 건설되었지만 한 강 다리는 여전히 도시와 해안가 사이를 오가는 지역 주민과 관광객의 중요한 관문 역할을 하고 있다. 나리의 동쪽으로 잠깐만 차를 달리면 팜반동 해변의 부드러운 모래와 따뜻한 푸른 바다가 펼쳐진다.

위치_ 손트라 반도에서 차로 15분 거리

용 다리
Dragon Bridge

길이 666m 행운의 다리인 드래곤 브리지
Dragon Bridge는 말 그대로 용 모양이라서 대
한민국 여행자들은 '용 다리'로 부르고 있
다. 용의 머리가 향한 부근에 수상 카페와
레스토랑, 러브 브리지, 요트 체험장 등
새로운 볼거리들이 생기고 용 다리를 볼
수 있는 레스토랑은 인기 레스토랑으로
탈바꿈하고 있다. 백미는 매일 밤 9시에
열리는 이벤트. 불을 뿜어내는 용의 모습
을 볼 수 있다.

주소_ 손드라 반도에서 차로 15분 거리
시간_ 11~14시, 17~22시

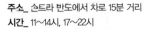

참 박물관
Museum of Cham Sculpture

별 생각 없이 갔다가 의외로 볼 유물이 많은 참 박물관Museum of Cham Sculpture은 다 낭의 하이 쩌우 지구에 있는 한 리버 서쪽 강둑에 자리해 있다. 신과 여신의 아름다운 조각이 포함된 방대한 유물을 둘러보면서 고대 베트남의 참 문화를 알 수 있다. 참 박물관Museum of Cham Sculpture에서 1000년 이상 된 신과 여신의 조각상을 비롯한 역사적인 유물을 볼 수 있다. 고대 참 왕국의 방대한 예술품인 사암, 테라코타, 청동에 새겨진 그림으로 가득 찬 홀과 갤러리를 둘러볼 수 있다.

참 왕국은 베트남 중부와 남부 해안 일대에서 번성한 국가로, 2세기 말엽부터 17세기 후반에서 18세기 초반까지 명맥을 유지했다. 4~13세기 동안 번영했던 참파 왕국의 방대한 조각을 만날 수 있다.

왕국은 많은 사원과 탑, 방대한 예술품을 남겼다. 300점이 넘는 전시품은 모두 프랑스 고고학 조사단이 발굴한 것이다.

박물관은 크게 2동의 건물로 이루어져 있고, 시대와 양식별로 유물들이 전시돼 있다. 정문 근처에 있는 탑 맘 갤러리에서 박물관 여행을 시작한다. 힌두교는 참파 미술의 근간을 이루는 종교이다. 문화는 중국과 인도에서 유입된 힌두교의 영향을 받았다. 힌두교의 주요 신인 브라마와 시바의 조각상이 보인다. 미선 갤러리My Son Gallery에서 중요한 신들의 조각상은 참 왕국의 가장 신성한 보호 구역인 미선에서 발굴되었다.

콴 트리 갤러리Quan Tri Gallery로 이동하면 7~8세기의 유물을 볼 수 있다. 엔라지드 갤러리Enlarged Gallery에는 장신구와 여신의 조각상, 시바 여신의 시중을 들던 성스러운 소, 난딘Nandin을 새긴 사암 조각을 볼 수 있다. 짜끼에우 갤러리Tra Kieu Gallery에서 1,500년 이상 된 석조 제단도 볼 수 있다.

홈페이지_ www.chammuseum.danang.vn
위치_ 홍부엉 거리에서 차로 10분, 다낭 공항에서 약 4km, 다낭 기차역에서는 약 6km
주소_ 22 Thang 9, Binh Hien, HaiChau, Da Nang
시간_ 7~17시 30분
요금_ 50,000동(16세 미만 무료)
전화_ 84-236-3572-935

흥부엉 거리
Hung Vuong Street

다낭에서 가장 활기 넘치는 거리로 다낭의 중심이라고 할 수 있다. 거리를 따라 각종 의류 매장과 레스토랑, 카페가 밀집해 있어 휴양지가 아닌 도시 여행을 느낄 수 있는 곳이다.

베트남 시내를 가르는 오토바이와 구시가지의 오래되고 낡은 건물들이 주위를 감싸고 있다. 복잡하지만 다낭만의 규칙과 질서를 유지하며 도로 위를 달리는 오토바이들을 보면 신기한 마음으로 저절로 생긴다. 이곳에는 다낭 대성당과 한 시장, 꼰 시장이 있다.

다낭 성당(핑크 성당)

Chinh Toa Da Nang

1923년에 세워진, 다낭에서 유일하게 볼 수 있는 프랑스풍의 건축물이 시선을 사로잡는다. 분홍색 외벽과 풍향계가 달린 70m의 뾰족한 첨탑은 한눈에 보이기 때문에 관광객들은 관심을 보인다.

이른 아침에 수탉이 울기 전에 예수 그리스도를 3번 부인한 베드로의 이야기로 수탉이 회개를 한다는 이야기를 듣고 만들었다고 한다. 미사가 있는 매주 일요일에만 입장할 수 있다. 성당 내부의 화려한 스테인드글라스도 눈길을 사로잡는다.

홈페이지_ www.giaoxuchinhtoadanang.org

주소_ 156 Tran Phu, Hai Chau, DaNang

시간_ 5~18시

한 시장
Han Market

흥부엉 거리는 다낭이 작은 도시였을 때부터 사람들이 터전을 잡고 살았던 거리이다. 그래서 근처에는 다낭을 대표하는 재래시장인 한시장이 있다. 사람들은 시장에서 필요한 물건을 구입하고 상인들이 모여들면서 더욱 큰 시장으로 변화하였다.

지금은 'ㅁ'자형태의 2층 건물로 탈바꿈했다. 과일, 채소부터 베트남 중부에서 맛볼 수 있는 미꽝, 반베오 등으로 한끼를 채울 수 있다.

베트남 사람들이 아직도 필요한 물건이 모두 모여 있다고 하여 관광객이 많이 찾지만 과일이나 베트남 커피, 아오자이 등을 빼면 구입할 물품은 많이 없다. 그래도 베트남 시장의 분위기를 느껴볼 수 있다. 실내에 에어컨이 없으므로 오전이나 해질 때 베트남 로컬 저녁식사를 위해 찾는 것을 추천한다.

주소_ 119 Tran Phu, Hai Chau, DaNang
시간_ 7~19시
전화_ 0236-3821-363

꼰 시장
Con Market

한 시장이 다낭을 대표하는 재래시장이라면 꼰 시장은 저렴한 가격으로 기념품을 살 수 있는 시장이다. 특히 한국 관광객들이 패키지 상품 초창기부터 찾아 유명해졌다. 지금은 한 시장에서 아이쇼핑을 하고 꼰 시장에서 구입한다는 이야기를 할 정도로 관광객이 많이 찾는다.

특히 한 시장은 정찰제를 표방하지만 꼰 시장은 흥정이 가능하기 때문에 재미가 있다. 실내가 넓어서 시장 구경하는 재미를 느끼기 위해 찾는 관광객도 상당히 많아졌다.

주소_ 269 Ong Ich Khiem, Hai Chau, DaNang
시간_ 6~21시
전화_ 0236-3837-426

빈콤 플라자

다낭 비치에서 까우 송 한강 다리로 가는 교차로에 있는 대형 쇼핑몰로 베트남 전역에 체인을 두고 있는 빈콤 플라자 다낭 지점이다. 우리나라의 일반적인 복합 쇼핑물과 유사하게 해외 유명 브랜드와 대형마트, 영화관 등이 입점해 있다. 웅장한 외관과 깔끔하고 시원한 실내로 구성되어 있어서, 주말엔 특히 붐비는 곳이다.

층별안내
1층 | 의류, 전자제품, 신발, 액서사리, ATM **2층** | 빈콤 마트, 의류
3층 | 키즈 카페, 서점, 가정생활 용품 **4층** | 푸드 코트, 영화관, 아이스링크

확인사항
- 빈 마트는 8시부터 이용가능. 주차장 계단으로 올라가면 된다.
- 3층에 빈케 키즈 카페가 있다. 90,000동/어린이 1명
- 4층 영화관에서는 최신 한국영화도 상영한다.
- 층 아이스링크 매주 목요일에는 50%할인 행사를 한다.
  (주중 : 100,000동, 주말 : 140,000동, 스케이트 대여 : 30,000동)

홈페이지_ vincom.com.vn **주소**_ 910A Ngô Quyền, An Hải Bắc, Sơn Trà, Đà Nẵng
시간_ 9시 30분~22시 **전화**_ +84-236-3996-688

빈콤 마트

빈콤 플라자 2층에 있는 대형 마트이다. 플라자 내에 자리하고 있어서, 실내가 넓고, 쾌적해서 현지인뿐만 아니라 관광객들도 많이 찾는 곳이다. 신선식품, 가정생활 용품, 즉석 식품, 기념품까지 다양한 제품을 판매하고 있다. 판매 품목은 롯데마트가 조금 더 다양한지만, 숙소 위치가 빈콤 플라자가 가깝다면 방문하는 것을 추천한다.

주소_ 빈콤 마트 2층
시간_ 8시~22시
- 빈콤 플라자는 9시부터 영업을 시작하지만, 주차장 계단으로 올라가면 빈 마트로 올라가면, 8시부터 이용 가능.
- 300,000동 이상 주문 시 무료 배송해준다.

빈콤 플라자 Eating

 ## 키치-키치
KICHI KICHI

다양한 고기, 해산물, 야채를 무제한으로 즐길 수 있는 샤브샤브 뷔페다. 회전 초밥 집과 비슷하게 테이블에 앉으면 각각의 개인 샤브샤브 냄비를 깔끔하게 세팅을 해준다. 돌아가는 회전 접시를 집어서 냄비에 넣어서 먹는다.

소고기, 돼지고기, 닭고기에서부터 개구리 고기까지 있다. 1인용 냄비가 있는 바Bar 테이블도 있어서 혼자 여행하는 사람도 부담 없이 즐길 수 있다. 빈콤 마트에 있어서, 쾌적하고 시원해서, 현지인들로 식사 시간뿐만 아니라 항상 만원인 곳이다. 텍스는 미포함 되어 있고, 물수건도 비용을 받는다.

주소_ 빈콤 마트 4층 **시간_** 9시 30분~22시 **요금_** 무제한 189,000동/1인, 고기 단품 09,000동

🍴 한쿡
Han Cook

한국인이 운영하는 한식 전문 식당으로 다낭에 2곳
의 지점이 있다. 1호점은 다낭 공항 근처에 있고, 2호
점이 빈컴 플라자 4층 아이스링크 옆에 있다. 닭갈
비, 김밥, 튀김등 다양한 한국 음식을 쾌적하고 깨끗
한 실내에서 먹을 수 있다.
현지인들도 한류의 영향으로 한식을 즐겨 먹어서 한
국인들보다 현지인들이 더 많다. 대표 메뉴는 닭갈비

와 보쌈이다. 한국 소주도 판매하고 있으니 베트남 음식에 지친 여행자들에게 추천한다. 1층
에 자리가 없다면, 2층에도 자리가 있으니 벽면 쪽 계단으로 올라가면 된다.

주소_ 빈콤 마트 층4 **시간_** 9시 30분~22시 **요금_** 닭갈비 240,000동, 김치찌개 80,000동, 제육 덮밥 88,000동

고기 하우스
GoGi House

빈콤 플라자 4층 에스컬레이터 근처에 있는 한국식 고기집이다. 소고기부터 닭고기까지 다양한 고기류와 김치찌개, 비빔밥, 김치 등 기본적인 한국 음식은 다 갖추고 있다. 실내 장식부터 불판까지 한국 제품을 그대로 가지고와서 현지인들에게 특히 인기가 많은 곳이다. 메뉴판을 보고 직원에게 먹고 싶은 것을 주문하면, 1인분씩 가져다준다.

단품보다는 가격도 저렴하고, 다양한 메뉴가 포함된 뷔페 코스를 추천한다. 한국 음식을 먹으려고, 줄 서서 기다리는 베트남 사람들을 보면, 괜히 뿌듯하다. 베트남 프랜차이즈로 베트남 주요 도시에 지점을 가지고 있고, 다낭에도 3개의 지점이 있다.

주소_ 빈콤 마트 4층 **시간_** 9시 30분~22시
요금_ 2999,000동/성인 기준, 단품 삼겹살 89,000동, 떡볶이 99,000동, 비빔밥 89,000동

손트라 야시장
Son Tra Night Market

용다리 머리 쪽으로 직진하여 올라가면 있는 손트라 야시장은 다낭을 대표하는 야시장이다. 진입로는 여러 곳이 있는데 시내에서 걸어가기도 한다. 간이 부스에 차려진 많은 상점들이 먹거리와 기념품 등을 판매하고 있어서 시원한 강바람을 맞으면서 시장을 둘러볼 수 있다. 최근에 개장한 헬리오 야시장은 시내에서 멀어서 찾기 불편하지만 손트라 야시장은 찾기 쉬운 장점이 있다. 특히 베트남에서만 먹어볼 수 있는 다양한 먹거리를 저렴하게 먹고 마실 수 있어서 다낭에서 해가 진 후 꼭 찾아가는 명소가 되었다.

사랑의 다리
DHC Marina

해가 지면 용다리Dragin Bridge에 불이 켜지고 용다리 머리의 동쪽 부두에 사람들이 모여든다. 선착장을 향해 뻗은 다리에 붉은 하트에 불이 켜지면서 아름답게 변한다. 주말에 관광객이 많아지면 좁은 다리에 사람들로 꽉 찬다.

입구에는 싱가포르의 라이언 상을 보고 만든 잉어 분수상이 있다. 용이 입으로 물을 솟구치고 몸통은 잉어인데 용으로 변하고 있는 잉어라는 뜻으로 '까 쨉 호아Ca Chep Hoa Rong'라고 부른다. 베트남의 장인 30명이 200톤의 대리석 상을 만들었다.

홈페이지_ www.dhcgroup.vn
주소_ Dương Tràn Hung Dao, An Hài Teung, Son Trà
전화_ 0236-3561-545

아시아 파크
Asia Park

대 관람차가 있는 아시아 파크는 선휠^{Sun Wheel}로 유명하지만 뜨거운 낮에 관람하는 것은 덥고 습해서 이용하는 것이 쉽지 않다. 베트남의 유명 기업인 선 그룹에서 아시아 파크를 인수하여 대규모 테마 파크로 만들고 이름도 선 월드 다낭 원더스라고 붙였지만 관광객들은 아시아 파크로 알고 있다. 베트남을 중심으로 아시아 9개국의 문화를 테마로 놀이기구를 만들어놓았다.

다만 바이킹, 회전목마, 자이로드롭, 롤러코스터 등의 놀이기구는 어디서든 쉽게 탈 수 있기에 대한민국의 관광객들이 만족하기는 쉽지 않다. 아이들과 함께 온 가족여행자들이 포토존에서 사진을 찍고 붐비지 않고 즐길 수 있는 것은 장점이다.

홈페이지_ www.danangwonders.sunworld.vn
주소_ 1 Phan Dang Luu, Hoa Curong Bac, Hai Chau
시간_ 15시 30분~22시 (주말은 9시부터 시작)
요금_ 자유이용권 200,000dong
　　　(어린이 150,000dong/1m 이하의 어린이는 무료)
전화_ 0236-3681-666

대관람차 '선휠'

115m에 이르는 대 관람차는 싱가포르에서 벤치마킹하여 세계 10대 관람차로 만들었다. 15~20분 정도 소요되는 관람차에는 6명까지 탑승이 가능하다.

낮에 관람차를 타면 너무 더워서 쪄 죽는다고 이야기하므로 해지는 시간대를 확인하고 탑승하는 것이 좋다. 해지는 한강 다리에서 붉은 빛으로 물드는 떨어지는 해를 보는 것은 하루의 피로가 싹 사라지게 할 것이다.

아시아 파크 야시장

아시아 파크 옆에는 밤마다 야시장이 열리는데, 사람들로 붐비지 않으면서 야시장을 즐길 수 있다는 것이 장점이다. 다낭에서 가장 유명한 손트라 야시장에는 항상 다낭시민들과 관광객들로 붐비고 혼잡스럽다. 현지인들은 주로 아시아 파크의 야시장을 이용히여 데이트나 친구들과 즐기는 경우가 늘어나고 있다.

하이반 패스
Hai Van Pass

다낭에서 후에 투어를 신청하면 가장 먼저 찾는 496m의 산 정상이 하이반 패스이다. 다낭을 벗어나 약 30㎞정도 북쪽으로 이동하면 산 정상에 이르고 차들이 서 있고 상점들이 보일 것이다.
약 20㎞에 이르는 고개 길로 해안을 둘러싼 바다까지 볼 수 있어 풍경은 아름답다. 지금은 아름답지만 베트남 전쟁 때는

아찔한 하이반 패스를 두고 치열한 전투가 벌어져 지금도 요새로 둘러싸여 있는 것을 확인할 수 있다.

현지인들은 통행료를 내고 하이반 터널을 지나 후에로 직행하는 사람들이 많아지기도 했다. 기차를 타고 창밖으로 보는 하이반 패스도 감상할 수 있다.

///

주소_ Deo Hai Van, TT. Lang Co, Lien Chieu

대한민국 관광객이 찾는 다낭의 대표 Eating Best 7

버거 브로스(Burger Bros)

다낭에서 관광객에게 가장 유명한 수제
버거 전문점으로 대표 메뉴는 미케 버거
Mike Burger이다. 2015년에 시작된 수제
버거는 고기를 좋아하는 서양 관광객에
게 알려지면서 지금에 이르렀다. 페티를
2개를 넣기만 하는 것이 아니고 풍부한
육즙이 가득한 패티가 인상적이다.
그래서 큰 버거는 두손으로 잡아야만 할
정도이다. 다낭에 비치와 시내에 2개 지
점이 있고, 15만동 이싱 주문하면 숙소까
지 배달을 해주기 때문에 관광객들이 저
녁 시간에 배달을 많이 주문한다. 점심시
간 이후에 쉬는 브레이크 타임이 2~3시
사이에 있다.

시내점
주소_ 4 Nguyễn Chí Thanh, Thạch Thang, Hải Châu, Đà Nẵng(시내점)
시간_ 11~14시, 17시~22시   **요금_** 미케 버거 140,000동, 치즈 버거 80,000동   **전화_** +84-093-192-12-31

마케비치점
주소_ 10 An Thương 4, My An Ward, Ngu Hanh Son District, Da Nang
시간_ 11~14시, 17시~22시   **요금_** 미케 버거 140,000동, 치즈 버거 80,000동   **전화_** +84 094 557 6240

퉁피 비비큐(Thung Phi Bbq)

여행 예능이었던 '배틀 트립'에 소개된 이
후 베트남만의 숯불구이로 인기를 얻게 되
었다. 대로변에서 안쪽으로 50m정도 들어
가면 노란색의 간판이 보이고 가정집으로
걸어 들어가야 찾을 수 있지만 많은 사람
들이 찾는 곳이라 인파를 따라가면 나올
것이다. 한국인 관광객이 많아지면서 기본
반찬이 서비스로 나오고 숯불을 가운데에
놓아준다. 모든 고기의 바비큐를 맛보게
해주기 때문에 소고기, 돼지고기, 닭고기,
새우, 개구리 등 다양하다. 4명이상의 가족
여행객은 화로가 작아서 굽다가 시간이 간
다고 말하기도 한다.

주소_ 195 Nguyễn Văn Thoại, An Hải Đông, Sơn Trà, Đà Nẵng   **시간_** 16~22:30
요금_ 소고기 안심 79,000동, 돼지 갈비69,000동   **전화_** +84-093-454-22-33

람 비엔 레스토랑(Lam Vien Restaurant)

문재인 대통령도 방문한 다낭에서 유명한 베트남 고급 레스
토랑으로 깔끔하게 정리된 정원에서 처음으로 놀라게 된다.
2층으로 올라가는데, 신발을 빗고 올라가고, 테이블이 조그
만 방으로 나누어져 조용히 식사하도록 도와준다. 그동안 유
럽 여행자에게 베트남 요리를 고급스럽게 즐길 수 있어서 알
려졌다가 대통령 방문 이후, 대한민국 관광객들의 방문이 더
욱 많아졌다고 한다. 성수기의 저녁 식사는 특히 예약을 하
지 않으면 오랜 시간 기다려야 하니, 예약을 하고 이동하는
것이 좋다.
겉은 바삭하고 속은 촉촉한 반쎄오, 돼지갈비 볶음을 새콤한
소스에 찍어 먹으면 베트남 요리를 달리 생각하게 될 것이
다. 식사 인원이 4명 이상이라면 저녁에 야외에서 시원한 바
람과 함께 하는 것을 추천한다.

홈페이지_ http://lamviendanang.com/index.php/contact-us
주소_ 88 Trần Văn Dư, Bắc Mỹ An, Ngũ Hành Sơn, Đà Nẵng
시간_ 11시 30분~22시   **요금_** 반쎄오 135,000동, 스프링롤 150,000동   **전화_** 0236-3959-171

피자 포피스(Pizza 4P's)

하노이를 시작으로 호치민, 다낭 등 베트남 대표 도시에서 인기를 끌고 있는 피자 전문점이다. 최근의 재료에 관심이 높은 트렌드에 맞게 좋은 재료로 만든다. 가장 인기가 높은 메뉴는 반반 피자로 중앙에 보이는 화덕에 넣어 직접 조리과정을 볼 수 있다.

직접 만든 치즈를 추가 하면 덩어리 상태 그대로 피자에 올려주므로 더욱 먹음직스럽다. 게살 스파게티, 바질소스 스파게티, 새우 파스타, 연어 크림 파스타 등 다양한 메뉴의 피자가 있다. 점점 현지인들도 방문이 많아지고 있어서 예약을 안 하고 가면 대기를 하는 경우가 많아 홈페이지나 전화로 예약을 하는 것이 좋다.

홈페이지_ http://pizza4ps.com
주소_ 8 Đường Hoàng Văn Thụ, Phước Ninh, Hải Châu, Đà Nẵng
시간_ 19시~22시, 토요일, 일요일 9시~22시 30분 요금_ 게 파스타 225,000동, 마르게리타 150,000동
전화_ +84-028-3622-0500

퍼 홍(Quán Phở Hồng)

쌀국수 전문점으로 고기가 부드럽고 면발이 쫄깃하고 깔끔한 국물 맛이 한국 관광객에게 소문이 났다. 다낭 시내 관광을 하다가 대성당 근처에서 점심으로 추천한다.

스프링롤(넴)도 인기가 있지만 쌀국수, 양지 쌀국수, 차돌 쌀국수가 한국인 입맛에 맞다. 현지인들은 쌀국수와 함께 주는 튀긴 긴 꽈배기인 '꿔이'는 국물에 적셔 먹는다. 한국인이 많이 방문하면서 김치도 반찬으로 주고 있다.

주소_ 10 Lý Tự Trọng, Thạch Thang, Hải Châu, Đà Nẵng
시간_ 7시~21시 요금_ 쌀국수 40,000동 전화_ +84-98-878-23-41

반미 해피 브레드

한 시장을 쇼핑하고 나서 배가 고파진다면 길 건너 반미를 간식으로 추천한다. 이곳은 한국인이 직접 반미를 만드는 곳으로 빵 안이 부드럽고 쫄깃하며, 겉은 바삭바삭하다. 내부가 청결하고 반미 속 재료도 신선하다.

현지인들이 만드는 반미와는 다르게 패스트푸드 햄버거 가게처럼 반미를 판매하기 때문에 베트남에서 대한민국 스타일로 변환된 반미라고 생각하면 될 것이다. 다낭 시내의 한시장이 가까이 있는 1호점은 항상 붐비므로, 여유롭게 즐기고 싶다면 근처의 2호점을 찾아가 보자.

주소_ 14 Hùng Vương, Hải Châu 1, Hải Châu, Đà Nẵng   **시간_** 10~22시   **요금_** 새반미 JJ 70,000동, 반미TL 60,000동
전화_ +84-764-926-403

파 라운지(FA lounge)

싱싱한 해산물 요리뿐만 아니라 일반적으로 먹는 베트남 요리가 다양하다. 주인이 직접 메뉴도 설명하면서 추천도 해주기 때문에 편하게 한국에서 먹는 것처럼 맛있는 한 끼를 할 수 있다. 다만 한국인 입맛에 맞는 베트남 요리로 먹는데 부담은 없지만 로컬 베트남 요리와는 조금 다르다. 신선한 재료와 내부가 깔끔하고 한국어가 가능한 베트남 해산물 식당으로 더욱 인기가 높아지고 있다.

주소_ Lô 18AB2 Võ Văn Kiệt, Phước Mỹ, Sơn Trà, Đà Nẵng
시간_ 10시 30분~ 22시   **요금_** 새우 마늘 볶음 195,000원, 반호이 120,000동, 바지락탕 90,000동
전화_ +84-236-3966-996

다낭 커피 & 카페 Best 7

하이 파이브 커피(High 5 coffee)

사랑의 다리 근처에 작은 시장이 있는, 노란색이 커피전문점 간판으로 유명한데, 직원들도
상의를 노란색으로 입고서 서비스를 해주기 때문에 기억에 많이 남는다. 1층의 야외 테이
블에서 이야기를 나누는 사람들은 대부분 다낭 시민들이고 실내에서 에어컨 바람에 시원
하게 있는 사람들은 한국관광객이다. 노란색 간판이 눈에 띄는 커피 전문점은 현지인들의
데이트 장소였지만 최근에는 대한민국 여행자가 더욱 많아졌다. 의외로 저렴한 가격에 조
용한 분위기에서 베트남식의 커피, 주스, 스무디를 마실 수 있다.

주소_ 42 Mai Hắc Đế, An Hải Trung, Son Trà, Đà Nẵng
시간_ 6시 30분~22시 **요금_** 스무디 39,000동 **전화_** 0866-687-667

르 쁘띠 카페(le petit Café)

아기자기한 실내분위기는 세련되지는 않지만 다낭
의 더운 날씨를 피해 시원하게 쉬었다 가기에 좋다.
신발을 벗고 올라가면 의자에 앉아 오랜 시간 머무
르는 2층은 데이트 전용 공간처럼 이용된다.
카페에는 반미와 샌드위치가 있어 간단한 식사를
하면서 머물 수 있다. 로컬 카페보다는 커피 가격이
비싸지만 오래 머무르는 시간까지 감안하면 적당한
가격이다.

주소_ 51 Hoàng Kế Viêm, Bắc Mỹ Phú, Ngũ Hành Sơn, Đà Nẵng
시간_ 6시30분~20시 30 **전화_** + 84-093-910-05-85

투 차 (TOOCHA)

다낭 용 다리 뒤쪽 카페가 몰려 있는 거리에 있는 밀크 티 전문점으로 호치민에도 있다. 배달하는 사람과 주문하는 손님이 많아서 항상 북적이는데, 나에게 맛은 공차와 차이가 없었다. 특히 현지인들은 1층 주로 자리를 잡기 때문에 북적이지만 2층으로 가면 조용하게 즐길 수 있다. 영수증에 주문번호와 이름을 적어 차가 나오면 불러주기 때문에 기다리지 않아도 좋다. 시원한 바람을 맞으면서 저녁에 즐기는 현지인들이 있었지만 관광객이 많아지면서 낮에도 북적이는 곳이 되었다.

주소_ 79 Nguyễn Văn Linh, Phước Ninh, Hải Châu, Đà Nẵng   시간_ 7시 30분~22시   전화_ +84 1800 1991

휴롬 주스 카페(Hurom Juice Cafe)

생과일을 직접 짜주는 방법이 흔하지 않아서 한국 스타일의 과일 빙수. 아이스크림 등으로 인기를 끌고 있다. 동그랗게 떠낸 수박에 연유를 올려 먹는 수박 빙수는 한여름의 더위를 식혀주고 열대지방에서만 맛볼 수 있는 메론 빙수는 관광객의 주로 주문하는 메뉴이다. 한류가 인기를 끌면서 덩달아 인기가 높아지면서 마켓비치점도 문을 열었다.

주소_ 40 Nguyễn Văn Linh, Nam Dương, Hải Châu, Đà Nẵng   시간_ 7시~23시
요금_ 수박빙스 120,000동, 메론 빙수 130,000동   전화_ +84-236-6279-977

블러바드 젤라또 커피(Boulevard Gelato & Coffee)

다낭 대성당 근처에는 젤라또를 전문으로 판매하는 커피□으로 베트남식의 블랙커피와 밀크 커피부터 카푸치노 등의 커피도 같이 즐길 수 있다. 18가지의 젤라또를 판매하고 있다. 코코넛 젤라또와 수박 메론 빙수를 비롯해 18가지의 젤라또를 만들고 있다. 인테리어가 유럽 분위기에 깔끔하여 현지 연인들이 자주 찾는다.

주소_ 77 Trần Quốc Toản, Phước Ninh, Hải Châu, Đà Nẵng **시간_** 7시 30분~22시
요금_ 3 scoops(3가지맛) 75,000동, 2가지맛 55,000동 **전화_** +84-96-800-76-25

미트 프레쉬(Meet fresh)

초록색 간판으로 인상적인 대만 빙수 체인점으로 입구에 빙수를 보여주면서 방문객을 끌어 모으고 있다. 생 망고가 가득한 망고 빙수는 둘이 먹기에 충분할 정도이다. 다만 빙수의 가격이 저렴한 편은 아니기 때문에 대부분 2명이 하나의 빙수를 주문한다.

빙수에는 팥, 젤리, 푸딩, 연 두부를 토핑이 들어가 젤리 팥빙수 등의 이름으로 주문할 수 있다. 신발을 벗고 2층으로 올라가 조용히 대화를 나누면서 빙수를 즐길 수 있어서 연인들이 자주 찾는다.

주소_ 87 Yên Bái, Phước Ninh, Hải Châu, Đà Nẵng
시간_ 9시~10시 30분
요금_ 홍차 45,000동, 망고 슬러쉬 75,000동
전화_ +84-93-593-98-38

차타이(Che Thai Lien)

오로라 호텔 길 건너편에는 사람들이 줄서 있는 모습을 볼 수 있다. 사람들이 오고가고, 배달과 포장이 끊임없이 이어진다. 젤리, 열대과일인 두리안, 리치, 잭 푸르트 등 달고 쫄깃한 젤리의 식감이 빙수맛을 더한다. 외식이나 산책 후 가족과 함께 즐기는 현지인을 쉽게 볼 수 있다. 로컬이라 실내에 자리가 없으면 밖에서 목욕탕 의자에서 자리 잡고 먹으면 된다.

주소_ 189 Hoàng Diệu, Nam Dương, Hải Châu, Đà Nẵng　**시간_** 8시~22시
요금_ 체타이 20,000동　**전화_** 090-644-60-73

다낭의 인기 있는 베트남 전문요리 Best 7

하노이 쓰어(Hà Nội xưa)

골목에 들어가면 고기를 굽는 냄새가 코를 자극하고 사람들이 줄 서 있는 장면으로 다낭의 맛집이라는 사실을 알 게 된다. 점심시간에만 파는 분짜Bun Cha는 인원수대로 나오고, 넴Nem은 추가로 주문하면 빠른 시간 안에 내 온다. 불향이 가득한 고기가 느끼할 수 있는데, 무가 가득 담긴 느억맘 소스에 쌀국수를 찍어서 같이 먹으면 느끼함이 사라진다. 다낭에서 오랜 시간 동안 다낭 시민에게 사랑받은 만큼 가격도 저렴하게, 맛도 딸이 배우면서 유지하려고 한다. 점심 장사지만 재료가 금방 떨어지면 문을 닫으니, 일찍 방문해보자.

//

주소_ Đà Nẵng, Hải Châu, Nguyễn Chí Thanh, Q. Hải Châu
요금_ 10시~ 14시 30분 **시간_** 40,000동, 넴 12,000동 **전화_** 0906-220-858

옹황(ng Hoang)

현지인들에게 인기 있는 식당으로 계란 지단 길이가 35cm이고 재법 큰 새우가 들어간 '반쎄오'로만 운영하고 있다. 베트남 젓갈에 라임과 작고 매운 고추를 넣어 소스를 만들어서 각종 쌈과 야채에 둥글게 만들면 된다. 쌀국수 면, 얇게 자른 돼지수육, 튀긴 두부, 넴, 오이 등은 매일 달라지지만 음식을 싸서 소스에 찍어먹으면 베트남 중부의 맛을 느낄 수 있을 것이다. 사랑의 다리 근처에 있어서 찾기도 쉽기 때문에 저렴한 가격에 베트남 전통 요리를 맛볼 수 있는 곳으로 사랑받고 있다.

주소_ 395 Đường Trần Hưng Đạo, An Hải Trung, Sơn Trà, Đà Nẵng
요금_ 분다우 맘 톰 45,000동, 반쎄오 35,000동 **시간_** 24시간 **전화_** 0768-509-179

반쎄오 바즈엉(Bánh Xèo Bà Dưỡng)

바삭한 반쎄오를 라이스 페이퍼에 각종 야채를 넣어 돌돌 싸서 함께 가져온 고소한 땅콩 소스에 찍어 먹으려면 반쎄오 골목으로 가는 것이 좋다. 골목 제일 끝에 위치하여 찾아가기가 힘들고, 깔끔하고 에어컨이 나오는 시원한 식당은 아니다. 반쎄오와 함께 주는 넴 루이는 먹는 만큼 계산하기 때문에 많이 준다고 거부할 필요는 없다. 야채에 고수도 포함되어 있어서 고수는 빼고 먹으면 된다.

주소_ 23 Hoàng Diệu, Bình Hiên, Hải Châu, Đà Nẵng
요금_ 반쎄오 60,000동, 넴루이 6,000동/개
시간_ 9시~21시 30분
전화_ +84-0236-3873-168

껌가 아하이(Cơm gà A.Hải)

닭다리를 밥 위에 올라가 있는 껌가를 파는, 에어컨이 나오지 않는 로컬 식당이다. 점심시간에는 현지인만 있었지만 최근에는 관광객들로 북적이고, 먹으면 바로 자리를 비워줘야 할 정도로 손님이 많다. 닭다리가 꽤 큰 편인데, 구운 치킨의 맛이 옛날 통닭과 비슷해 저녁 식사뿐만 아니라 맥주와 함께 음주를 하기도 했다. 맑고 담백한 국물과 아삭한 양배추 피클도 같이 주는 데, 국 대용으로 좋다.

주소_ 100 Thái Phiên, Phước Ninh, Hải Châu, Đà Nẵng
요금_ 껌가 48,000동 **시간_** 8시~22시
전화_ +84-090-531-26-42

반 베오 바베(Bánh bèo Bà Bé)

주인 아줌마가 친절하게 먹는 법도 가르쳐 주기 때문에 베트남의 전통 음식을 먹고 싶은 관광객이 자주 찾는다. 찹쌀로 만든 피에 고기, 구운 마늘, 새우등을 올려서 먹는 반 베오는 찹쌀로 만든 바삭한 꽈베기(람)를 위에 올려주는 '반 잇람'이라고 부른다.
찹쌀로 쫄깃하게 만들기 때문에 쫀득쫀득 식감이 고기와 느끼함을 잡아준다. 반 베오, 반록, 짜넴, 반 잇람이 세트로 나오므로 인원에 따라 가격이 결정된다.

홈페이지_ www.madamelan.vn **주소_** 100 Đường Hoàng Văn Thụ, Phước Ninh, Hải Châu, Đà Nẵng
요금_ 1인 30,000동 **시간_** 6시~10시 **전화_** +84-90-645-04-63

분맘번(Bún Mắm Vân)

얇은 쌀 면이 들어가는 음식에는 '분B□n'이라는 이름이 붙는데, 파파야, 구운 돼지고기, 땅콩 고명에 나오는 음식으로 우리나라 비빔국수와 더 비슷하다. 개인이 원하는 만큼의 느억맘 소스를 넣고 비벼 먹는 베트남 스타일의 비빔국수는 점심 식사로 다낭에서 자주 먹게 된다. 국물이 진하게 면을 적실만 큼만 나오는 '미꽝'과는 다른 음식이다.

이곳은 골목 안쪽에 있어서 찾아가기가 힘들지만 점심 식사시간이 되면 식당 앞에 사람이 몰려 있어서 쉽게 찾을 수 있다. 얇게 썬 돼지고기 수육을 야채들을 라이스페이퍼에 싸서, 느억맘 소스에 찍어먹는 '반짱 꾸온 팃 헤오'가 인기이다. 현지인들은 언제나 북적거리기 때문에 가끔 주문을 까먹기도 하니 주문이 되었는지 확인하는 것이 좋다.

> **먹는 방법**
> 젓갈 소스는 비빔국수와 어울리지 않다고 생각되지만, 비벼서 먹어보면 매콤하고 짬짤한 맛이 비리지 않다. 자주 먹으면 향긋한 향이 느껴지는 특이한 맛이다. 더운 지방에서 느억맘 소스를 이용해 새로운 음식을 만들어 낸 것이 신기하다. 테이블 위에 있는 고추를 소스에 넣으면 매콤한 비빔국수 맛을 느낄 수 있다.

주소_ 23/14 Trần Kế Xương, Hải Châu 2, Hải Châu, Đà Nẵng　**요금_** 분팃꾸아이 22,000동, 반짱 꾸온팃헤오 45,000동
시간_ 6시 30분~22시　**전화_** +84-236-3818-009

반 쿠온 농 하이후에(Bánh cuốn nóng Hải Huệ)

다낭 주경기장 근처에 있는 반 꾸온을 파는 식당이다. 반 꾸온은 얇은 쌀가루 반죽에 다진 돼지고기와 목이 버섯 등의 재료를 넣어서 말면 뜨거운 열기에 찐 음식이다. '분'은 얇은 면이지만 '반'은 넓은 면이라서 쫄깃한 식감이 다가오고, 아삭한 야채에 느억만 소스를 넣어 적당하게 간을 만든다. 아침이나 점심에 간단하게 한 끼 식사를 위해 팔고 있기 때문에 가격도 저렴하다.

주소_ 47A Ngô Gia Tự, Hải Châu 1, Hải Châu, Đà Nẵng
요금_ 반꾸옹 25,000동(스몰), 30,000동(라지)
시간_ 6시~21시　**전화_** +84-93-563-49-14

다낭의 인기 있는 쌀국수 전문점

포뚜(Phở Thư)

미케 비치와 가까운 곳에서, 깔끔하게 쌀
국수와 분짜, 스프링 롤의 베트남 전통 요
리를 2012년부터 판매하고 있다. 겉이 바
삭하고 속은 부드러운 스프링 롤은 재방
문하는 사람들이 많아서 항상 북적인다.
주문할 때 고수를 못 먹는다고 미리 이야
기를 하면 빼준다. 아이를 위한 의자가 있
어 가족여행자도 자주 찾는다.

주소_ Lô 42 Đỗ Bá, Bắc Mỹ Phú, Ngũ Hành Sơn, Đà Nẵng
시간_ 12시~22시 **전화_** +84-0236-3561-668

냐벱(Nhà hàng Nhà Bếp)

진하지만 담백한 국물에 소고기를 고명에 얹어 한 끼 먹으면 든든한 다낭의 대표적인 쌀국
수 전문점으로 알려져 있다. 새우, 조개, 오징어를 넣어 매운 국물로 만든 쌀국수는 로컬
쌀국수의 맛과는 다르게 관광객의 입맛에 맞추었다. 포 하이산, 쌀국수 면과 큼직한 숯불
향 나는 고기가 가득 들어간 '분짜' 등 베트남 음식을 깨끗하게 먹을 수 있는 곳이다.

주소_ 416 Võ Nguyên Giáp, Bắc Mỹ An, Ngũ Hành Sơn, Đà Nẵng
시간_ 10시 30분~22시
요금_ 소고기 쌀국수 69,000동, 파인애플 볶음밥 119,000동
전화_ +84-090-520-47-78

분짜까 109(Bún chả cá 109)

다낭 시민들이 아침에 줄 서서 먹는 쌀국수로 유명하다. 어묵에 양배추, 토마토로 우린 국물이 의외로 칼칼해서 술 먹고 아침에 해장으로 먹는 사람들도 많다. 관광객은 '라지'로 주문을 하고 작은 '스몰'은 현지인들이 찾는다. 현지인에게는 물어보지도 않지만 관광객에게는 사이즈를 물어본다. 레몬을 짜서 넣고 작은 베트남 고추까지 넣으면 해장에 좋은 해장국이 된다. 더운 점심시간에는 에어컨이 없어서 꽤 덥기 때문에 아침에 찾아가는 것을 추천한다.

주소_ 109 Nguyễn Chí Thanh, Hải Châu 1, Hải Châu, Đà Nẵng
시간_ 6시~22시 요금_ 25,000동~30,000동 전화_ +84-094-571-3171

분짜까 바 피엔(Bun Cha Ca Ba Phien)

양배추와 생선, 어묵으로 우린 칼칼한 국물은 기름기가 있는 육수를 싫어하는 관광객에게 호불호가 갈리게 한다.

작지만 정리는 잘 되어 있는 로컬 쌀국수 식당으로 이른 아침부터 북적인다. 어묵이 4~5가지나 들어가기 때문에 고수의 강한 향을 어묵이 대신하도록 만들었다. 분짜까 109와 비교하는 관광객이 많다.

주소_ 63 Lê Hồng Phong, Phước Ninh, Hải Châu, Đà Nẵng
시간_ 5시 30분~10시
요금_ 분짜까 30,000동, 참치 대가리 45,000동
전화_ +84-90-510-20-47

포 박 하이(Phở Bắc Hải)

대성당 근처에 있는, 진한 국물이 찰기가 있
는 면발이 쫄깃한 베트남 중부의 전통 쌀국
수 맛을 느낄 수 있다. 숙주, 야채, 라임, 고
추를 넣어먹는 데, 관광객은 그대로 먹는 것
이 더 낫다.
오토바이가 바로 앞으로 지나다니기 때문에
매연이 싫다면 실내에 자리를 잡아야 한다.
대한민국에서 먹었던 쌀국수와 비교하면 차
이가 느껴지는 맛이다.

주소_ 185 Đường Trần Phú, Hải Châu 1, Hải Châu, Đà Nẵng
시간_ 6시~23시 30분
요금_ 쌀국수 40,000동
전화_ +84-93-519-56-68

미꽝 1A(Mì quảng 1A)

베트남 중부, 꽝남 지방의 비빔 쌀국수인 미
꽝Mì quảng을 파는 음식점이다. 미꽝Mì quảng
은 돼지 뼈와 소뼈를 우린 육수에 우리나라
의 칼국수 면처럼 넓은 면에 다양한 고기 고
명을 넣어 비벼 먹는 음식이다. 같이 나오는
신선한 야채를 넣어 비비면, 아삭한 식감도
함께 맛 볼 수 있다.

면을 비벼서 바로 먹는 것보다 어느 정도 시
간이 지난 다음에 먹어야, 면에 국물이 스며
들어 제대로 된 맛을 볼 수 있다. 돼지고기
와 새우 토핑, 닭고기 토핑, 모듬 토핑의 3가
지가 있으니 취향에 맞게 주문하면 된다. 기
호에 맞게 레몬과 고추 양념을 넣어 비벼먹
으면 훨씬 다양한 맛을 볼 수 있다. 양이 한
끼 식사로는 적을 수 있으니, 2개는 시켜먹
어야 포만감을 채울 수 있다.

주소_ 1 Hải Phòng, Thạch Thang, Hải Châu, Đà Nẵng
시간_ 6시~21시
요금_ 누들 스페셜 40,000동,
　　　누들 위드 포크 앤 쉬림프 30,000동
전화_ +84-0236-3827-936

롯데마트

베트남에 있지만, 베트남 사람보다 한국 사람이 더 많다고 알려진 롯데 마트는 친숙한 매장 분위기가 장점이다. 저렴하고 잘 진열된 베트남 상품뿐만 아니라 고추장, 된장, 라면, 김치 등 각종 한국 제품도 있어서, 여행 중에 필요한 물건이나 귀국할 때 선물을 사러, 많이 들리는 곳이다.

층별안내

1층 | 커피숍, 패스트 푸드, 기념품
2층 | 화장품, 액세서리, 의류
3층 | 가정용품, 장난감, 전자제품, 물놀이 용품, 락커
4층 | 신선식품, 즉석요리, 베트남 특산품, 가공식품, 환전소, 락커
5층 | 롯데시네마, 게임장, 식당

확인사항
- 짐 보관 서비스를 무료로 하고 있어서, 비행기 시간이 애매할 때 방문하기 좋다. (최장 3일)
- 호텔보다 환율이 좋고, 친절해서 많이 들린다. (한국어를 잘하는 직원도 상주)
- 다낭은 한낮에는 무척 더워서, 낮 시간에 롯데 마트에서 쇼핑과 식사를 하면 좋다.
- 베트남 돈으로 150,000동 이상 구매하면, 숙소로 배달도 해준다.
- 과일을 고른 뒤 손질을 해달라고 하면 해주므로, 숙소에서 먹기 편하다.

홈페이지_ lottemart.com.vn **주소_** 6 Nại Nam, Hoà Cường Bắc, Hải Châu, Đà Nẵng
시간_ 8시~22시 **전화_** +84-236-3611-999

롯데 마트 Eating

🍴 마마 식당
MaMa-Korea BBQ

롯데마트 1층 안쪽에 자리 잡은 한국 음식 전문 식당이다. 주인이 한국 사람이다. 베트남 음식이 안 맞거나, 쇼핑 중에 배고프면 식사를 하기에 좋은 곳이다. 된장찌개, 순두부찌개, 짜장면, 비빔밥등 식사종류와 라면, 김밥등 간단한 분식 종류도 판매한다.

양념과 재료 대부분을 한국에서 가져온 것으로 요리한다. 마트 쇼핑하는 동안 캐리어나 쇼핑박스를 보관도 해주고, 다낭 여행에 대해 친절하게 안내도 해준다. 놀이방도 있어서 어린이 동반 가족 여행객들이 좋아한다.

위치_ 롯데 마트 1층   영업시간_ 8시~22시
요금_ 해물 순두부 100,000동, 김밥 40,000동, 김치찌개 100,000동
전화_ 0905-735-008

🍴 엄특쎄오
Ẩm Thực Xèo

2층으로 올라가면 노란색 외부 인테리어와 빨간색 등의 눈길을 사로잡는다. 실내는 칸막이로 나누어 있어서, 조용하게 식사를 할 수 있다. 현지인들이 추천하는 반쎄오 맛집답게, 깔끔하고, 시원한 실내가 현지 로컬과는 사뭇 다르다.
새우 반쎄오부터 소고기 반쎄오까지 토핑 종류에 따라 다양한 맛의 반쎄오를 맛볼 수 있다. 직원이 친절하게 먹는 방법도 가르쳐 준다.

위치_ 롯데 마트 2층 **영업시간**_ 8시~22시 **요금**_ 새우 반쎄오 65,000동, 해산물 반쎄오 75,000동
전화_ 0905-735-008

🍴 고기 하우스
GoGi House

롯데마트 1층 들어가서 바로 오른쪽에 있는 한국식 바베큐 전문점이다. 내부 시설도 깨끗하고, 테이블 사이에 칸막이도 있어서, 마트 쇼핑 후 식사하기 좋다. 소고기, 돼지고기, 찌개, 떡볶이까지 다양한 한국 음식을 판매하고 있고, 각종 김치를 비롯한 밑반찬도 준다.
한국과는 다르게 고기를 2인분 시켜도 1인분씩 가져다준다. 현지인들에게도 인기가 많은 식당이라 저녁에 가면, 대기 해야 하니, 저녁 식사 때는 피해서 가는 것이 좋다. 1인에 299,000동 하는 무한리필 부페 메뉴도 있다. 아기 의자가 있으니 준비해달라고 하면 된다.

위치_ 롯데 마트 1층 **영업시간**_ 8시~22시 **요금**_ 소고기 169,000동, 돼지고기 79,000동, 비빔밥 89,000동
전화_ +84-236-3745-600

Ba Na Hills

바나힐

해발 1,500m에 자리한 다낭의 대표 테마파크로 정원, 사원, 호텔, 레스토랑, 놀이공원 등이 모두 있다. 가장 먼저, 세계에서 2번째로 긴 5,200m의 케이블카를 타고 산꼭대기까지 이동한다. 수오이모 역에서 케이블카를 타고 바나 역에 도착해 린웅 사원과 리 자딘 디 아모르 정원, 디베이 와인 저장고 등을 돌아보고 디베이 역에서 다시 케이블카를 타고 모린 역에 도착하면 다낭의 작은 유럽, 프랑스 마을이 눈앞에 펼쳐진다.

프랑스 마을 뒤쪽으로 베트남 사원이 모여 있고, 왼쪽에 놀이공원이 있다. 고풍스러운 건물을 배경으로 사진 찍는 관광객으로 북적이고 가끔, 웨딩 촬영을 하는 신혼부부가 보인다.

주소_ Hoa Ninh, Hoa Vang, Da Nang **시간_** 7시 30분~22시 **전화_** 0236-3791-888

제공 : Sun World

바나힐(Ba Na Hills)의 변화무쌍한 날씨

바나힐Ba Na Hills의 1년 내내 평균 기온은 17∼20도로 시원한 편이다. 낮과 밤의 온도차이가 약 5.3도로 작다. 날씨는 다낭 시내보다 더 시원하여 프랑스 통치시절에 휴양지로 개발을 시작하였다. 우기에는 추위, 폭우, 짙은 안개가 자주 나타나기 때문에 날씨에 신경을 써야 한다. 건기에는 쾌적하고 시원여 많은 관광객이 찾아오는 시기이다. 인근의 바다로 인해 습도가 90 % 이상이 되는 경우에 안개 때문에 케이블카를 타고 가면서 흐릿한 분위기를 경험할 수 있다.

선명한 바나힐을 즐기고 싶다면 건기에 가야한다. 다낭 시내의 더운 여름 날씨부터 케이블 카를 타고 이동하면서 시원한 고원지대의 날씨까지 느낄 수 있다. 하루에 4계절 날씨를 볼 수 있는 경우도 있다.

바나힐을 즐기자!

유럽인가?

낭만의 프랑스 마을에 오면 여기가 베트남이 맞을까?라는 이야기를 한다. 여기저기 프랑스 풍의 건물들이 베트남이라는 사실을 잊게 만든다. 이곳에서 많은 관광객들은 자신이 즐기고 싶은 대로 여유롭게 시간을 보내게 된다.

다양한 공연

유럽풍 건물들을 보면 마치 유럽에 여행을 왔다는 생각이 든다. 선월드^{Sunworld}글자가 선명한 조형물 뒤로 정원과 성당, 프랑스 마을 호텔이 있다. 놀이동산에 온 듯, 분위기를 띄우는 다양한 공연이 펼쳐진다.

골든 브릿지(Càu Vàng)

1,414m에 만든 골든 브릿지는 바나힐의 상징이다. 큰 손이 다리를 받치고 이고 하늘위에서 산 밑의 선망을 바라보는 느낌이 아찔하다는 반응부터 아름답다는 이야기까지 다양하다. 다낭을 다시 보게 되는 계기가 되었다고 하니 꼭 다리를 건너보자.

린퐁티엔투 사원(Dan Linh Chua Linh Tu)

바나힐에서 멀리 보이는 절은 수호신을 모신 사원이다. 가장 높은 위치에 있지만 5분 정도 계단을 올라가면 아름다운 바나힐의 전망을 볼 수 있다. 오전이나 해지는 풍경이 가장 아름답다. 안개가 끼면 운무가 감싼 사원의 모습도 장관이다.

린웅사
Chúa Linh Úng

손트라 반도의 열대 숲 깊숙한 곳에 다낭에서 가장 크고 가장 인상적인 사원이 자리해 있다. 린웅사에는 관음상이 우뚝 솟아 있고 법당 주변에는 정원이 예쁘게 가꾸어져 있어 휴식을 취하기 좋다. 전망대에 오르면 아름다운 해안의 경치가 한눈에 들어와 가슴이 탁 트이는 느낌이다.

초목이 울창한 산등성이 사이에 자리한 린웅사는 원래 민망 황제가 통치하던 18세기에 지어졌다. 많은 사람들이 이곳을 베트남 최고의 불교 건축물로 꼽는다. 12ha 규모의 경내는 아름다운 대리석 조각, 화려한 법당, 유명한 관음상 등으로 채워져 있다.

삼문 형태의 거대한 정문까지 계단을 따라 올라가면 돌 마당 양쪽에는 조각상들이 나란히 늘어서있다. 전통적인 나한상들은 지역 최고의 장인이 조각한 것이다. 고유한 표정을 지니고 있는 석상을 가까이에서 볼 수 있다.

안뜰 뒤로 자리한 본전과 법당은 밝은 녹색 지붕을 한 전각들 안으로 들어가면 불상과 화려한 탱화를 더 많이 볼 수 있다. 경내를 둘러보다 보면 사원에 기거하는 수도승들을 만나 사원의 다양한 특징을 듣게 될 수 있다.

거대한 관음상을 볼 수 있는 사원의 오른쪽으로 이동하면 연꽃좌대 위에 우뚝 서서 바다를 굽어보고 있는 67m의 관음상은 지역 어부들을 폭풍우로부터 지켜준다고 한다. 아래에서 관음상을 감상한 후, 계단으로 17층짜리 관음상의 내부를 따라 올라가 각 층을 살펴보자. 관음상 내부의 각 층에는 21개의 다양한 불상이 모셔져 있다.

관음상의 측면을 통해 경치를 내다볼 수 있다. 관음상 앞 전망대에서는 장대한 풍경이 한눈에 펼쳐진다. 다낭 비치와 저 멀리 지평선으로 보이는 참 아일랜드에 시선을 내맡겨 보자. 웅장한 대리석산이 늦은 오후에 내리쬐는 햇볕을 가려준다.

주소_ Chúa Linh Úng, Hoàng Sa, Tho Quang, Son
(시내에서 동쪽으로 14km)
시간_ 8~18시

오행산
Ngũ Hành Son

다낭 시내에서 남서쪽으로 약 7㎞ 떨어져 있는 터널과 동굴 등을 지나가면 다낭을 위에서 내려다보는 5개의 바위로 만들어진 불당과 사원이 있다. 오행산은 다낭을 커 보이게도, 작아 보이게도 하는 5개의 암석으로 이루어져 있다. 대리석과 석회암으로 형성된 석산 안에 터널과 동굴, 불교의 성지가 자리해 있다. 각 산은 자연의 요소에 따라 나무, 철, 땅, 불, 물이라고 이름을 붙였다.

500m 높이에는 대리석산 중에서 가장 크고 관광객이 가장 많이 찾는 물인 투이선 Thuy Son이 있다. 석조 계단을 따라 꼭대기까지 올라가 풍경을 볼 수 있다. 요금을 내고 엘리베이터를 이용해도 된다. 대리석산의 동굴과 종교적인 장소를 살펴볼 수 있다.

오행산의 모습

옹촌문을 보면서 베트남 전쟁의 상흔인 총알 자국을 볼 수 있고, 옹촌문 뒤편에는 콘크리트로 만든 불상이 놓인 동굴이 있다. 반 통 동굴로 발걸음을 옮기면 입구 맞은편에 커다란 콘크리트 불상이 놓여 있다. 린남 동굴로 걸어가면 작은 구멍을 통과한 빛이 만들어 내는 놀랄 만한 광경에 감탄을 자아내게 된다. 베트남 전쟁 중

오행산을 즐기는 방법

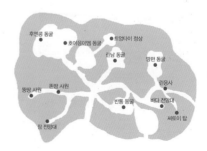

오행산 추천코스

Full코스
암푸 동굴(약 30~40분) → 엘리베이터 → 린응사 & 땅쩐 동굴(약 30~40분) → 린남 동굴 → 호아응이엠 동굴 → 후엔콩 동굴((약 30~40분) → 똔땀 사원 → 뚜땀 사원 → 전망대(약 30~40분)

Highlight 코스
엘리베이터 → 린응사 & 땅쩐 동굴(약 30~40분) → 후엔콩 동굴((약 30~40분) → 전망대(약 30~40분)

에 미군이 동굴을 군 병원으로 사용했다. 나머지 4곳의 석산에는 킴 손Kim Son, 철산의 콴암 사원처럼 동굴과 성소, 사원이 있다. 사원 뒤에는 멋진 모양을 이룬 종유석과 석순 동굴이 있다.

봉우리의 의미
대리석으로 이루어진 베트남 성지다. 다섯 개의 봉우리로 구성되어 있는데, 각각 나무Moc Son, 금속Kim Son, 흙Tho Son, 불Hoa Son, 물Thuy Son을 나타낸다. 처음에는 힌두교 성지였지만 지금은 불교의 성지 역할을 하고 있다.

전망대
석회암 용식작용으로 인해 봉우리마다

수많은 천연 동굴을 품고 있는데, 가장 큰 봉우리의 경우 하늘로 난 구멍을 통해 동굴 안으로 빛이 들어와 신비로운 분위기를 자아낸다. 투이선Thuy Son은 다낭 시내까지 둘러보기에 좋은 전망대다. 주변 대리석 공방에서 대리석 제품을 만드는 과정을 볼 수 있다.

주소_ 52 Huyen Tran Cong Chua, Hoa Hai
시간_ 7~17시 30분
요금_ 오행산 입장료 40,000동
　　　 암푸 동굴 입장료 20,000동
　　　 엘리베이터 편도 15,000동

Hoi An

호이안

호이안

오랜 전통을 살리는 노란 색 골목에 개성이 가득한 골목골목마다 착하고 순한 호이안 사람들과 관광객이 어울린다. 베트남의 다른 도시에서는 못 보는 호이안Hoi An의 장면들은 베트남다운 도시로 손꼽힌다.

호이안Hoi An은 17~19세기에 걸쳐 동남아시아에서 가장 중요한 항구 중 하나였던 곳이다. 오늘날 호이안의 일부분은 100년 전이나 지금이나 같은 모습을 보여주고 있다. 호이안Hoi An은 베트남 중부에서 중국인들이 처음으로 정착한 도시이기도 하다.

호이안 IN

대한민국의 관광객은 다낭을 여행하면서 하루 정도 다녀오는 여행지로 인식하고 있다. 다낭^{Danang}에서 버스로는 1시간 10분, 자동차로 40~50분 정도 소요된다. 그래서 호이안^{Hoian}으로 택시나 그랩^{Grab}을 이용하는 경우가 많다. 하지만 장기여행자는 다낭^{Danang}과 호이안^{Hoian}을 오가는 1번 버스(편도 20,000동)를 이용하는 경우가 많다.

리조트 / 호텔 셔틀버스
최근에 다낭에서 호이안까지 이어진 해안을 따라 새로운 리조트와 호텔이 계속 들어서고 있다. 다낭 가까이 있는 해안에는 벌써 다 대형 리조트가 들어서서 호이안에 가까운 해안으로 리조트가 들어서고 있다.

최근 개장한 빈펄 랜드도 호이안에 있다. 다낭까지 30분 이상이 소요되는 거리 때문에 리조트나 호텔에서는 픽업차량을 운영하고 있다. 다만 유료로 운영하므로

장점이 없지만 택시를 타고 난 후, 낼 수 있는 바가지요금이 없는 것이 장점이다.

택시 / 그랩(Grab)
다낭에서 시내를 이동하는 데, 가까운 거

리는 대부분 택시를 이용하는 데 차량 공유 서비스인 그랩^{Grab}과 가격차이가 크지 않다. 하지만 택시를 타고 다낭에서 20km 이상 떨어진 먼 거리인 호이안을 이동하기 위해서는 택시는 400,000~500,000동 정도의 요금을 요구하므로 그랩^{Grab}을 타고 330,000~370,000동을 이용하는 경우가 대부분이다.

호이안 올드 타운은 차량이 이동할 수 없으므로 올드 타운에서 가장 가까운 입구인 호이안 하이랜드 커피점에서 내려달라고 하면 편리하게 이용이 가능하다.

슬리핑 버스

버스

현지에서 살고 있는 호이안, 다낭 사람들
중에 이동하려면 대부분 개인이 소유한
오토바이를 이용해 오가고 있다. 장사를
하는 현지인들이 주로 탑승하거나 해외
장기 여행자들이 자주 이용하고 있다.
다낭과 호이안 버스터미널을 오가는 노
란색 1번 버스를 탑승하면 저렴하게 이용
할 수 있다. 다만 에어컨이 나오지 않아서
더운 낮에는 상당히 덥다는 것을 알고 있
어야 한다.

남부의 나트랑Nha Trang(12시간)이나 후에(4
시간)를 가기 위해 슬리핑 버스를 이용한
다. 후에는 다낭에서 한번 정차하고 이동
하며, 나트랑은 3시간 정도마다 1번씩 정
차해 화장실을 이용할 수 있다.
호이안에서 남부의 호치민까지 이동하려
는 여행자도 가끔 있는데, 반드시 호이안
에서 저녁에 출발해 나트랑에 아침에 도
착해 쉰다. 다시 저녁에 나트랑에서 출발
해 다음날 아침에 호치민에 도착하므로
한 번에 이동이 불가능하다.

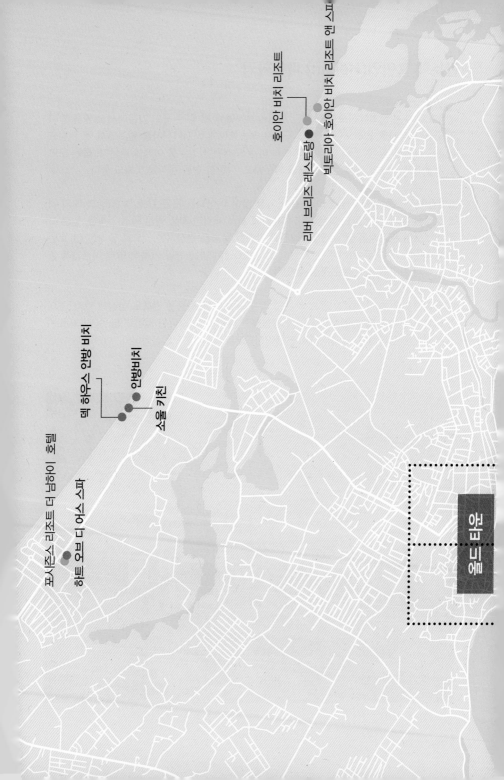

포시즌스 리조트 더 남하이 호텔

하트 오브 디 어스 스파

넥 하우스 안방 비치

안방비치

소울 키친

훈이안 비치 리조트

리버 브리즈 레스토랑

빅토리아 훈이안 비치 리조트 앤 스파

올드 타운

한눈에 호이안(Hoi An) 파악하기

유네스코 세계 문화유산으로 등재된 호이안Hoi An의 유서 깊은 올드 타운에서 쇼핑을 즐기고 문화 유적지를 둘러보며 강변에 자리한 레스토랑에서 저녁식사를 즐기면서 옛 시절로 떠나는 경험을 할 수 있다. 호이안Hoi An의 아주 오래된 심장부로 여행을 떠난다. 좁은 도로를 거닐다가 사원과 유서 깊은 주택을 방문하고, 다양한 전통 음식을 맛봐도 좋다.

호이안Hoi An 도심에서 사람들의 발길이 가장 많이 이어지는 곳은 규모 약 30ha의 대지 위에 조성된 유서 깊은 올드 타운이다. 16세기에 처음 세워진 지붕 덮인 목조 건축물, 일본 교를 건너보는 관광객을 볼 수 있다. 내원교 안에는 날씨를 관장하는 것으로 알려진 신, 트란 보 박 데Tran Vo Bac De를 위한 작은 사원이 있다. 150년이 넘은 꽌탕 가옥에 들러 아름답게 조각된 목재 가구와 장식을 구경할 수 있다.

중국 이민자를 위해 세워진 올드 타운의 화랑 다섯 곳에 사용된 건축도 감상해 보자. 호이안 민속 박물관에 가면 현지의 관습과 일상적인 삶의 모습이 담긴 물건도 볼 수 있다. 도자기 무역 박물관에서 8~18세기까지 만들어진 도자기 공예품도 인상적이다.

도심 지역은 쇼핑하기에 아주 좋은 장소이다. 가죽 제품과 의류, 전통 등외에 기타 수공예 기념품을 파는 상점이 즐비하다. 관광객에게는 값을 비싸게 받기 때문에 가격을 흥정하는 것이 좋다. 재단사가 많은 호이안Hoi An에서 나만을 위한 맞춤 양복도 주문할 수 있다.

강변에서는 바Bar와 레스토랑, 카페에 발걸음을 멈춰 빵과 스프, 면 요리를 맛보고 커피 한 잔에 여유를 느낄 수 있다. 해가 지면 편안한 분위기와 고급스러운 분위기의 레스토랑, 나이트클럽이 한데 어우러진 호이안Hoi An에서 밤 문화도 즐겨 보자.

호이안Hoi An의 올드 타운은 쾌속정, 페리를 타고 참 아일랜드의 해변과 숲, 어촌 마을을 둘러볼 수 있다. 보행자가 좀 더 편히 다닐 수 있도록 낮 시간에는 자동차와 오토바이의 주행이 금지되어 있다.

호이안을 대표하는 볼거리 Best 5

올드 타운

호이안Hoi An의 과거가 훌륭하게 보존된 올드 타운은 목조 정자에서부터 유명 재단사까지, 서로 다른 시대와 문화가 어우러진 곳이다. 오늘날에도 구식 항구로서의 기능을 가지고 있으며, 관광과 어업이 지역의 주요 수입원이다. 호이안Hoi An의 올드 타운은 1999년 세계문화유산으로 지정되었다.

옛 도시의 매력은 한두 가지가 아니다. 올드 타운의 상당 부분이 나무를 이용하여 건설되었다. 일본 다리와 목조 정자와 같은 명소들은 건축의 경지를 넘어 예술이라고까지 부를 수 있다. 과거에는 도자기 산업이 융성하였다. 호이안 고도시의 박물관에서 찬란했던 도자기 역사를 볼 수 있다. 싸 후인 문화 박물관에는 400점이 넘는 도자기가 전시되어 있다.

호이안Hoi An은 다른 항구 도시와 마찬가지로 예부터 다문화적 공동체를 이루어 왔으며, 건물들은 이러한 특성을 반영하고 있다. 호이안 고도시를 거닐며 중국식 사원과 바로 옆의 식민지풍 주택을 감상할 수 있다.

이른 아침 투본 강변으로 나가 어물선상들이 고깔 모양 모자를 쓰고 흥정하는 모습을 볼 수 있다. 인근의 호이안Hoi An 중앙 시장도 흥미롭다. 호이안Hoi An은 재단사들과 비단 가게로도 유명하다. 맞춤옷을 주문하면 도시를 떠나기 전에 완성된 옷을 받을 수 있다. 시장의 상인들은 만만하지 않아서 물건 가격을 깎는 것은 쉽지 않다.

> **올드 타운이 보존된 이유**
> 주요 항구로서 호이안Hoi An은 18세기 말에 기능을 잃어버린 후, 인근의 다낭과 같은 현대화를 겪지 않게 되었다. 수많은 전쟁을 거친 베트남의 역사에도 불구하고 심하게 훼손되지 않아 베트남이 과거 모습을 엿볼 수 있게 되었다.

호이안의 밤(Nights of Hoi An) 축제

호이안의 낭만은 해가 저물면 시작된다. 구시가지 곳곳에 크고 작은 연등이 하나둘 켜지면 옛 도시 호이안Hoian은 감춘 속살을 비로소 드러낸다. 투본Thu Bon 강 언저리와 다리에는 소원을 빌며 연등을 띄우는 여행자가 보이기 시작한다. 올드 타운을 수놓은 오색찬란한 연등의 향연은 베트남을 대표하는 장면이다.

매달 보름달이 뜨는 날이면 호이안Hoi An 올드 타운은 차 없는 거리로 변신하고, 전통 음악과 춤이 공연되며, 음식을 파는 노점상과 등불이 거리를 메운다. 연등 행사가 가장 활발한데 매월 14일 밤에 열리는 '호이안의 밤Nights of Hoi An' 축제는 하이라이트로 자리 잡았다.

송 호아이 광장(Sông Hoai Square)

도심 한가운데 자리 잡은 매력적인 광장에서 시장 가판대에 놓인 핸드메이드 공예품을 구입하고 아름다운 내원교도 건너가 보자. 베트남 중부 해안에 있는 호이안Hoi An은 베트남에서 가장 매력적인 도시로 꼽힌다. 매력적인 중앙 광장인, 송 호아이 광장이 자리해 있다. 차량 통행량이 거의 없어서 도시 광장의 인기가 많은데도 한적한 분위기가 흐른다. 즐거움으로 가득한 송 호아이 광장Sông Hoai Square에서 시간을 보내며 평온하고 한적한 분위기에 빠져들게 된다.

송 호아이 광장Sông Hoai Square에 도착하면 강변으로 발걸음을 옮겨 내원교를 구경하자. 작지만 화려하고 지붕까지 있는 다리는 의심의 여지없이 광장을 상징하는 최고의 볼거리이다. 16세기에 건축된 다리는 지진도 견뎌낼 만큼 구조가 튼튼해서 이후 사소한 복원 작업만 몇 차례 거쳤다.

다리 근처에 다다르면 입구를 지키고 있는 원숭이와 강아지 조각상을 볼 수 있다. 다리를 건너는 동안 고개를 들어 천장에 새겨진 정교한 무늬를 감상할 수 있다. 일본과 베트남, 중국의 문화가 두루 담겨 있다.

다리를 돌리본 뒤에는 송 호아이 광장의 상점과 가판대를 구경해 보자. 신선한 생선과 야채를 구입하고, 수제화, 목재 장신구의 가격도 흥정해 본다. 호이안Hoi An은 세계 최고 수준의 실크를 생산하는 곳이다. 실크를 따로 구입한 다음 현지의 솜씨 좋은 재단사에게 가져가 맞춤옷을 제작하는 사람들도 많다. 광장의 음식 가판대나 카페에 들러 점심 식사를 즐긴 후 강가에 앉아 다리 아래로 지나가는 긴 운하용 보트가 자아내는 매력적인 풍경도 볼 수 있다.

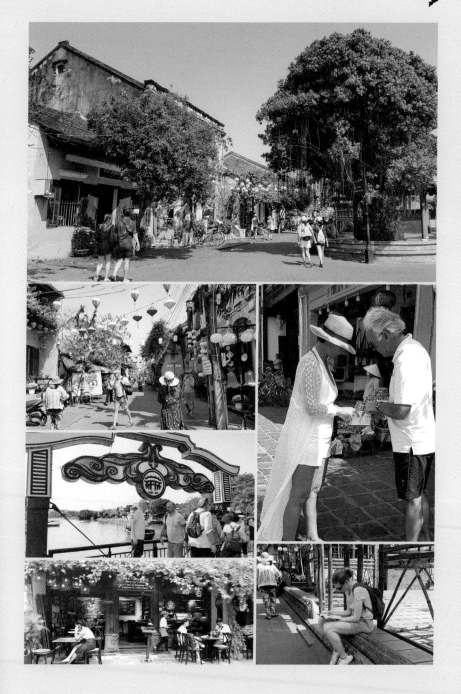

내원교(Japanese Covered Bridge)

호이안에서 가장 사랑 받는 포토 스팟으로 일몰 후에 종이 등불에 불이 들어와 장관을 이룬다. 윗부분에 정자가 세워진 내원교는 1600년대 초반 일본인들이 건설하였다. 일본인들과 운하 동쪽에 살던 중국 상인들의 용이한 교류를 위해 만들었다. 그래서 일본교가 다리라는 실용성을 넘어 평화와 우애의 상징으로 작용하게 된 계기이다. 수많은 관광객들이 즐겨 찾는 곳이 되었고 사진을 찍기에도 좋은 장소이다.

내원교는 응우옌티민카이 거리와 트란푸 거리를 잇는 좁은 운하를 가로지르고 있다. 처음 건설된 후 수차례 재건되었음에도 독특한 풍취와 강렬한 일본 양식은 여전히 간직하고 있다. 재건에 관여한 사람들의 이름은 다리 위 표지에 표시되어 있다. 그러나 최초의 건축가는 아직까지 알려지지 않고 있다.

다리 입구에 있는 목재 현판은 1700년대에 만들어졌고, 이 현판이 '내원교'라는 이름을 '먼 곳에서 온 여행객을 위한 다리'로 바꾸게 되었다. 정자 안에는 날씨를 관장한다는 트란보박데 신을 모시는 성소가 있다.

주소_ Tran Phu, Hoi An **위치**_ 호이안 구시가지 동남쪽 찐푸 거리에 위치

> **다리의 입구와 출구에 있는 동물 조각**
> 한 쪽 끝에는 개가 있고 다른 끝에는 원숭이가 있다. 개의 해에 건설이 시작되어 원숭이의 해에 마무리 되었기 때문이라는 설이다.

호이안 시장(Hoi An Market)

소란스럽지만 활기 넘치고 다채로운 강변 시장에 가면 신선한 현지 농산물을 구입하며 전통적인 길거리 음식을 맛보고 흥정하는 기술도 알게 된다. 허브와 향신료, 살아 있는 가금류와 신선한 농산물을 판매하는 노점상으로 즐비한 강변 시장인 호이안 시장에서 다양한 음식을 즐길 수 있다. 푸드 코트에서 현지의 다양한 요리와 베트남인들이 좋아하는 음식을 맛보고, 기념품과 옷도 구입할 수 있다.

현지인과 관광객이 모두 쇼핑에 나서는 장소라서 온종일 붐빈다. 생선을 구입하려면 어부가 잡은 물고기를 내리는 아침에 맨 먼저 도착하는 것이 좋다. 생선을 좋아하지 않더라도 시장 상인들과 현지 구매자가 가격을 놓고 흥정을 벌이는 생기 있고 시끌벅적한 광경을 지켜보는 재미가 있다.

신선한 과일, 채소, 허브와 고춧가루, 사프란 같은 향신료를 판매하는 다른 곳도 둘러보자. 발걸음을 멈춰 살아 있는 오리와 닭을 판매하는 노점도 구경할 수 있다. 규모가 큰 푸드 코트에 들러 베트남 쌀국수를 비롯한 전통 베트남 음식도 맛보자. 쌀국수 요리인 '까오라오' 같은 현지 특식이 노점마다 각 가정의 독특한 레시피에 따라 몇 가지 요리만 신보인다. 모든 상인이 함께 일하기 때문에 여러 노점에서 음식을 주문히면 노전에서 식사하는 자리로 음식을 가져다 준다.

야시장

식사를 끝내고 야시장을 계속해서 구경해 보자. 기념품 매장과 재단사가 맞춤옷을 판매하는 상점도 찾을 수 있다. 센트럴 마켓에는 맞춤옷 가게가 몇 군데 있는데, 주로 양복과 드레스, 재킷을 만든다. 다른 곳보다 가격이 저렴하지만 보통 처음 제시한 가격은 부풀려져 있기 마련이므로 흥정을 해서 더 깎아야 한다.

호이안 시장은 호이안의 주요 도로인 트란 푸 스트리트와 박당 스트리트 사이에 있다. 깜남 섬에서 강을 바로 가로지르는 곳에 있으며, 매일 이른 아침부터 저녁때까지 열린다.

호이안 전망 즐기기

호이안을 대표하는 비치 BEST 2

호이안Hoi An에는 2개의 중요한 해변인 안방 비치An Bang Beach와 꾸어 다이 비치Cua Dai Beach가 있다. 안방 비치는 예부터 유명한 비치였지만 꾸어 다이 비치Cua Dai Beach는 최근에 해변을 선호하는 관광객에게 더 인기있는 비치로 유명해지기 시작했지만 아름다운 해변이 침식으로 인해 상당수가 침식되면서 인기는 식었다. 그래도 여전히 해변의 유명한 레스토랑을 비롯한 명소가 있다.

안방 비치(An Bang Beach)

2014년, 꾸어 다이 비치Cua Dai Beach를 강타한 해변의 대규모 침식이 발생한 후 관광객을 유치하기 위한 호이안Hoi An의 비치는 안방 비치An Bang Beach를 중심으로 이동했다. 그 이후 CNN에 의해 세계 100대 해변으로 선정되면서 유명세를 더했다. 북쪽과 남쪽에는 모두 비와 레스토랑이 줄 지어 있고, 영이를 구사하는 외국인과 유럽의 관광객을 위해 해변을 잘 정비해 두었다. 안방 비치An Bang에는 꾸어 다이 비치Cua Dai Beach보다 다양한 요리와 분위기 있는 레스토랑이 많고 거주하는 상당한 유럽 거주자들은 커뮤니티를 통해 서로 연락하고 지낸다.

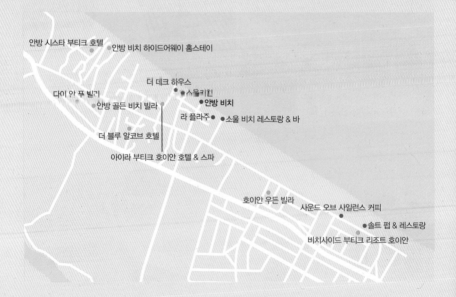

안방 시스타 부티크 호텔 · 안방 비치 하이드어웨이 홈스테이

더 데크 하우스
다이 안 푸 빌라 · · 소울키친
안방 골든 비치 빌라 · · 안방 비치
라 플라주 · · 소울 비치 레스토랑 & 바
더 블루 알코브 호텔 ·
아이라 부티크 호이안 호텔 & 스파

호이안 우든 빌라 · 사운드 오브 사일런스 커피
· 솔트 펍 & 레스토랑
비치사이드 부티크 리조트 호이안

신선한 해산물과 베트남스타일의 바비큐(BBQ)에서 정통 이탈리아와 프랑스 요리에 이르는 저렴한 식사를 즐길 수 있다. 소울 치킨Soul Kitchen, 라 플라쥬La Plage, 화이트 소울White Soul과 같은 레스토랑은 활기찬 파티를 즐기면서 매주 테마의 밤, 이른 시간의 해피 아워 프로모션으로 칵테일과 시원한 맥주를 늦게까지 마시면서 하루를 보낼 수 있다.

호이안 고대 마을에서 북쪽으로 7㎞ 떨어진 곳에 자전거나 오토바이를 이용하여 안방 비치An Bang Beach에 쉽게 갈 수 있다.

꾸어다이 해변(Cua Dai Beach)

호이안Hoi An의 해변에서 도시로부터 탈출하여 여행을 떠나자. 호이안Hoi An의 더위와 북적이는 올드 타운에서 벗어나 꾸어다이 해변에서 맑은 공기를 맛볼 수 있다. 꾸어다이 해변은 호이안Hoi An에서 북동쪽으로 약 4km정도 떨어져 있다. 이곳에는 아름다운 백사장이 한없이 펼쳐져 있다. 리조트가 인근에 있지만, 꾸어다이 해변은 특히 주중에 조용하고 평화롭다. 리조트 고객들을 위한 해수욕 구역이 따로 지정되어 있지만, 해변이 워낙 넓으므로 걱정하지 않아도 된다. 갑판 의자와 일광욕용 의자도 대여할 수 있다. 해변에 즐비한 야자나무는 정오의 해를 가려준다.

꾸어다이 해변의 바닷물은 깨끗하고 비교적 시원하다. 4~10월 사이에는 해수욕을 즐기기에 좋다. 11월부터는 파도가 높아 조금 위험할 수도 있다. 해수욕을 즐기다 붉은 깃발로 표시된 지점이 나오면 역류가 있는 곳이므로 조심해야 한다.
출발하기 전 호이안Hoi An에서 먹을거리를 사 가거나, 해변에서 직접 구입할 수 있다. 해변 위의 매점에서 음료와 해산물을 포장 판매한다. 바닷가에 해산물 요리를 파는 식당들이 즐비하다.

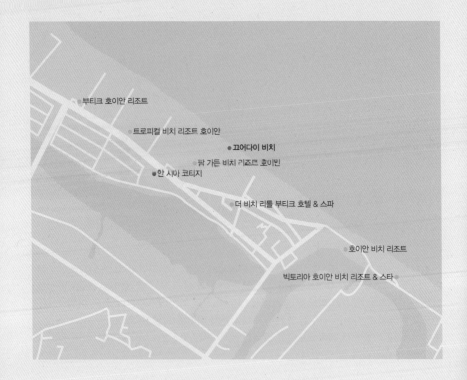

호이안 종합 티켓으로 방문할 수 있는
회관 & 고가

총 5곳에 입장할 수 있는 호이안Hoi An 티켓은 구시가 곳곳에 있는 티켓 판매소에서 구입할 수 있다. 풍흥 고가와 복건 회관, 내원교 내에 자리한 작은 절 등 호이안 구시가에 있는 주요 건물에 들어갈 수 있는 입장권 세트이다.

내원교
Japanese Covered Bridge

호이안Hoi An에서 17세기에 건축된 가장 유명한 다리로 호이안Hoi An의 명소이다. 옛 건물로 유명한 호이안Hoi An에서 내원교는 단연 호이안의 마스코트처럼 눈에 띈다. 오래전 일본인 거리와 중국인 거리를 연결했던 다리로, 목조 지붕이 인상적이다.

다리의 서쪽 끝에는 개의 동상이, 동쪽 끝에는 원숭이 동상이 자리한다. 개와 원숭이 해에 호이안의 주요 인사가 많이 태어났기 때문에 동상이 만들어졌다고 전해진다. 오래전부터 일본인과 중국인이 거주하면서 무역을 했던 곳임을 알리고 있다. 다리 중간에는 항해의 안전을 기원했던 작은 절이 자리한다. 제단 위로 솔솔 피어오르는 향냄새를 맡으면 17세기의 호이안Hoi An으로 시간 여행을 온 듯하다. 보통 호이안 올드타운 여행을 이곳에서 시작한다.

주소_ Tran Phu, Hoi An
위치_ 호이안 구시가지 동남쪽 쩐푸 거리에 위치

풍흥 고가
Old House of Phung Hung
Nha co Phung Hung

내원교 바로 앞에 자리한 목조 건물로 호이안에서 가장 오래된 집이다. 약 2세기 전에 지어진 집으로 베트남과 중국, 일본의 건축양식이 적절하게 섞인 형태를 보여준다. 현재도 그 후손이 살고 있다.

오래된 목조건물이기 때문에 2층에 오르면 발을 디딜 때마다 삐걱거리지만, 많은 여행자가 왔다가도 끄떡없을 만큼 튼튼하게 지어졌다. 내부에는 베트남 토산품 가게도 자리하고 있어 간단한 기념품 구매도 할 수 있다.

주소_ 4 Nguyen, Thi Minh Khai, Hoi An
(내원교에서 도보 1분)
시간_ 8~11시 30분, 13시 30분~17시
전화_ 0235-3862-235

응우옌 뜨엉 사당

Nguyen Tuong Family Chapel
Nha tho toc Nguyen Tuong

내원교 왼쪽에 풍흥 고가와 같이 있는 사당으로 베트남과 중국풍의 사당에 일본 양식까지 섞여 있다. 왕실의 대장인 응우옌 뜨엉 반의 초상화가 걸려 있고 그를 기리고 있다. 풍흥 고가의 유명세에 비해 조용한 사당이자 작은 규모에 실망을 할 수도 있다. 1930~40년대 책들이 책장에 장식된 것을 보면 다양한 분위기에 좋아할 수도 있다.

주소_ 8 Nguyen, Thi Minh Khai, Hoi An
      (내원교에서 도보 1분)
시간_ 8~17시
전화_ 093-5230-939

싸 후인 문화 박물관
The Sa Huyen Culture Museum

식민지 시대에 지어진 예쁜 건물에 자리한 박물관은 2,000년 전 베트남 최초 정착민들의 문화가 살아 숨 쉬고 있다. 싸 후인 문화 박물관에는 베트남의 가장 불가사의한 문화 중 하나인 선사 시대의 무기와 형형색색의 그림이 그려진 도기가 전시되어 있다. 고대 매장용 항아리 유적을 보고 청동기와 철기 시대 마을을 알 수 있다.

싸 후인 민족은 기원전 1,000년~기원후 2세기 사이에 베트남에 살았던 민족으로 첫 정착민이었던 것으로 여겨진다. 박물관은 자신들의 고대 문화의 기원을 밝히기 위한 베트남 사람들의 노력이 느껴진다. 싸 후인 민족의 문화, 종교 의례, 일상생활, 주변 문화와의 교역 관계를 알 수 있게 해주는 200개 이상의 전시품을 관람할 수 있다.

가장 먼저 볼 수 있는 전시품은 거칠게 절단된 도구들이다. 금속 도끼, 창, 꼬챙이 등은 사냥뿐만 아니라 전투 무기로도 사용되었다. 형형색색의 다양한 도기들을 보고 커다란 접시들과 주전자 옆에 음식 준비에 사용된 조리 기구와 그릇이 전시되어 있다.

손으로 세공한 유물들은 수천 년 동안 원래의 모습을 그대로 간직하고 있다. 도기들을 자세히 보면 종교적인 상징이나 식물과 동물을 표현한 정교한 조각이 새겨져 있는 것을 확인할 수 있다.

> 박물관에서 가장 인기 있는 전시품
>
> 완벽하게 보존된 200여 개의 매장용 항아리이다. 작은 도기 유물들은 초창기의 글씨와 문양으로 장식되어 있다. 항아리 대부분이 서로 얼마 떨어져 있지 않은 4개의 선사 시대 마을에서 발굴되었다.

주소_ 149 Nguyen, Thi Minh Khai, Hoi An
 (내원교에서 도보 1분)
시간_ 8~17시
전화_ 0235-3861-535

광동 회관
Assembly Hall of the Chinese Congression
Hoi Quán Quáng Dóng

호이안Hoi An에서 중국 이민자를 위한 중심지 역할을 했던 광동 중국 신자 사원의 내부를 둘러보고, 동양의 예술과 건축술을 감상하며 베트남의 역사도 알 수 있다. 고대 사원에서 베트남에 거주하는 중국 이민자의 역사를 알 수 있다.

호이안Hoi An은 15~19세기까지 무역의 중심지였던 곳으로, 중국 이민자들이 남부 베트남에 처음으로 정착한 장소이다. 중국 이민자들은 호이안에 사원을 짓고 서로 어울리며 사업을 했다. 각 사원은 서로 다른 민속을 위해 세워졌는데 현재까지 5곳이 남아 있다. 광동 중국 신자 사원은 18세기 후반 중국 광동 지역에서 온 이민자들이 세웠다. 건물의 각 부분은 중국에서 따로 만든 다음 호이안으로 가져와 조립했다.

입구가 3곳에 있는 석조 문을 지나 사원에 들어서면 건축미에 절로 탄성이 절로 나온다. 잠시 멈춰 문의 기와지붕을 장식하고 있는 용과 사자의 형상을 올려다보고 기둥에 새겨진 조각을 살펴볼 수 있다. 매력적인 주 정원을 통과해 호화로운 분수대까지 걸어가 웅장한 분수 한가운데에서 솟구쳐 오르는 용의 몸에 잉어가 뒤엉켜 있는 조각상을 볼 수 있다.

주 건물 안에는 아시아 삼국 시대에 존경받던 장군, 콴콩에게 헌납된 제단이 있다. 콴콩 장군은 충성심과 진실성, 정의의 상징으로 추앙받은 인물이다. 조각상과 테라코타 의자, 종교 의식을 진행할 때 향을 피우는 용도로 쓰이는 대형 청동 향로 등 광동 출신의 사원 제작자들이 남긴 다른 유물도 볼 수 있다.

주소_ 176 Tran Phu, Phường Minh An, Hội An
　　　(내원교에서 도보 2~3분)
시간_ 8~18시
전화_ 0235-3861-736

득안 고가

Duc An House / Nhà co Duc An

득안 고가 Duc An House는 길고 좁은 평면도의 전형적인 호이안 형태의 옛 주택으로 앞쪽에 가게가 있고 중앙에 안뜰이, 뒤쪽에 작업 공간이, 위층에 거실이 있다. 17세기에 이미 지어졌지만 오늘날 우리가 보는 것은 1850년경에 지어졌다.

1908년 이 집은 한약을 파는 상점으로 개조되었다. 1925년부터 독립파와 같은 유명 인사들이 자주 방문하면서 프랑스에 저항하는 지식인들이 서적이나 문학을 통해 서로의 생각을 공유했던 장소가 되었다. 20세기 초 지식인들의 모임 장소라는 사실은 반프랑스 독립파들의 사진을 보면 이해할 수 있다.

***

주소_ 129 Tran Phu, Phường Minh An, Hội An
　　　(내원교에서 도보 2~3분)

시간_ 8~21시

전화_ 0235-3862-098

떤끼 고가
Tan Ky Old House / Nha Co Tan Ky

200년 전에 베트남의 한 가족이 지은이 고가 주택은 7대에 걸쳐 보존되어 왔다. 건축에서 일본과 중국의 영향을 받았다. 일본식 요소에는 천장으로 조금씩 짧아진 3개의 빔으로 지지된다. 게 껍질 천장 아래에는 실크 리본으로 감싼 십자로 된 힘을 나타내는 조각이 있다. 실크는 유연성을 나타내는 데, 내부는 점점 밝아지는 디자인으로 실크의 유연성을 나타내고 있다. 상감 진주로 쓴 중국의 시가 지붕을 지탱하는 기둥에 매달려 있다. 150년 된 패널의 한자는 다양한 위치에서 우아하게 묘사된 새들로 구성되어 있다.

안뜰 주변의 조각된 목재 발코니 지지대는 포도 잎으로 장식되어 있으며, 이는 유럽산 수입품이며 호이안의 독특하게 섞인 문화를 나타낸다.

집 뒤쪽은 강을 보고 있는데, 과거에는 물품을 창고로 옮기는 데 사용되었고 오늘날에는 홍수로부터 보호하기 위해 가구를 올리는 데 사용되었다. 지붕의 외관은 타일로, 내부 천장은 나무로 이루어져 있다. 이러한 형태는 집을 여름에는 시원하고 겨울에는 따뜻하게 유지하기 위해 설계되었다.

주소_ 101 Nguyễn Thái Học, Phường Minh An, Hội An
시간_ 8~12시, 13시 30분~17시 30분
전화_ 0235-3861-474

중화 회관
Trung Hoa Assembly Hall
Hoi Quan Nhu Bang

중국인들이 호이안에 가장 처음으로 만든 회관이다. 1741년 상거래를 위한 모임 장소로 이용되다가 10가지 원칙을 내세워 공유하면서 중국인들의 무역을 확장시키는 역할을 하였다. 20세기 초에 화교를 만들어 중국어 교육을 하는 기초를 세운 회관이다. 바다의 여신인 티엔 허우를 모시면서 상인들이 바다에서 무사하게 돌아오기를 기원했다. 붉은 색이 아니고 푸른색이 주색으로 칠해져 날씨가 흐리면 우울한 느낌을 준다.

주소_ 64 Tràn Phu, Phường Minh An, Hội An
시간_ 8~17시 30분
전화_ 0235-3861-935

민속 박물관
Museum of Folklore

호이안의 전통 문화를 볼 수 있는 민속 박물관은 올드 타운에서 바라보면 노란색으로 된 2층 건물이고 투본 강에서 보면 검갈색의 목조 건물이 특징이다.

베트남 중부의 토속 문화를 알 수 있는 500여점의 전시물이 농업, 어업에 대해 전시되어 있다. 항아리, 바구니, 물레 등의 물품을 보면 손재주가 좋은 호이안 사람들의 생활을 알 수 있는데 대한민국의 물품들과 비슷한 면이 많아 놀라게 된다.

주소_ 33 Nguyễn Thái Học, Phường Minh An, Hội An
시간_ 7~21시
전화_ 0235-3910-948

푸젠 회관
Chu Phuc Kien

장엄한 푸젠 회관은 호이안에 남아 있는 5곳의 사원 중 가장 크고 웅장한 곳이다. 원래 푸젠 출신 이민자들의 사교와 무역 활동을 벌이기 위해 지었는데, 이후 바다의 여신 티엔 하우^{Thien Hau}를 위한 사원으로 바뀌었다. 티엔 하우 여신의 탄생 기념 축제를 비롯해 1년 내내 벌어지는 축제도 문화적인 볼거리이다.

화려하게 장식된 3중 석조 문을 지나 사원으로 들어가면 문은 조각상과 관상용 식물, 용이 새겨진 분수가 놓인 정원으로 이어진다. 사원을 거닐면서 동물을 주제로 한 벽화와 조각, 다른 예술품을 둘러보면 각각의 동물은 서로 다른 의미를 지니고 있다는 것을 알 수 있다. 용은 힘을 상징하고, 거북이는 장수를 상징한다.

푸젠의 신화와 역사 속 에피소드를 표현한 그림과 벽화는 색상을 풍부하게 사용하고 문양과 조각으로 장식한 건축물도 볼 수 있다. 본당은 사원에서 가장 큰 방이다. 안으로 들어가 명상에 잠긴 채 앉아 있는 티엔 하우의 조각상에 가까이 다가가 보면 여신의 왼쪽과 오른쪽에 있는 그림은 수천킬미터로 밖에서 들리는 소리와 수천킬로미터 밖에서 보이는 모습을 그린 것이다. 비옥함의 여신이자 음식과 미소처럼 갓난아이를 기르는 솜씨를 내려주는

일본 상인에서 중국 상인으로 바뀐 역사적 이유

에도 막부가 수교 거부 정책을 펼칠 무렵 호이안에 살던 일본 상인들도 하나둘씩 떠났다. 일본의 무역 상들이 떠나면서 자연스레 호이안의 일본 마을은 쇠퇴기를 맞았고, 중국인이 새로 들어오면서 호이안에는 중국인이 넘쳐나게 됐다. 복건 회관은 중국 푸젠 성 출신 사람들이 이용하는 마을회관으로 중국 양식의 건축물이 유명하다.

12명의 산파를 표현한 조각상을 볼 수 있다. 아이가 없는 많은 부부가 출산을 기원하며 신선한 과일을 바치고 간다.

17세기 후반 사원을 건축한 푸젠의 여섯 가문의 수장을 나타내는 조각상도 있다. 이들은 중국의 명나라가 쇠락한 뒤 중국에서 호이안으로 이주해 온 사람들이다. 호이안의 유서 깊은 구 시가지에 자리 잡은 푸젠 중국 신자 사원은 호이안의 다른 사원과 가까운 곳에 있다.

주소_ 46 Tran Phu, Phường Minh An, Hội An
시간_ 8~17시
전화_ 0235-3861-252

꽌꽁 사원
Chu Phuc Kien

화려한 색으로 장식된 아름다운 중국식 사원에서 멋진 조각과 예술품을 감상해 보자. 꽌꽁 사원은 수많은 전투에서 승리를 거두었다는 관우 장군의 이름을 따서 지어졌다. 붉은색, 금색, 녹색으로 이루어진 사원과 아름다운 예술품은 오늘날에도 훌륭한 볼거리를 제공하고 있다.

1653년에 건립된 꽌꽁 사원은 수차례의 재건을 거쳤다. 그럼에도 사원은 호이안의 다른 유서 깊은 건물들과 마찬가지로 훌륭하게 보존되었으며, 초기의 모습을 고스란히 간직하고 있다. 꽌꽁 사원은 베트남의 국가 문화유적지로 지정되어 있다.

사원의 외관은 분홍색 벽돌로 이루어져 있고, 지붕은 광택 나는 녹색 타일로 지어졌다. 일각수와 용과 같은 신화 상의 동물들이 사원을 감싸고 있다. 중앙 홀로 이르는 길은 구름에 휩싸인 하얀 말과 적토마가 있다.

중앙 홀의 정면으로는 꽌꽁의 동상이 제단 위에 위풍당당 서 있다. 꽌꽁의 보초병 빈과 차우 투옹도 양옆을 지키고 있다. 사원 곳곳에 걸려 있는 글귀는 꽌꽁의 위대함을 칭송하는 것으로서, 모두 중국 문자로 씌어져 있다. 영향력 있는 왕족과 지식인들이 글귀를 선사했다고 한다.

제단 양옆으로는 의식에 사용하는 제기와 무기가 전시되어 있다. 그 중 북과 종은 20세기에 당시 왕이었던 바오다이가 하사한 것이다. 중앙 홀 뒤로는 신전이 자리하고 있다.

주소_ 24 Tran Phu, Càm Chàu, Hội An
시간_ 8~17시
전화_ 0235-3861-327

호이안(Hoian)에서 한 달 살기

다낭^{Danang}은 알아도 호이안^{Hoian}은 현재 대한민국 여행자에게 생소한 도시이다. 하지만 베트남에서 옛 분위기가 가장 살아있는 도시가 호이안^{Hoian}이다. 베트남의 한 달 살기에서 저자가 가장 추천하는 도시는 호이안^{Hoian}이다. 왜냐하면 도시는 작지만 다양한 즐길거리가 존재하고 옛 분위기를 간직하고 있어 오래 있어도 현대적인 도시에 비해 덜 질리는 장점이 있다.

저자는 베트남의 호이안^{Hoi An}에서 3달 동안 머물면서 호이안 사람들과 웃고 울고 느낌을 공유하면서 베트남 생활에 쉽게 적응할 수 있었고 무이네^{Muine}와 남부의 나트랑^{Nha Trang}, 푸꾸옥^{Phu Quoc}에서 한 달 살기로 적응하기 쉽게 만들어준 도시가 호이안^{Hoian}이다. 대한민국이 여행자들도 다낭에서 여행하다가 잠시 머무는 도시가 아닌 장기 여행자가 오랜 시간 호이안^{Hoian}에 머물고 있는 도시로 바뀌고 있다.

장점

1. 친숙한 사람들

호이안^{Hoian}은 중부의 옛 분위기를 간직한 도시이다. 도시는 작지만 많은 여행자가 머물기 때문에 호이안 사람들은 여행자에게 친절하게 다가가고 오랜 시간 머무는 여행자와 쉽게 친해진다. 달랏^{Dalat}이 베트남의 신혼 여행지이자 휴양지로 알려져 있다면 호이안^{Hoian}은 웨

딩 사진을 찍는 도시이다. 그만큼 다양한 분위기를 가지고 베트남 사람들뿐만 아니라 여행
자에게 친숙한 사람들이 호이안의 한 달 살기를 쉽게 만들어준다.

2. 색다른 관광 인프라

호이안Hoian은 베트남의 다른 도시에서 느
끼는 해변의 즐거움이나 베트남만의 관
광 인프라를 가지고 있지는 않다. 오랜 기
간 베트남 중부의 무역도시로 성장한 도
시이기 때문에 도시는 무역으로 성장한
분위기를 그대로 가지고 있다. 또한 안방
비치도 있어 해변에서 즐기는 여유도 느
낄 수 있고 올드 타운의 밤에 거리를 거
닐면서 즐기는 옛 분위기는 호이안Hoian만
의 매력으로 다른 도시에서는 느낄 수 없
는 것이다.

3. 접근성

다낭에서 30~40분이면 호이안Hoian에 도
착할 수 있다. 호이안Hoian이 멀다고 느껴
지지만 다낭에서 버스나 택시로 쉽게 접
근 할 수 있다.

다낭이 최근에 성장한 무역도시이자 관
광도시라면 호이안은 옛 무역도시라고
생각하면 된다. 그래서 해안이나 다낭을
통해 쉽게 접근할 수 있는 도시이다.

4. 장기 여행 문화

베트남은 현재 늘어나는 단기여행자 뿐만 아니라 장기여행자들이 모이는 나라로 변화하
고 있다. 경제가 성장하면서 여행의 편리성도 높아지면서 태국의 치앙마이 못지않은 한 달
살기로 이름을 날리고 있다. 여유를 가지고 생각하는 한 달 살기의 여행방식은 많은 여행
자가 경험하고 있는 새로운 여행방식인데 그 중심으로 호이안Hoian이 변화하고 있다.

5. 슬로우 라이프(Slow Life)

옛 분위기 그대로 지내면 천천히 즐기는 '슬로우 라이프Slow Life'를 실천할 수 있는 도시라고 말할 수 있다. 유럽의 여행자들이 달랏Dalat에 오래 머물면서 선선한 날씨와 유럽 같은 도시 분위기에 매력을 느낄 수 있다면 호이안은 베트남의 16~17세기의 분위기를 느끼면서 옛 도시에서 머문다는 생각이 여행자를 기분 좋게 만들어 준다. 그래서 유럽의 많은 배낭 여행자들이 오랜 시간을 머무는 도시가 호이안Hoian이다.

6. 다양한 국가의 음식

다낭Dannang에는 한국 음식을 하는 식당들이 많지만 호이안Hoian에는 많지 않다. 가끔은 한국 음식을 먹고 싶을 때가 있지만 다낭만큼 한국 음식점이 많지 않다. 하지만 전 세계의 음식을 접할 수 있는 레스토랑이 즐비하다. 그래서 호이안Hoian에는 베트남 음식을 즐기는 것이 아니라 전 세계의 음식을 즐기는 여행자가 많다. 유럽의 배낭 여행자가 많아서 다양한 국가의 음식을 즐길 수 있는 곳이 호이안Hoian이다.

1. 저렴하지 않은 물가

베트남 여행의 장점 중에 하나가 저렴한 물가이다. 하지만 호이안Hoian은 베트남의 다른 도시보다 호이안Hoian의 올드 타운의 물가는 베트남의 다른 도시보다 상대적으로 높은 편이다. 올드 타운은 도시가 작은 규모로 유지가 되므로 더 이상 새로운 레스토랑이 들어서기보다 기존의 레스토랑이 유지가 되고 있다. 올드 타운을 벗어나 호이안 사람들이 사는 곳으로 이동하면 현지인의 물가가 저렴하지만 장기 여행자는 올드 타운에서 머물고 싶어 하므로 다른 도시보다 높은 물가를 감당하고 머무는 경우가 많다.

2. 정적인 분위기

올드 타운이 오래된 옛 분위기를 보여주지만 상대적으로 활기찬 분위기의 도시는 아니다. 그래서 정적인 분위기를 싫어하는 여행자는 호이안Hoian을 지루하다고 하기 때문에 자신의 성격과 맞는 도시인지 확인을 해야 한다. 근처에 안방비치도 있지만 다낭처럼 비치의 활기찬 분위기는 아니다.

EATING

포 리엔
Phở Liến

호이안의 현지인들이 먹는 쌀국수 국물은 담백하지만 단 맛이 나는 경우가 많다. 그런데 이 식당은 면발은 쫄깃하고, 국물에는 우리가 계란을 라면에 풀어서 넣듯이 특이하게 쌀국수에 생 계란을 넣어서 먹는다.

점심시간에는 내부나 테라스 어디에나 사람들로 꽉 차서 자리가 없을 정도라서 식사시간보다 10분 정도 일찍 찾으면 편하게 먹을 수 있다.

주소_ 25 Lê Lợi, Phường Minh An, Hội An
시간_ 6시~19시
요금_ 쌀국수 40,000동
전화_ +84-90-654-3011

포 슈아
Pho xua

올드 타운은 관광지이기 때문에 식당의 음식 가격이 저렴하지는 않다. 또한 현지인들이 먹는 쌀국수와 맛이 다른 경우도 있다. 아마 호이안에서 가장 인기가 많은 베트남 음식 전문점을 물어본다면 저렴하고 맛 좋은 포 슈아Pho xua라고 대답할 것이다.

호이안 올드 타운을 걷다보면 한글로 된 간판이 보여 놀라고, 한국 관광객들이 줄 서 있는 것을 보고 또 놀랄 것이다. 쌀국수, 반쎄오, 분짜, 스프링 롤 등이 가장 많이 주문하는 메뉴이다. 최근에 한국 관광객이 많아지면서 점심이나 저녁식사 시간에는 대기를 하는 경우도 발생한다.

주소_ 35 Phan Chu Trinh, Phường Minh An, Hội An
시간_ 10~21시
요금_ 소고기 쌀구수 45,000동
전화_ +84-90-311-2237

카고 클럽
The Cargo Club

피자, 파스타, 립 등의 서양요리와 화이트 로즈, 쌀국수, 넴 등의 베트남 요리도 맛있지만 디저트로 인기가 많다. 특히 유럽 관광객이 많아 메인 식사를 하고 대부분 디저트를 같이 한 곳에서 먹는다. 투본 강을 마주하고 있어서 전망이 좋아서 오랜 시간 한 장소에서 이야기하면서 식사를 하고 싶은 관광객이 대부분이다.

강변을 걷다보면 식당 앞 등불이 눈에 띠는 장식이라 밤에는 사진을 찍기 위해 찾는 관광객도 있다.
전망 좋은 2층 야외 테라스에 앉기 위해 경쟁이 치열하여 필자는 저녁 시간 이후에 가서 여유롭게 이야기하는 카페 같은 곳이었다.

주소_ 109 Nguyễn Thái Học, Street, Hội An
시간_ 8~23시
요금_ 화이트 로즈 85,000동
　　　 그릴 미트 콤보 225,000동
전화_ +84-235-3911-227

미스 리
Miss Ly

베트남 음식을 외국인에게 알리기 위해 시작한 식당은 내부가 고풍스럽고, 아늑한 25년 전과 같은 가족들이 음식을 대를 이어서 하고 있다. 신선한 재료와 조미료를 넣지 않은 소스와 국물은 담백한 맛을 낸다.
화이트 로즈, 프라이드 완탕, 까오러우 등

은 관광객이 주로 주문하는 요리이다. 한국인 관광객을 위해 매콤하게 해달라고 하면 우리가 먹는 반찬과 차이가 없을 정도이다. 기다리는 시간이 길기 때문에 대기시간을 물어보고 올드 타운을 돌아보다가 시간에 맞춰 가는 것이 편리하다.

주소_ 22 Nguyen Hue, Hội An
시간_ 10시 30분~22시
요금_ 화이트 로즈 85,000동
　　　그릴 미트 콤보 225,000동
전화_ +84-235-3861-603

홈 호이안 레스토랑
Home Hoian Restaurant

최근에 인기를 끌고 있는 베트남 가정에서 먹는 음식을 그대로 만드는 베트남 식당이다. 서민적인 가족이 아니고 중산층 베트남 가정을 모델로 깔끔하고 정갈하게 관광객을 위해 요리를 하기 때문에 가격이 비싼 편이라 유럽 여행자들이 주 고객이다. 베트남 중부의 전통 음식에서부터 베트남 북부 음식까지 다양하다.

쌀국수는 직접 육수를 따로 부어주는 후에 방식의 쌀국수는 호이안과 조금 다른 음식을 맛볼 수 있어서 매력적이다. 서양 관광객을 위해 영어로 된 메뉴판이지만 음식이 사진과 함께 볼 수 있어서 주문하기 편리하다. 디저트로 나오는 바삭한 라이스 크래커는 의외로 별미이다.

주소_ 112 Nguyễn Thái Học, Phường Minh An, Ancient Town
시간_ 12~21시 30분
요금_ 그릴 오이스터 155,000동
돼지고기 쌀국수 120,000동
전화_ +84-235-3926-668

호로콴
Hồ Lô quán

트남 요리를 현지 가정식처럼 만드는 것이 최근의 트렌드인데 유행을 주도한 식당이 이 곳이다. 주인장과 아는 사이라 손님이 없을 때 가서 식사를 하고 나오고 나면 시골의 한적한 식당처럼 아늑한 분위기를 느낄 수 있었다. 타마린드 소스에 새우, 채소가 들어 있는 프라이드 쉬림프 위드 타마린드 소스가 유명하다.

매콤하고 달짝지근한 한국인 입맛에 잘 맞도록 만들어 한국 관광객이 주로 찾는다. 또한 밥을 무료로 리필 해줘서 먹고 싶은 만큼 배부르게 먹고 친구 집에서 나오는 느낌이다. 올드 타운에서 떨어져 있지만 버스 주차장에서 가까워 찾기는 어렵지 않다.

주소_ 20 Trần Cao Vân, Phường Cẩm Phố, Hội An
시간_ 09~23시
요금_ 타마린드 새우 112,000동
전화_ +84-90-113-2369

망고 룸스
Mango Rooms

내원교 근처에 투본 강을 바라보면서 퓨전 요리와 칵테일을 즐기는 레스토랑이다. 가게에서 바라보는 전망이 아름다워서 2층으로 올라가면 분위기 좋은 데이트를 즐기는 연인들이 좋아한다. 내부의 인테리어가 원색으로 다양하게 장식되어 인상 깊게 다가온다. 다만 분위기에 비해 요리는 비싸고 맛은 떨어지지만 전망을 보면서 먹는 분위기에 맛있게 먹고 나올 수 있다.

저녁 식사 전, 올드 타운에 사람들이 사진 찍기 바쁜 시간인 9~19시에는 해피아워 시간을 만들어 칵테일, 맥주를 50% 할인해 준다.

주소_ 111 Nguyen Thai Hoc, Hội An
시간_ 9시~22시
요금_ 로킹 롤 95,000동, 베리베리 굿 120,000동
전화_ +84-90-5011-6825

시크릿 가든
Secret Garden

근처에 가도 찾기가 쉽지 않은 골목에 있지만 열대 식물과 다양한 나무들로 꾸며진 초록색을 보면 숲 속의 정원에 온 것 같다. 매일 시장에서 사온 신선한 재료를 가지고 20년 전부터 할머니는 정성스러운 베트남 음식을 만들었다.
초창기에는 대부분 서양 여행자라서 다양한 와인과 함께 저녁에는 라이브 음악을 들려주면서 입소문을 타고 알려지게 되었다. 연인들이 기분 내고 싶을 때 방문하는 카페 같은 레스토랑은 장기 여행자들을 위해 1일 요리 교실도 운영하고 있다.

주소_ 60 Le Loi, Hoi An
시간_ 8~24시
요금_ 화이트 로즈 68,000동
전화_ +84-94-156-1465

라 플라주
La Plage

안방 비치가 보이는 야외 테라스에서 여유롭게 커피나 식사를 즐기는 연인이나 가족 여행자들을 볼 수 있는 대표저인 곳이다. 위치도 좋고, 가성비도 좋은 해산물 요리가 대표 메뉴인 곳이다. 대부분 메인 요리를 주문하면 샤워장 이용도 가능하여 유럽 여행자들이 해변에서 즐기다가 힘들면 쉬었다가 다시 비치로 가기 위해 찾는 곳이라서 영어로 된 메뉴판이 준비되어 있다. 가리비와 크리스피 새우 요리가 한국 관광객의 추천을 받고 있다.

주소_ An Bang Beach. Hội An
시간_ 7~22시
요금_ 그릴드 오징어 90,000동
새우 샌드위치 60,000동
전화_ +84-93-592-7565

소울 키친
Soul Kitchen

시원한 바다가 보이는 풍경이 아름다워 초창기 호이안에 오래 있던 장기 여행자들에게 알려지기 시작했다. 특히 일몰을 보기 위해 해지기 1시간 전부터 노을 지는 풍경을 보면서 식사하기 위해 북적이기 시작한다. 베트남 요리가 아닌 햄버거, 스파게티 등 서양요리를 찾는 유럽 여행자가 많다. 최근에는 효도여행이나 가족 여행객들을 위해 방갈로 좌석을 만들어 조용하게 식사할 수 있어서 예약을 하고 가는 관광객도 많다. 저녁 식사 전 해피아워 시간에는 맥주에 한해서 1+1 이벤트도 진행하고, 주말 저녁 시간에는 라이브 공연도 하지만 큰 기대는 금물이다.

주소_ An Bnag Beach, Hội An
시간_ 8~23시
요금_ 까르보나라 160,000동, 소울 햄버거 155,000동
전화_ +84-90-644-03-20

윤식당
Youn's Kitchen

한국 음식을 먹고 싶은 한국 관광객을 위해 만든 한식 전문 식당으로 한국어 메뉴판, 시원한 에어컨까지 한국 분위기에 놀란다.

베트남 음식이 서투른 부모님들을 위해 차돌 된장찌개, 참치 김치찌개, 제육 쌈밥, 숯불 닭갈비 등 친숙한 음식을 먹을 수 있어 반가워한다. 다만 디저트는 망고를 주기 때문에 '베트남에 온 것이 맞다'고 말하는 사람들도 있다.

올라 타코
Hola Taco

멕시코 음식을 하는 드문 레스토랑인데, 미국 여행자들은 멕시코가 떠오르는 그림으로 채워져 있는 벽면을 보면 멕시코가 아닌가 하는 착각이 든다고 말한다.

의외로 푸짐한 양과 멕시코 현지의 맛을 느낄 수 있다고 알려져, 외국인 여행자들이 주로 찾는다. 타코, 케사디야, 나초, 엔칠라다드가 주 메뉴인데, 김치 타코도 있는 것이 신기하다.

주소_ 9 Phan Chu Trinh, Cẩm Châu, Hội An, Quảng Nam, 베트남
시간_ 11시 30분~22시(일요일 휴무)
요금_ 케사디야 115,000동, 나쵸 160,000동
전화_ +84-91-296-1169

주소_ 73 Nguyễn Thị Minh Khai, Phường Minh An, Hội An
시간_ 10~22시
요금_ 스팸 계란 복음밥 150,000동
차돌 된장찌개 150,000동
전화_ +84-90-870-8256

Hue

후에

Hue
후에

베트남이 수도를 하노이로 옮기기 전까지 베트남의 문화·경제적 중심지는 후에^{Hue}였다. 꽃향기가 짙게 배어 있는 향 강을 따라 찬란했던 왕조의 역사를 거슬러 올라가면 전쟁 전 가장 아름다웠던 베트남의 모습을 만날 수 있다.

응우옌 왕조 200년의 역사를 만날 수 있는 베트남 최초의 세계문화유산인 후에^{Hue}에는 찬란했던 과거의 유산이 곳곳에 남아있다. 후에의 역사·문화에 관한 이야기를 알아야 후에 여행이 재미있어진다. 지금도 후에^{Hue} 거리에는 예술가들의 갤러리와 공방을 쉽게 찾을 수 있다. 또한 후에 왕조의 자부심인 후에^{Hue} 전통 요리도 베트남 최고 별미로 꼽힌다.

한눈에 후에 파악하기

요새와 궁전, 호숫가, 근사한 가로수가 늘어선 곳을 둘러보면 역사적인 베트남 도시에 온 것을 느낄 수 있다. 그림 같은 향 강에 자리한 도시 후에^{Hue}는 승리와 비극을 모두 담고 있는 도시이다.

현재, 유네스코 세계문화유산지역으로 지정된 역사적 수도로 가로수 길을 따라 걸어 다니면서, 왕들의 무덤을 구경할 수 있다. 후에는 왕궁 시대부터 이어져 오는 음식으로 유명하여 왕실 연회에서 맛볼 수 있는 음식들을 직접 맛볼 수 있다.

후에는 1802~1945년까지 남부와 북부를 모두 통일한 베트남을 지배했던 '응우옌 왕조'의 수도였지만 제1차 인도차이나 전쟁으로 많이 훼손된 후, 미국과의 베트남 전쟁으로 거의 폐허가 되었다. 지금도 도시는 재건되었지만 재건 작업은 지금도 이어지고 있다.

강의 북쪽 대부분은 후에 황궁부분이다. 10㎞ 길이의 벽과 해자로 둘러싸인 황궁은 한적하게 거닐면서 응우옌 왕조의 건축물들을 볼 수 있다. 황궁 내에는 다양한 사원, 거주지, 유적지, 정원 등이 후에라는 도시를 느끼게 해준다.

강의 남쪽은 택시나 배를 타고 화려한 왕의 무덤을 볼 수 있다. 화려한 응우옌 시대의 묘들은 베트남 왕실의 대표적인 예이다. 웅장한 뜨득 황릉은 핵심 황릉이다. 광대한 소나무 숲과 한적한 호수로 '평생의 꿈'을 대표하는 디자인으로 설계되었다. 강의 북쪽에는 베트남에서 가장 높은 탑인 티엔무 타원과 그 안에 탑이 있다.

About 후에

베트남 마지막 왕조의 수도

베트남 마지막 왕조의 수도로 알려진 후에가 베트남 중부의 중심지로 거듭난 것은 16세기 초이다. 응우옌 가문의 장남이었던 응우옌 호앙이 베트남 남부 지역의 군주로 임명되면서 그는 중부의 수도를 후에로 정했고, 응우옌 가문은 이후 약 200년 동안 후에를 중심으로 베트남 전체로 확장했다.

응우옌 마지막 왕의 조카 응우옌 안은 300년 만에 베트남을 다시 하나의 국가로 통일했다. 그는 새로 통일된 국가를 '비엣남Vietnam'이라 칭했고, 수도도 하노이에서 후에로 옮겼으며, 자신이 황제로 직접 등극하고 '지안롱'이라고 불렀다.

그 후로 응우옌 왕조는 베트남 전체를 다스리며 왕권을 이어갔다. 비록 수도로 있었던 기간은 143년밖에 안되지만, 수백 년 전부터 남부 지방의 중심지 역할을 했던 후에Hue는 베트남 어느 지역보다 예술과 문화가 발달했다.

아오자이의 본고장

베트남 패션을 대표하는 의상이 있다면 누구나 '아오자이'라고 답할 것이다. 베트남에 가지 않더라도 TV에서 아오자이를 입은 모습을 본 적이 있을 것이다. 후에Hue에는 캐주얼하게 아오자이를 입고 다니는 여성들을 볼 수 있다. 아오자이를 교복으로 입고 다니기도 한다.

응우옌 왕조 이전에 베트남 남부 지방을 다스리던 응우옌 가문이 북부와 다른 그들만의 문화를 만들기 위해 관료들에게 바지 위에 길게 내려오는 드레스를 입게 한 것이 아오자이의 시작이라고 알려져 있다.

응우옌 왕조 후에는 누구나 아오자이를 입기 시작하여 지금까지 베트남을 대표하는 의상이 되었다. 현재의 아오자이는 20세기 초에 개량된 디자인으로 프랑스 식민지 시절의 프랑스 디자인이 접목된 것이다.

베트남 최초의 문화유산으로 등재

후에Hue는 베트남에서 가장 먼저 유네스코 세계문화유산에 등재된 도시로 후에 황궁을 비롯한 수많은 유적이 있다. 비록 인도차이나 전쟁과 베트남전쟁 때 폐허로 변해버렸지만, 오랜 기간의 복구 작업을 통해 예전의 모습을 되찾을 수 있었고, 1993년 역사적 가치를 인정받아 공식적으로 세계문화유산에 등재될 수 있었다.

동서양의 만남

시내 중심부에 있는 황궁에는 아직도 폐허로 남아 있는 곳도 많지만, 응우옌 황제들의 황릉은 예전 그대로의 화려한 모습을 간직하고 있다. 특히 동서양의 건축 문화를 합쳐놓은 카이딘 황릉과 중국 건축양식을 접목한 민망 황릉은 찬란한 과거의 웅장함을 그대로 담고 있다.

후에 성 & 황궁
Citadel & tHE Imperial City

후에 성과 황궁의 성벽 안을 거닐며 아름
다운 사원과 궁전을 구경할 수 있다. 유명
한 성채가 파괴된 과정을 살펴보고, 전쟁
을 수차례 거쳤음에도 피해를 모면할 수
있었던 훌륭한 건축물을 볼 수 있다.

후에Hue에 있는 황궁 시티는 1804년에 짓
기 시작했다. 지금은 더 이상 정부 소재지
가 아니지만, 아직까지도 베트남의 중요
한 문화적 중심지 역할을 하고 있다.

후에성(Hoàang Thành Hue)

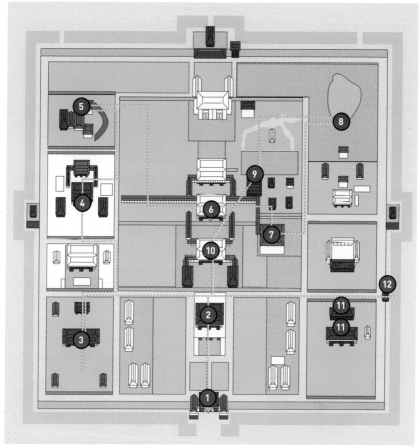

❶오문(午門) 　후에 황궁의 남문이자 입구
❷태화전(太和殿) 황제의 대좌가 남아 있는 안현실
❸묘문(廟門) 　역대 황제들의 종묘
❹연수궁(延壽宮) 자롱 황제 어머니의 궁전
❺장생궁(長生宮) 민망 황제어머니의 궁전
❻자금성(紫禁城) 폐허로 남은 황궁 터

❼열시당(閱是堂) 공연이 열리는 황실 극장
❽꼬하 정원 초록색이 숨 뒤는 황실 정원
❾태평루(太平樓) 여전히 화려한 황실 서재
❿근정전(勤政殿) 문무 관료들이 머물던 곳
⓫조묘(肇廟) 응우옌 완조의 선조를 가르키는 곳
⓬현인문(顯仁門) 황궁의 후문이자 동쪽 출구

황궁 시티를 구경하다 보면 몇 시간이 금
세 흘러간다. 황궁 안은 넓어서 둘러보면
2시간 이상이 소요된다.

1. 오문 → 2. 태화전 → 3. 묘문 → 4. 연수궁 → 5. 장생궁
→ 6. 자금성 → 7. 열사당 → 8. 꼬하 정원 → 9. 태평루 →
10. 근정전 → 11. 조묘, 태묘 → 12 현인문

종류	어른	어린이
후에 황릉 입장료	150,000동	30,000동
민망 황릉, 카이든 황릉, 뜨득 황릉 각 입장료	100,000동	20,000동
세 곳 통합 입장료 (후에 황궁, 민망 화릉, 카이든 황릉/유효기간 2일)	280,000동	55,000동
네 곳 통합 입장료 (후에 황궁, 민망 황릉, 카이든 황릉, 뜨득 황릉/유효기간 2일)	360,000동	70,000동

황궁 둘러보기

고관들에게 공포심을 심어주기 위해 만든 오문Ngo Mon을 지나 구역 안으로 들어가면 보인다. 이 문은 베트남 역사에서 중요한 역할을 담당하던 곳으로 1945년 바오 다이 황제가 이곳에서 퇴위하며 응우옌 왕조의 종식을 고했다.

아름다운 연못 맞은편으로 계속 가다 보면 태화전Thai Hoa Palace이 모습을 드러낸다. 80개의 붉은 대리석 기둥 위에 얹은 화려한 목조 지붕을 살펴보고, 다시 궁전으로 돌아와 높은 단상 위에서 위용을 뽐내는 왕좌도 살펴보자. 성채 건축 당시부터 프랑스, 미국과 전쟁을 치르며 일부가 파괴된 시진까지, 살펴보면 황궁의 역사를 알아볼 수 있다. 궁전 바로 뒤편에 있는 중국관Halls of the Mandarins으로 향하면 정교한 황금 부처상이 보인다. 이곳에서 베트남 왕족의 예복을 착용한 채 사진도 찍어 볼 수 있다.

왼쪽에는 황궁 시티에 얼마 남지 않은 사원 중 하나가 서 있다. 건물이 거의 다 붉게 칠해져 있는 묘 사원Mieu Temple에는 각 황제의 신사가 마련되어 있는 곳으로 금테를 두른 탁자 위에 황제의 사진이 놓여 있는 것을 알 수 있다. 강이 내려다보이는 성벽에서 3층으로 이루어진 깃발탑으로 이동하자. 성벽을 따라 걷다 보면 신성시되는 9개의 대포와 마주하게 된다. 각각 무게가 약 11톤에 달하는 대포들은 사계절과 오원소를 상징한다.

주소_ Phú Hàu, Thành phố Hue, Thúa Thién Hue
시간_ 8~17시 30분(목요일은 22시까지)
전화_ 0234-3513-322

506

황궁 집중탐구

응우옌 왕조의 수도를 후에로 정한 지아롱 황제는 중국 자금성을 모델로 호화스러운 왕궁을 짓기 시작했다. 수천 명의 인부와 30년의 긴 시간이 걸렸지만, 그렇게 완공된 후에 왕궁은 오늘날 베트남 역사에서 가장 위대한 건축물로 남아 유네스코 세계문화유산에 등재됐다.

깃발탑(Cot Co)

후에 황궁 정문 앞에 있는 피라미드형 건축물인 왕궁의 게양대는 3층 높이의 탑 꼭대기에는 높이 37m의 깃대와 8개의 대포가 배치되어 있다. 1807년, 나라를 창건하고 후에 성의 방어 체계의 하나로 지어진 것으로 당시에는 대포와 함께 병사들이 적병을 감시할 수 있도록 망루가 설치되어 있었다. 130년이 넘는 기간 동안 응우옌 왕조를 상징하는 깃발이 걸려 있었으나 1945년에 베트남 민주공화국이 후에를 점령한 후 현재 베트남 국기인 '금성홍기'로 교체했다.

초기에는 나무로 만든 깃대를 사용했지만 강한 바람에 부러져 1904년에 무쇠로 만든 깃대를 새로 설치했고, 베트남 전쟁 중 다시 한 번 부러져 콘크리트로 깃대를 설치한 것이 지금까지 유지되고 있다. 꼭대기까지 올라갈 수 있는 계단이 있지만 국기 게양식이나 국가 행사 때만 문을 열고 관광객의 출입은 통제된다.

오문(Ngọ Môn)

후에 왕궁 남쪽에 자리한 성문인 오문Ngọ Môn은 왕궁의 정문으로 황제가 왕궁에서 거행되는 행사와 병사들의 훈련을 지켜보는 누각으로 사용하였다. 왕궁 동서남북에 자리한 4개 문 중 오문을 통해서만 후에 왕궁으로 들어갈 수 있다. 오문에 있는 3개의 대문 중 중앙문은 황제만 사용할 수 있어서, 지금도 중앙문은 굳게 닫아 놓고 있다.

중국 문화의 영향을 받아 풍수지리에 맞게 지어져, 좌측 문과 우측 문을 통해서만 입장이 가능하게 하였다. 응우옌 왕조 마지막 황제였던 바오다이는 1945년, 베트남 민주공화국에 주권을 넘겨준 뒤 오문의 누각에서 왕조의 마지막을 지켜봤다고 전해진다.

태화전(Điện Thái Hoà)

입구인 오문을 지나가면 탁 트인 곳에 커다란 태화전이 보인다. 1805년 후에 왕조의 황제였던 자에 황제는 중국 자금성에 버금가는 장소를 만들기 위해 국가의 식이 거행되거나 외국의 사진을 접견하는 궁중 행사에 사용할 태화전Điện Thái Hoà을 지었다. 현재 태화전Điện Thái Hoà 안에 황제의 대좌가 남아 있다.

근정전(Điện Cần Chánh)

왕궁을 찾은 외국 사절단과 국빈들이 황제를 알현하던 곳. 후에 왕궁에서 가장 큰 규모와 화려함을 자랑하는 건물이었지만, 1947년, 응우옌 왕조에 불만을 품은 세력의 방화로 불타버려 현재 건물의 터만 남아 있다. 베트남 전쟁 후 태평루에 보관되어 있던 기록을 바탕으로 복구 작업을 진행했으나 근정전 양옆에 있던 별관의 회랑만 겨우 복원되었다. 일본 와세다 대학과 공동으로 복구 작업을 하여 복원은 완공되었다.

중국관(Tả Vu và Hữu Vu)

태화전 좌우에 자리한 별관으로 중국 사절단이 황제를 알현하기 전 예의를 갖출 수 있도록 준비된 건물이다. 19세기 말, 민망 황제 때 완공된 것으로 추정하고 있다. 그 후, 프랑스 식민지 시절에는 공연이나 무술 시범이 열리는 행사장으로 사용되었다. 베트남전쟁 때 두 건물 모두 파손됐지만, 좌측 건물은 1977년, 우측건물은 1986년에 각각 지금의 모습으로 복구되었다. 현재 우측은 갤러리, 좌측은 공연장과 기념품점으로 사용하고 있다. 공연장에서 관광객들이 황실 의상을 입고 사진을 찍을 수 있는 포토존이 있다.

태평루(TháiBinh Lâu)

1847년 띠에우찌 황제가 황궁을 거니는 중 쉬면서 책을 읽기 위해 만든 휴식공간으로 뚜득 황제 때부터 도서관으로 사용하면서 황궁의 문서를 보관하는 장소로 사용했다. 왕조의 몰락과 베트남전쟁 중에도 큰 피해를 입지 않아 문서들이 하노이 국립 역사박물관에 보존되어 있다. 태평루 옆에 자리한 인공 연못에는 바위로 만든 정원은 중국식 정원을 본떠 띠에우찌 황제가 직접 조성했다.

현인문(Cúa Hiển Nhon)

황궁의 후문으로 동쪽에 보인다. 전통 공예를 보여주고 기념품을 파는 공방이 있는데 유럽 관광객들이 좋아하는 장소이다. 전시물은 19세기 말부터 20세기 초 무렵 폐허로 변하기 전 왕궁의 모습을 담은 사진과 왕궁에서 사용했던 식기나 의복 등의 유물로 구성되어 있고, 전시 테마를 수시로 바꿔 과거 왕궁의 모습을 다양한 각도에서 바라볼 수 있다.

유럽 문화의 동경, 건중루(Điện Kiến Trung)

근정전을 지나 왕궁 북쪽 끝으로 이동하면 하나의 터가 보인다. 유럽 문화를 동경했던 카이딘 황제가 즉위 후, 기존에 있던 건물을 철거하고 창건한 네오고딕 양식의 저택 '건중루'가 있던 자리이다. 1945년 응우옌 왕조가 몰락하기 전까지 황제의 거처로 사용됐고, 이후에 베트남 민주공화국 간부가 사용했다. 왕궁 건물 중 가장 최근에 지어진 만큼 시설이 훌륭했다고 전해지지만, 베트남전쟁 때 폭격으로 파괴되었지만 복원되었다.

카이딘 황릉
The Tomb of Emperor Khai Dinh

목가적인 푸른 언덕 위에 서 있는 위협적인 검은색 건물은 가장 인상적인 응우옌 왕조 무덤이다. 후에^{Hue}에서 남쪽으로 8㎞ 떨어진 차우 추 마을에 있는 카이딘 황릉 능원 안으로 걸어 들어가면 만다린 경비병 석상의 차가운 시선이 뒷머리에 느껴진다. 본관으로 가면 반짝이는 스테인드글라스 천장 아래에 악명 높은 황제의 동상을 볼 수 있다.

카이딘^{Khai Dinhh}은 1916년부터 1925년까지 군림한 베트남의 끝에서 두 번째 황제였다. 국민들의 안녕에는 별로 관심이 없었던, 프랑스 식민지화의 앞잡이로 기억되지만 그의 무덤은 선왕들의 무덤보다 훨씬 더 아름다운 모습으로 남아 있다. 그 이유는 황제가 무덤을 건설하기 위해 무자비하게 세금을 올렸기 때문이다. 내부로 들어가면 거둬들인 세금으로 만들어낸 인상적인 결과물을 확인할 수 있다.

경내로 들어가 커다란 안뜰까지 조금만 올라가면 양 옆에 실물 크기의 석상이 늘어선 길이 중앙에 나 있다. 식상의 대부분

은 전통적인 베트남 경비병의 모습이 엿보이지만 자세히 보면 일부 석상은 유럽 군인의 외모와 군복 차림을 하고 있다.

계단을 계속 올라가다 보면 난간에 불을 내뿜는 용이 새겨져 있다. 많은 사람들이 가장 미움을 받은 황제에게 딱 어울리는 상징물이라고 평가받고 있다. 실제 무덤에 도착하여 어두운 색의 콘크리트 외관을 살펴보면 고딕 양식과 흡사하다. 내부에는 여러 가지 색깔을 아름답게 수놓은 반짝이는 유리 조각이 벽과 천장을 뒤덮은 채색된 도자기 조각과 경이로운 대조를 이루고 있다. 모든 색의 향연의 중심에 카이딘Khai Dinhh의 동상이 높다란 왕좌에 올라 앉아 있는데, 황제의 유골은 동상 아래 지하 18m 깊이에 묻혀 있다.

홈페이지_ www.vietnamtourism.com
주소_ Khái Dinh, Thúy Bàng, Huong Thúy, Thúa Thièn Hue
시간_ 7~17시 30분
요금_ 황궁 & 황릉 통합 입장권 360,000동
(카이딘 황릉 입장권 100,000동)
전화_ 0234-3685-830

민망 황제릉
The Tomb of Emperor Minh Mang

후에^{Hue}에서 약 12㎞ 떨어진 안방 마을An Bang Village에 있는 민망 황제릉$^{The Tomb of Emperor Minh Mang}$에서 아름다운 정원과 대칭미가 돋보이는 건축물을 감상할 수 있다. 베트남 병사들의 조각상을 구경하고 잔잔한 호수 위로 아름답게 장식된 다리도 건너보자. 존경받는 민망 황제가 영면한 곳에서 매력적인 정원의 아름다운 다리를 건너보고 화려한 건물을 감상하며 평화로운 뜰을 거닐면서 천천히 옛 시절을 느낄 수 있다.

향 강$^{Perfume River}$ 서쪽 제방의 한적한 숲 속 깊은 곳까지 걸어가면 민망 황제릉이 모습을 드러낸다. 베트남에서 가장 존경받는 황제 중 한 명을 기리는 장엄한 곳이다. 민망 황제는 베트남 고립주의를 펼쳤지만 백성들의 어려움을 잘 헤아려서 황제가 재위하던 시절 황릉 건설 계획을 세웠지만, 공사가 착수된 직후인 1841년에 안면히 바람에 후계자인 티에우치 황제가 완공했다.

민망 황제릉은 입구에 들어서면서부터 즐거움을 선사한다. 대지, 물, 하늘을 상징하는 무늬가 새겨진 3곳의 테라스에 올라가, 화려하게 장식된 3개의 철문에 도착하면 돌을 깎아 만든 병사들의 조각상이 보인다. 조각상에는 베트남 전통 의복을 입고 코끼리와 말 옆에 서서 전투를 기다리는 여러 병사의 모습이 묘사되어 있다. 정교한 용 모양의 난간으로 장식된 철문을 지나 묘지로 이어지는 정문은 1년에 단 한 번, 황제 사망일에만 열린다.

바로 옆에는 온전한 깨달음$^{Impeccable Clarity}$을 얻었다는 호수에 지금은 어둡고 탁한 호수 위에 돌을 깎아 만든 다리가 3개 놓여 있다. 중앙에 있는 다리는 황제만 드나들 수 있는 곳인데 민망 황제가 시찰했을 때 단 한 번 사용되었다.

호수를 구경한 후에는 성안 사원$^{Sung An Temple}$으로 향하면 사원 안으로 들어가 벽과 지붕을 수놓은 꽃무늬 부조도 감상해도 좋다. 사원 밖으로 나가 토착 관목과 식물을 심은 향기로운 정원에서 휴식을 취해도 좋다.

홈페이지_ www.vietnamtourism.com
주소_ QL 49, Huong Tho, Huong Tra, Trua Thien Hue
시간_ 7~17시 30분
요금_ 황궁 & 황릉 통합 입장권 360,000동
(민망 황릉 입장권 100,000동)
전화_ 0234-3523-237

뜨득 황릉
The Tomb of Emperor Tu Duc

후에^{Hue}에서 남쪽으로 5㎞ 거리에 있는 투옹 바 마을에 있는 뜨득^{Tu Duc} 황제의 무덤이 있다. 황제의 거대한 비석 앞에서 경외감이 느껴질 수도 있다. 평화로운 루키엠 호숫가를 따라 산책하며 오솔길에 늘어선 아름다운 말과 코끼리 조각상을 감상해보자.

학자로도 유명한 뜨득^{Tu Duc}은 응우옌 왕조의 네 번째 황제로 1848년부터 1883년까지 재위했다. 호화로운 무덤은 원래 그가 평화롭게 휴식을 취하며 학업에 열중할 수 있는 장소로 지어졌다. 고요한 공원을 거닐며 황제의 살아생전과 사후의 호화로운 휴식을 위한 공간으로 건축된 수십 개의 건물을 지었다.

우선 호숫가 주변 약 12ha 규모의 유적 단지를 둘러보면, 황제가 여름 동안 휴식을 취했던 장소가 두 곳 있다. 오른편의 나무로 둘러싸인 작은 섬은 황제가 작은 새들올 사냥하던 곳이고, 왼편의 낡은 정자는 명상을 하고 시를 낭송하기에 좋은 장소였다.

계속해서 거대한 능원에 다다를 때까지 탁한 녹색 빛을 띠는 물가를 따라 걸어가

자. 잠시 이곳에 들러 화려한 회색빛 파빌리온의 통로에 새겨진 코끼리와 말, 만다린 군인의 그림을 감상할 수 있다. 양쪽으로 나 있는 우뚝 솟은 아치형 입구를 통과하면 약 20톤 무게의 비석이 보인다. 뜨득Tu Duc이 직접 초안을 작성한 비문이 담겨 있다. 황제로서 그는 100명 이상의 부인을 거느렸으며 강제 노역을 지시했다. 그가 남긴 비문은 일생 동안 자신이 한 일부 행동에 대해 유감을 표하고 있다.

뜨득 황릉The Tomb of Emperor Tu Duc을 나서기 전에 작은 연못가에 자리한 회색 벽으로 둘러싸인 묘소 건물도 들러보자. 이곳은 실제로 황제가 묻힌 장소는 아니다. 도굴꾼으로부터 보호하기 위해 그의 시신과 막대한 재산은 비밀스런 장소에 매장되었다. 끔찍하게도 이 과정을 수행한 200명의 하인들은 즉시 참수되었다.

위치_ 후에 시내에서 QL 49 도로 따라 남서쪽으로 약 6km

주소_ 17/69 Lè Ngô Cát, Thúy Xuàn, Thành phö Hue

시간_ 7~17시 30분(충겸사 내 전통 공연 8시 30분 ~9시, 9시 15분~9시 45분, 10~10시 30분)

요금_ 황궁 & 황릉 통합 입장권 360,000동 (뜨득 황릉 입장권 100,000동)

전화_ 0234~3523 237

티엔무 사원
Tien Mu Pagoda

향 강Perfume River 북쪽 제방의 언덕에 있는 아름다운 티엔무 사원 안의 탑에서 멋진 팔각탑을 감상하고 미소 띤 얼굴의 거대한 부처상 앞에서 복을 기원하며 정자에 앉아 평온한 분위기를 느끼는 것을 추천한다. 길고 넓은 계단 위로 올라가면 사원 정면에 놓인 탑에 다다른다.

간략한 역사
17세기 초에 후에의 군주였던 응우옌 호앙이 하늘에서 내려온 여인의 계시를 받아 부처를 위한 사원을 만들었고 사원 이름을 '천녀'란 뜻의 '티엔무'라고 지었다고 전해진다. 사원은 건립된 후 왕권이 바뀌면서 수차례 개수 공사를 거쳤고, 푸옥디엔 탑은 1864년, 띠에우치 황제 때 개수 공사의 일환으로 세워졌다. 높이 21m의 푸옥디엔 탑은 7층 8각 구조로, 층마다 불상이 안치되어 있다. 베트남전쟁 중 사원 건물과 탑이 심한 손상을 입었지만, 30년의 복구 기간을 거쳐 지금의 모습을 갖추었다.

Feeling
탑 아래에 서는 순간 높이가 21m에 달하는 탑의 위용에 할 말을 잃게 되고, 올라갈수록 작아지는 각 층에는 장식 문구가 새겨져 있다. 그늘진 통로를 따라 걸으며 8변 모습의 탑은 1844년에 세워졌지만 사원은 1601년부터 이 자리를 지키고 있었다.
탑을 둘러본 뒤에는 양 옆에 놓인 작은 정자를 구경해 보자. 탑 오른쪽으로 보이는 방에 가면 거대한 대리석 거북이 등에 놓인 명판을 구경할 수 있다. 이 명판은 1715년에 제작되었다. 두 번째 정자에는 덜 독특하지만 명판 못지않게 거대한 종이 있다. 종이 울릴 때마다 10㎞ 밖에서도 소리를 들을 수 있다고 전해진다.

전설 속 부처 수호상 옆을 지나 걸어가 보면 수호신들이 보호하는 고대 사원이 나타난다. 안으로 들어가면 미소 띤 얼굴의 반짝이는 청동 부처상이 여러분을 기다리고 있고, 부처상 앞에 서면 복이 찾아온다고 한다. 바로 뒤편에는 과거, 현재, 미래의 부처를 묘사해 놓은 세 조각상이 더 있다.

한적한 정원 주변을 산책하고 정원에서는 시원한 그늘과 아름다운 열대 식물, 종교적 색채가 좀 더 짙은 조각상도 구경할 수 있다. 게다가 산책로를 따라 거닐거나 정원에서 뛰노는 이곳 원숭이들과 조우할 수도 있다.

위치_ 후에 도심에서 약 4㎞
주소_ Huong Hoa, Thành phố Hue, Trua Thièn Hue
시간_ 8〜17시
전화_ 097-275-1556

탄 또안 다리
Than Toan Bridge

초목이 무성한 후에 서쪽의 시골 지역을 거쳐 하이킹을 하다 보면 운하 위에 아름답게 구부러져 있는 매력적인 탄 또안 다리에 도착한다. 후에의 분주한 거리를 벗어나 1700년대 이후 변하지 않고 남아 있는 전통적인 다리는 매력적인 지붕과 나무 장식을 가지고 있고 디자인에는 일본과 중국 건축 양식의 영향을 동시에 느낄 수 있다.

탄 또안 다리는 레 히엔 통 황제의 통치 기간이던 18세기 중엽에 지어졌다. 현지 주민들의 말에 따르면 황실 고관 부인의 명령에 의해 건립되었다고 한다. 근처 마을에서 자란 고관 부인은 기능적이면서도 아름다운 다리가 필요하다고 생각했다. 현재까지 기능성과 심미성을 모두 간직하고 있다.

다리는 도시에서 떨어진 탄 또안 마을 근처에 위치해 있으며 후에에서 동쪽으로 약 7㎞ 떨어져 있다. 택시를 이용할 수도 있고, 경치를 제대로 감상하고 싶다면 자전거를 빌려 강을 따라 오는 것도 좋다.

다리에 가까워지면 부드러운 곡선 모양으로 강에 걸쳐져 있는 모습이 보인다. 독특한 사각형 목재 아치가 곡선 모양을 형성하고 있다. 운하의 사면이 낮아 다리가 낮으면 배가 이래로 통과할 수 없기 때문에 가운데가 살짝 올라간 것이다. 다리의 둥근 목재 주탑과 기와지붕이 독특하고 매력적인 모습을 연출한다.

건너보면 다리가 얼마나 튼튼한지 알 수 있다. 다리가 건설된 이후 홍수와 태풍으로 인해 몇 차례 복구공사를 거쳐야 했지만 원래 사용된 목재 대부분이 여전히 다리를 지탱하고 있다. 수수한 장식들을 가까이에서 관찰해 보면, 중국어 경전이 새겨져 있고 화려한 도자기가 다리의 양쪽 입구를 장식하고 있다. 다리를 건너면서 위를 바라보면 지붕의 아래쪽에 있는 많은 도자기 장식을 볼 수 있다. 17m 길이의 다리 전체에 용, 거북이, 일각수, 봉황 등을 형상화한 도자기 장식이 있다.

위치_ 후에 시내에서 흐엉강을 따라 서쪽으로 6㎞

주소_ Làng Thanh Thúy Chánh, Phú Vang,
Thua Thien-Hue

시간_ 7시 30분~17시 30분

요금_ 탄 또안 박물관 입장료 20,000동

전화_ 012-0601-7296

여행 베트남 필수회화

한국어	베트남어	발음
안녕하세요(만났을 때)	xin chào	씬 짜오
안녕하세요(헤어질 때)	tạm biệt	땀 비엣
감사합니다.	xin cám ơn	씬깜 언
여기로 가주세요. (택시를 탔을때)	cho tôi tới đây a	저 도이 더이 더이 아
여기를 어떻게 가죠? (지도나 주소를 보여주면서)	tôi đi tới đây như thế nào ạ?	도이 디 더이 다이 녀으 테 나오 아?
얼마예요?	bao nhiêu tiền vậy	바오 니에우 디엔 베이?
도와주세요	làm ơn giúp tôi với	람 언 줍 도이 베이!
방이 있나요?	còn phòng không vậy	건 퐁 콩 베이

■ 까페에서 : ～ 주세요(cho tôi (저 도이～))

한국어	베트남어	발음
얼음주세요	cho tôi đá	저 도이 다아
밀크커피 주세요	cho tôi cà phê sữa	저 도이 까 페 스어
블랙커피 주세요	cho tôi cà phê đen	도이 까 페 댄
망고쥬스 주세요	cho tôi nước xoài	자 도이 느억 서아이
야자수 주세요	cho tôi nước dừa	저 도이 느억 즈어
하노이 비어 주세요	cho tôi bia hà nội	저 도이 비어 하노이

■ 식당주문 : gọi món ăn

한국어	베트남어	발음
소고기 익은 쌀국수 주세요	cho tôi phở bò tái	저 도이 퍼 버 따이
소고기 설익은 쌀국수 주세요	cho tôi phở bò tái chín	저 도이 퍼 버 다이 진
닭고기 쌀국수 주세요	cho tôi phở gà	저 도이 퍼 카
분자 주세요	cho tôi bún chả	저 도이 분자
새우 튀김 주세요	cho tôi tôm rán	저 도이 덤 치엔 (란)
램 튀김 주세요	cho tôi nem rán	저 도이 냄 치엔 (란)
향채 빼주세요	không cho rau mùi vào	콩 저 자우 무이 바오
하노이 보드카 주세요	cho tôi rựu vô ka	저 도이 르어우 보드카

■ 핵심 회화

한국어	베트남어	발음
… 부탁합니다…	LÀM ƠN...	라암 언…
미안합니다	TÔI XIN LỖI	또이 씬 로이
다시 말씀해 주시겠어요?	LÀM ƠN NÓI LẠI LẦN NỮA.	라암 언 너이 라이 러언 느으억
천천히 말씀해 주세요	LÀM ƠN NÓI CHẬM CHO	라암 언 너이 자암 져
아니요.	KHÔNG PHẢI	커옹 파이
축하해요	XIN CHÚC MỪNG	씬 주웃 뭉
유감입니다	TÔI RẤT XIN LỖI	또이 러엇 씬 로이
괜찮아요.	KHÔNG SAO A	커옹 사오 아~
모르겠어요	TÔI KHÔNG BIẾT	또이 커옹 비엣
저는 그거 안좋아해요.	TÔI KHÔNG THÍCH CÁI ĐÓ	또이 커옹 팃 까이 더
저는 그거 좋아해요.	TÔI THÍCH CÁI ĐÓ	또이 팃 까이 더
천만에요.	KHÔNG CÓ GÌ	커옹 꺼 지
제가 알기로는…	TÔI HIỂU RẰNG...	또이 히에우 랑
제 생각에는…	TÔI NGHĨ RẰNG...	또이 응이 랑
확실요?	CÓ CHẮC KHÔNG?	까~ 자악 커옹?
이건 무슨 뜻이세요?	NÓ NGHĨA LÀ GÌ	너~ 응이아 라 지?
이건 어떻게 읽어요?	TỪ NÀY PHÁT ÂM NHƯ THẾ NÀO?	뜨 나이 팍 암 느으 테 나오?
이것을 한국어로 써주실래요?	CÓ THỂ VIẾT LẠI CHO TÔI TIẾNG HÀN KHÔNG?	꺼 ~ 티에 벳 라이 져 또이 띤 한 커옹?
아니요.틀렸어요.	KHÔNG. SAI RỒI	커옹. 사이 로이
맞아요.	ĐÚNG RỒI	더웅 로이
문제 없어요.	KHÔNG CÓ VẤN ĐỀ	커옹 꺼~ 버언 데
도와주세요.	GIÚP TÔI VỚI	즙 또이 버이
누가요?	AI VẬY?	아이 바이?
얼마에요?	BAO NHIÊU VẬY?	바오 니에우 바이?
왜 안돼요?	SAO KHÔNG ĐƯỢC?	사우 커옹 드으윽?
어떤거요?	CÁI NÀO?	까이 나오?
어디요?	Ở ĐÂU?	어 더우?
언제요?	KHI NÀO?	카~ 나오?
자실있어요?	CÓ TỰ TIN KHÔNG?	까~ 뜨으 띤 커옹?
잊지 마세요.	XIN ĐỪNG QUÊN.	씬 드응 구엔.
실례합니다.	XIN PHÉP	씬 팹
몸 조심하세요.	GIỮ GÌN SỨC KHỎE	즈으 진~ 슷 쾌~에
여기는 뭐가 맛있어요?	Ở ĐÂY CÓ MÓN GÌ NGON?	어 다이 까~ 머언 지 응어언 ?
…도 같이 할께요..	TÔI MUỐN ĂN NÓ KÈM VỚI..	또이 무온 안 너~ 깸 버이…
계산서를 주세요.	LÀM ƠN CHO TÔI HÓA ĐƠN	라암 언 져 또이 화~ 던
감사합니다.	XIN CÁM ƠN.	씬 깜~ 언.

여행에서 사용하는 베트남어 단어

한국어	베트남어	발음
공항	sân bay	서언 바이
비행기	máy bay	마이 바이
짐	hành lý	하잉 리이
비행시간	thời gian bay	터이 쟈안 바이
입국	nhập cảnh	납 까잉
출국	xuất cảnh	쑤앗 까잉
입국신고서	tờ khai nhập cảnh	떠어 카이 납 까잉
출국신고서	tờ khai xuất cảnh	떠어 카이 쏘앗 까잉
여권	hộ chiếu	호 지에우
비자	visa: thị thực	비자 :티이특
체류목적	mục đích cư trú	목 디잇 그 쯔우
입국심사	thẩm tra nhập cảnh	타암 쨔 납 까안
공항세관	hải quan sân bay	히이 관 서언 바이
세관신고	khai báo hải quan	카이 바오 하이 관
짐을찾다	tìm hành lý	디임 하잉 리-
환전하다	đổi tiền	도오이 디엔
쇼핑기게	cửa hàng mua sắm	끄어 항 무어 사암
사다	mua	무어
가게	cửa hàng	끄어 항-
잡화점	cửa hàng tạp hóa	끄어 항 다압 화
매점	căn tin	가앙 띤
교환	đổi	도오이
값:가격	giá tiền	쟈아 디엔
기념품	quà lưu niệm	구와 르우 니임
선물	quà	구와
특산물	đặc sản	다악 사안

한국어	베트남어	발음
치약	kem đánh răng	갬 다잉 랑
칫솔	bàn chảy đánh răng	반 쟈이 다잉 랑
담배	thuốt lá	투옥 라~
음료수	nước giải khát	느윽 쟈이 카악
술	rựu	르어우
맥주	bia	비아
안주	đồ nhắm	도~ 냠
구경하다	tham quan	타암 관
식당	quán ăn	과안 안
아침식사	ăn cơm sáng	안 껌 사앙
점심식사	ăn cơm trưa	안 껌 쯔어
저녁식사	ăn cơm tối	안 껌 또우이
후식	ăn tráng miệng	안 쟈앙 미엥
주식	món ăn chính	모언 안 지잉
음식	món ăn	모언 안
메뉴	thực đơn	특 던
밥	cơm	껌
국	canh	까잉
고기	thịt	티잇
소고기	thịt bò	티잇 버~
돼지고기	thịt heo	티잇 해오
닭고기	thịt gà	티잇 가아
생선	cá	까아
계란	trứng gà	쯔응 가~아
야채	rau	라우
소주	rựu	르어우
양주	rựu thuốt	르어우 투옥
쥬스	nước ngọt	느윽 응엇
콜라	côcacôla	고 까 고 라

조대현

63개국, 298개 도시 이상을 여행하면서 강의와 여행 컨설팅, 잡지 등의 칼럼을 쓰고 있다. KBC 토크 콘서트 화통, MBC TV 특강 2회 출연(새로운 나를 찾아가는 여행, 자녀와 함께 하는 여행)과 꽃보다 청춘 아이슬란드에 아이슬란드 링로드가 나오면서 인기를 얻었고, 다양한 여행 강의로 인기를 높이고 있으며 "해시태그 트래블" 여행시리즈를 집필하고 있다. 저서로 하노이, 달랏, 나트랑, 푸꾸옥, 베트남, 체코, 크로아티아, 아이슬란드, 몰타, 오스트리아, 런던 등이 출간되었고 북유럽, 스페인 이탈리아 등이 발간될 예정이다.

폴라 http://naver.me/xPEdID2t

베트남 북부 • 중부

인쇄 ㅣ 2023년 6월 26일
발행 ㅣ 2020년 7월 18일

글 ㅣ 조대현
사진 ㅣ 조대현
펴낸곳 ㅣ 해시태그출판사
편집 · 교정 ㅣ 박수미
디자인 ㅣ 서희정

주소 ㅣ 서울시 강서구 허준로 175
이메일 ㅣ mlove9@naver.com

979-11-92472-74-4(03920)